Oliver Alt

Car Multimedia Systeme Modell-basiert testen mit SysML

AF209638

VIEWEG+TEUBNER RESEARCH

Oliver Alt

Car Multimedia Systeme Modell-basiert testen mit SysML

Mit einem Geleitwort von Prof. Dr. Andy Schürr

VIEWEG+TEUBNER RESEARCH

Bibliografische Information der Deutschen Nationalbibliothek
Die Deutsche Nationalbibliothek verzeichnet diese Publikation in der
Deutschen Nationalbibliografie; detaillierte bibliografische Daten sind im Internet über
<http://dnb.d-nb.de> abrufbar.

Dissertation Technische Universität Darmstadt, Fachbereich 18 Elektrotechnik und Informationstechnik, 2008, u.d.T.: Alt, Oliver, Modell-basierter Systemtest von Car Multimedia
Systemen mit SysML

D 17

1. Auflage 2009

Alle Rechte vorbehalten
© Vieweg+Teubner | GWV Fachverlage GmbH, Wiesbaden 2009

Lektorat: Christel A. Roß | Britta Göhrisch-Radmacher

Vieweg+Teubner ist Teil der Fachverlagsgruppe Springer Science+Business Media.
www.viewegteubner.de

Umschlaggestaltung: KünkelLopka Medienentwicklung, Heidelberg
Gedruckt auf säurefreiem und chlorfrei gebleichtem Papier.
Printed in Germany

ISBN 978-3-8348-0761-8

Geleitwort

Mit dem nahezu exponentiell steigenden Umfang und der Komplexität von Automotive-Software in den letzten Jahren und den ebenfalls rapide zunehmenden Konfigurations- und Individualisierungsmöglichkeiten dieser Software gewinnt die systematische Entwicklung, automatisierte Ausführung und die Wiederverwendung von Softwaretests einen immer größeren Stellenwert bei OEMs und ihren Zulieferern. Im Kontrast hierzu werden jedoch gerade im besonders dynamisch wachsenden Telematikbereich (mit Funktionen wie Internet-Zugang, 3D-Navigation, Anschluss immer neuer Consumer-Elektronik-Produkte etc.) bislang ein Großteil der Tests auf der Basis nicht systematisch reproduzierbaren Erfahrungswissens manuell erstellt und ausgeführt.

Die vorliegende Dissertationsschrift stellt sich deshalb der Herausforderung, für die Klasse der Telematikanwendungen bzw. für Automotive-Multimediasysteme eine systematische Vorgehensweise zur 1) Modellierung ihres funktionalen Verhaltens, 2) zur Ableitung von abstrakten Testfällen aus diesen Funktionsmodellen sowie 3) zur Übersetzung der abstrakten in konkrete Testfälle für eine bestimmte technische Plattform und ein vorgegebenes Testrahmenwerk zu entwickeln.

Die Arbeit beginnt hierfür zunächst mit einer Darstellung des Status-Quo der Entwicklung von Telematiksystemen im Fahrzeug sowie der dabei eingesetzten Vorgehensweisen. Dabei wird ein besonderer Augenmerk auf den so genannten MOST-Bus gelegt (Media Oriented System Transport), der mit hohen Datenübertragungsraten speziell für die Kommunikation von Infotainement-Systemen in Kraftfahrzeugen entwickelt wurde. Anschließend daran werden Testverfahren und Testbeschreibungssprachen vorgestellt, wie die beiden Industriestandards TTCN-3 und UML2 Testing Profile sowie der proprietäre XML-basierte Ansatz der Firma Vector Informatik, der im weiteren Verlauf der Arbeit zum Einsatz kommt. Darüber hinaus werden etablierte Modellierungssprachen wie SDL oder UML vorgestellt, die zur Beschreibung des Laufzeitverhaltens von eingebetteten Systemen eingesetzt werden. Dabei liegt der Schwerpunkt der Darstellung auf der Standardmodellierungssprache UML2 der OMG (Object Management Group) und ihrer Anpassung an die Domäne der Systemmodellierung in Form des UML-Profils SysML gelegt.

Der Kern der Arbeit befasst sich dann mit folgenden Fragestellungen: 1) Wie kann mit Hilfe von UML/SysML das funktionale (Blackbox-)Verhalten von Multimediasystemen beschrieben werden, 2) aus den UML/SysML-Modellen zunächst so genannte funktionale Testfälle generiert werden und 3) diese funktionalen Testfälle anschließend in so genannte produktspezifische Testfälle übersetzt werden, die dann auf einer bestimmten Plattform direkt ausführbar sind. Mit dieser Trennung funktionaler und produktspezifischer Testfälle wird genau die Philosophie der modellgetriebenen Softwareentwicklung auf den Bereich des Testens übertragen: funktionale Testfälle entsprechen hierbei den plattformunabhängigen Modellen und produktspezifische Testfälle den plattformabhängigen Modellen in der Terminologie der OMG. Konkret müssen so bei der Erzeugung von Testfällen aus Modellen Besonderheiten des MOST-Bus-Systems einerseits und des XML-basierten Testdurchführungswerkzeuges Vector CANoe.MOST andererseits erst im letzten Generierungsschritt berücksichtigt werden.

Mit dem Einsatz einer Kombination von Aktivitätsdiagrammen und SysML für die Beschreibung des funktionalen Verhaltens von MOST-Bus-Anwendungen sowie der nachfolgenden Generierung von Testfällen aus diesen Diagrammen schlägt die Arbeit einen ungewöhnlichen Weg ein. Zunächst werden hierfür die erstellten Aktivitätsdiagramme interpretiert (symbolische Ausführung). Dabei wird über die „von außen" erreichbaren Systemzustände Buch geführt. Auf Basis dieser Informationen wird ein Automat erzeugt, der das Verhalten des betrachteten Systems auf beliebige Folgen von Benutzerinteraktionen beschreibt. Dieser Automat wird wiederum in einen so genannten Ereignis-Sequenz-Graphen übersetzt, der dann zur systematischen Generierung von Testsequenzen nach bestimmten Überdeckungskriterien Verwendung findet.

Für die Strukturierung und Transformation von Modellen und der dazu gehörigen Testfälle wird der gerade erst verabschiedete OMG-Standard QVT einer Modelltransformationssprache eingesetzt. Der hierbei verwendete QVT-Interpreter wurde von Herrn Alt selbst entwickelt und war damit eine der ersten Implementierungen (wenn nicht sogar die erste) der komplexeren (deklarativen) Teile dieser Transformationssprache.

Die vorliegende Arbeit, die im Rahmen eines Stipendiums der Robert Bosch GmbH in Kooperation zwischen der Abteilung Car Multimedia - Vehicle System Integration und dem Fachgebiet Echtzeitsysteme der Technischen Universität Darmstadt entstanden ist, zeigt damit neue Wege für die systematische modellbasierte Qualitätssicherung einer speziellen Klasse von Automotive-Software-Anwendungen auf. Sie ist darüber hinaus eine interessante Fallstudie für den praxisnahen Einsatz der modellbasierten Technologien der OMG wie UML, SysML und QVT. Dabei wird deutlich, dass die systematische Anwendung dieser Technologien sowie die Entwicklung entsprechender Werkzeuge (etwa für QVT) noch immer viele Fragen aufwirft, die intensive Forschungskooperationen über die Grenzen von „Academia" und Industrie hinweg erfordern.

Darmstadt, den 6. November 2008   Prof. Dr. Andy Schürr

Danksagung

Die vorliegende Arbeit wurde als Dissertation zur Erlangung des akademischen Grades des Dr.-Ing. am Fachbereich 18 Elektrotechnik und Informationstechnik der Technischen Universität Darmstadt vorgelegt und genehmigt. Die wissenschaftliche Aussprache fand am 6. Oktober 2008 statt.

An dieser Stelle möchte ich mich bei Prof. Dr. Andy Schürr und Prof. Dr. Mira Mezini für die Bereitschaft zur Betreuung dieser Arbeit sowie den wertvollen wissenschaftlichen Austausch bedanken.

Dank geht auch an meine Mitdoktoranden am Fachgebiet Echzeitsysteme, für fruchtbare Diskussionen und Kritik während der Entstehung und Konzeption der Arbeit. Insbesondere geht dabei Dank an Markus Schmidt und Sebastian Schlecht für die impulsgebende und gute wissenschaftliche Zusammenarbeit.

Die Arbeit entstand im Rahmen meiner Tätigkeit als Doktorand bei der Robert-Bosch und Blaupunkt GmbH. Ich möchte mich sehr herzlich für die Gelegenheit bedanken, diese Arbeit im Rahmen des Doktorandenprogramms dort durchführen zu dürfen.

Zunächst geht mein Dank an Dr. Martin Schmidt für die fachliche Betreuung der Arbeit. Weiterhin danke ich meinen Vorgesetzten Peter Jöst und Helmut Kauff für die geleistete Unterstützung und ihre Anregungen. Dank gebührt auch meinen Kollegen in Darmstadt und Leonberg Rainer Albrecht, Reiner Schmidt, Manfred Gieseler, Andreas Franz, Manfred Steuer, Stefan Schott, Herbert Roth, Andrea Skorna, Monika Reusert, Günther Pfeiffer, Bettina Book, Petra Beckmann-Stoppock, Michael Kohl sowie Mike Kretschmer und Wolfgang Knoch für die sehr nette Zusammenarbeit und den Gedankenaustausch.

Schließlich Danke ich meiner Frau Katja, meinen Eltern und meinen Freunden sowie den Sängerinnnen und Sängern meiner beiden Chöre - denen ich als Chorleiter vorstehe - die mich in meiner Zeit als Doktorand immer wieder moralisch unterstützt und mir neue Kraft gegeben haben wenn es nötig war.

Dreieich, den 8. Januar 2009   Oliver Alt

Kurzfassung

Neue Funktionen im Telematikbereich wie Internetanbindung, 3D-Navigation oder Anschluss von Consumer-Elektronik-Produkten führen zu einem stetig wachsenden Anteil an Software und zunehmender Komplexität solcher Systeme. Um die Qualität der Geräte und Funktionen zu sichern, müssen damit einhergehend auch immer mehr Softwaretests des Gesamt- und seiner Teilsysteme durchgeführt werden.

Heutzutage werden Testfälle aufgrund der informellen Anforderungen manuell durch menschliche Testentwickler erstellt und ausgeführt. Diese Vorgehensweise führt nur zu einer unzureichenden Testabdeckung vor dem Hintergrund begrenzter Projektzeiten und -budgets. Hinzu kommt eine unzureichende Wiederverwendbarkeit der Testfälle für ähnliche Produkte, da produktspezifische Information in den Testfällen enthalten ist und diese daher nur zum Test eines bestimmten Produktes verwendet werden können.

Einen Ausweg aus dieser Situation bietet der Einsatz von Modell-basiertem Testen. Dabei werden die informellen Spezifikationen durch eine formalere Form, ein Modell ersetzt, das es ermöglicht, automatisiert Testinformationen daraus abzuleiten.

Mit der Systems Modelling Language (SysML) existiert ein neuer Standard zur Spezifikation von Systemen. SysML basiert auf der weit verbreiteten Unified Modelling Language (UML) und erweitert diese um einige neue, für die Systemmodellierung nützliche Konzepte. Darüber hinaus lässt sich SysML durch eigene Erweiterungen (Profile) auch an domänenspezifische Aufgabenstellungen anpassen.

Im Rahmen dieser Arbeit wird SysML verwendet, um ein Systemmodell für den Modell-basierten Systemtest von Car Multimedia Systemen zu konzipieren und zu erstellen.

Im Modell erfolgt dabei eine Trennung zwischen funktionalen und produktspezifischen Aspekten, die es möglich macht, wiederverwendbare Testfälle auf funktionaler Ebene produktunabhängig zu beschreiben oder zu generieren, um diese zum Test mehrerer gleichartiger Produkte zu verwenden und so die Testabdeckung zu erhöhen. Die dynamische Systembeschreibung im Modell erfolgt dabei nicht mit Zustandsautomaten, sondern unter durchgehender Verwendung von SysML-Aktivitätsdiagrammen. Dafür erarbeitete Modellierungsmuster ermöglichen eine iterative Erstellung des Systemmodells, eine Überführung bestehender informeller Systemspezifikationen in das formale Modell sowie eine Generierung von Testfällen durch eine Simulation des Verhaltensmodells. Durch den Einsatz von domänenspezifischen Modellelementen zur Beschreibung des Verhaltens der zu testenden Produkte aus der Domäne Telematik, können aus produktunabhängigen Testfällen automatisiert ablaufbare, produktspezifische Testfälle erstellt werden. Ein durchgängiges Beispiel eines automobilen MOST (Media Oriented System Transport) Audiosystems illustriert die Konzepte am praktischen System.

Abstract

New functions like internet connection, 3D-navigation or connection of consumer electronic products lead to continuously increasing parts of software and an increasing complexity of modern telematics systems. To ensure the quality of such systems more and more software tests are required of the system and its subsystems.

Nowadays, test cases are created manually by the test case developer based on informal requirements. Because of limited project time and budget, this leads to an insufficient test coverage. Additionally, these test cases are not reuseble for testing of similar systems or functions because the test cases are full of product-specific information. So with one test case only one specific type of system is testable.

Model-based testing can improve this situation. In model-based testing, the informal specifications are replaced by a more formal model. This formal model enables the automatic derivation of test information.

With the Systems Modeling Language (SysML), a new modeling standard for formal system specification exists. SysML is based on the widely used Unified Modeling Language (UML) and extended by new constructs for system modeling. Furthermore, SysML is extendible by profiles to support new domain specific modeling tasks.

In this thesis, SysML is used to devise and build a system model for model-based system testing of car multimedia systems.

In the model, functional and technical aspects are separated to be able to manually create or derive reusable test cases on a functional level. These test cases can be used to test similar systems with the same functionality by using the same test case and this leads to an improved test coverage.

To describe the dynamic system aspects, SysML activity diagrams are used. This is a difference to many other approaches using state charts. Activity modeling patterns developed in this approach allow an iterative creation of the system model and simplify the transmission of the informal system specification to a formal one. Furthermore, the created SysML model allows an automatic derivation of functional, reusable test cases as a result of a model simulation.

An automated transformation to product-specific test cases for automated testing of specific products is presented using telematics domain specific modeling .

A comprehensive example consisting of an automotive MOST (Media Oriented System Transport) audio system ilustrates the developed concepts in practice.

Inhaltsverzeichnis

Abbildungsverzeichnis

1

Einleitung

Seit der Patentierung des ersten Motorwagens durch Carl Benz im Jahre 1886 hat sich die Automobilindustrie in Deutschland rasant entwickelt. In immer kürzeren Entwicklungszyklen werden neue Modelle zur Marktreife gebracht.

Nach 120 Jahren Automobilentwicklung sind die maschinenbaulastigen Disziplinen und Verfahren, wie Karosserie- und Motorenbau, weitestgehend ausgereizt und allgemein bekannt.

Im Zuge neuer Antriebskonzepte, wie der Hybridtechnologie, kommt in diesen Bereich zwar durchaus Bewegung, jedoch liegt das Potential neuer Innovationen heute im Bereich der elektrischen und elektronischen Systeme eines Fahrzeuges und dieser Bereich wächst stetig [Ack07]. Nachdem in den letzten 25 Jahren die Sicherheitssysteme von Fahrzeugen erheblich weiterentwickelt wurden (ABS (Bosch 1972), Airbag , ESP), liegt heute der Fokus auf Fahrerassistenz- und Fahrerinformationssystemen. Unter dem Begriff Telematik[1] finden sich heute Anwendungen wie Navigation mit dynamischer Zielführung, Notrufeinrichtungen und Fahrgastunterhaltung. Hinzu kommen neue Funktionen im Komfortbereich, wie Internetzugang, Anbindung von Consumer Elektronikprodukten oder 3D-Navigation.

Die elektronischen Komponenten bilden dabei ein verteiltes System und sind durch Bussysteme, die für den jeweiligen Einsatzzweck optimiert sind, verbunden. Um Kosten und Risiko zu minimieren, gehen die Automobilhersteller heute dazu über, Komponenten für den „Systemverbund Fahrzeug" von verschiedenen Zulieferern entwickeln zu lassen. Dies geht soweit, dass Entwicklungsaufträge für komplexe Komponenten auch schon mal an mehrere Zulieferer gleichzeitig vergeben werden, um dann anhand der Qualität eines Vorserienprototypen zu entscheiden, welcher Zulieferer nun den Serienauftrag bekommt.

All diese neuartigen elektronischen Systeme und Funktionen werden entscheidend durch den Einsatz von Software ermöglicht und realisiert. Um eine gleichbleibende Qualität der Systeme zu gewährleisten, werden eine Reihe von Tests der Hardware, aber vor allem der Software durchgeführt. Hierbei bildet das V-Modell die Referenz für den Entwicklungsprozess in der Automobilbranche mit den zugehörigen Modul-, Integrations-, System- und Abnahmetests.

Der Systemtest ist die letzte Instanz der Softwarequalitätssicherung auf Seiten des Softwareherstellers, also im Allgemeinen des Automobilzulieferers. Danach folgt der Abnahmetest durch den Auftraggeber, den Automobilhersteller.

Grundlage des Systemtest bilden die Systemspezifikationen, wie sie zwischen Auftraggeber und -nehmer vereinbart wurden. Diese Spezifikationen liegen heute fast immer nur in Form von Pflichten- oder Lastenheften in textueller, informeller Weise vor.

---

[1]Kunstbegriff aus **Tele**kommunikation und Infor**matik**

Testfälle müssen daher von menschlichen Testentwicklern erstellt werden, die diese Dokumente lesen und auf deren Grundlage die Testfälle entwickeln. Dabei spielt es zunächst keine Rolle, ob die Testausführung später manuell oder automatisiert erfolgt.

Mit dem zunehmendem Anteil an Software und der damit einhergehenden Steigerung der Komplexität, werden, um die Qualität auch weiterhin zu sichern, immer mehr Tests benötigt. Eine Testerstellung von Hand ist daher, wenn überhaupt, nur mit erheblichem personellen Aufwand und damit einhergehenden steigenden Kosten zu leisten.

1.1   Ziel der Arbeit

Eine Lösung dieser Problematik zu finden, ist daher Inhalt dieser Arbeit. Dabei ergibt sich die Zielformulierung der Arbeit.

> Ziel dieser Arbeit ist es, eine Methodik zur automatischen Generierung von Testfällen für System- und Fahrzeugintegrationstests im Bereich der Telematiksysteme zu entwickeln. Die heutige informelle Spezifikation soll dabei durch formalere Modelle ersetzt oder zumindest ergänzt werden, die eine solche automatisierte Generierung ermöglichen (Modell-basiertes Testen).

Nur durch die Generierung von Testfällen direkt aus der Spezifikation und deren automatische Ausführung lässt sich eine höhere Testabdeckung und gleichzeitig eine Entlastung der menschlichen Tester für andere Testbereiche erreichen.

Durch den Einsatz von Modellierung und einem Systemmodell des Gesamt- und seiner Teilsysteme lässt sich die notwendige Formalisierung erreichen. Um die Akzeptanz der neuen Form von Spezifikation bei den Projektbeteiligten zu erreichen, ist es weiterhin notwendig, dass das Modell und seine Elemente (mindestens) so intuitiv verständlich sind, wie die heutzutage in Prosa formulierten Anforderungen. Dies erfolgt dadurch, dass die standardisierte neue Modellierungssprache SysML (Systems Modeling Language) sowie domänenspezifische Sprachkonstrukte eingesetzt werden.

Das dynamische Systemverhalten wird hier durchgängig mit Hilfe von Aktivitätsdiagrammen beschrieben. Dies ermöglicht eine schnelle Einarbeitung in die Modellierung, da nur eine Modellierungssprache erlernt werden muss und Systemzustände nicht explizit vorab ermittelt werden müssen. Weiterhin können auf Aktivitäten und Szenarien basierende informelle Spezifikationen wie Anwendungsfälle leicht in ein solches Modell überführt werden. Gleichermaßen wird die Testfallgenerierung aus einem solchen Modell erleichtert, da Testfälle im Systemtest auch Folgen von Aktionen des Benutzers und Systems sind.

1.2   Übersicht über die Arbeit

In Kapitel 2 werden die technischen Grundlagen des Elektroniksystems eines modernen Fahrzeuges, insbesondere im Telematikbereich erläutert. Kapitel 3 führt in den Gegenstandsbereich der Entwicklungs- und Testaktivitäten im Telematikbereich ein und erläutert die Problematik der heutigen Testpraxis. Es werden eine Reihe von Anforderungen formuliert, die ein Modell erfüllen muss, das die heutigen, informellen Spezifikationen ersetzen soll. Eine Übersicht über

Modell-basierte Entwicklung und Test, Modellierungssprachen und Techniken aus diesem Bereich gibt Kapitel 4. Am Ende dieses Kapitels erfolgt die Auswahl der in dieser Arbeit eingesetzten Modellierungssprache anhand der vorher definierten Kriterien.

Die darauf folgenden Kapitel beschreiben die Erkenntnisse und Ergebnisse, die im Rahmen dieser Arbeit gewonnen und erarbeitet wurden. In Kapitel 5 wird die Modellstruktur diskutiert, die gewählt wurde, um funktionale und nicht funktionale Aspekte des Systemmodelles zu trennen, um dadurch die Wiederverwendbarkeit der Modelle und der generierten Testfälle zu ermöglichen. Das erarbeitete Verfahren zur automatisierten Generierung eines Zustandsautomaten, aus dem letztendlich Testfälle gewonnen werden können, erläutert Kapitel 6. Kapitel 7 beschreibt die Generierung von produktspezifischen, ausführbaren Testfällen aus den generierten funktionalen Testfällen, durch Kombination der funktionalen und produktspezifischen Systembeschreibung. Eine Illustration aller theoretischen Erkenntnisse anhand eines durchgängig verwendeten MOST-Audiosystembeispiels erfolgt in Kapitel 8. Abschließend fasst Kapitel 9 die Ergebnisse der Arbeit zusammen. Außerdem erfolgt dort ein Ausblick, wie die hier geleistete Arbeit zukünftig erweitert werden kann.

2

Elektronische Systeme im Fahrzeug

Im Rahmen dieses Kapitels werden die technischen Grundlagen der elektronischen Systeme eines modernen Fahrzeuges dargestellt. Dabei wird insbesondere auf den Telematikbereich und dessen Sonderstellung in der Fahrzeugelektronik genauer eingegangen. Nach einem Überblick über die wichtigen Bussysteme und Schnittstellen erfolgt abschließend eine Einführung in das durchgängig verwendete Anwendungsbeispiel, ein MOST-Audiosystem.

Bis in die 60er Jahre hinein waren die elektrische Zündung und die Lichtanlage die einzigen elektrischen Komponenten in einem Automobil. Elektrisches und mechanisches System waren klar voneinander abgegrenzt. Mit dem Aufkommen der Elektronik wurden nach und nach elektronische Komponenten in den Fahrzeugen eingesetzt. Den Anfang bildete die elektronische Zündung Mitte der 60er Jahre, gefolgt von elektronisch geregelten Einspritzanlagen für Benzinmotoren. Mit der Einführung des Anti-Blockier-Systems (ABS) für Bremsanlagen wurde 1978 das erste Fahrerassistenzsystem in ein Fahrzeug integriert.

Mit Aufkommen der elektronischen Regelungen wurde es nötig, das mechanische und elektrische System zu koppeln. Es entstanden mechatronische Systeme, bestehend aus Sensorik und Aktuatorik, die Steuer- und Regelungsaufgaben übernahmen.

Diese Systeme waren zunächst auf ihren Aufgabenbereich begrenzt und speziell angepasst. Ende der 80er Jahre wurde begonnen, die zwischenzeitlich vermehrt durch digitale Mikrocontroller gesteuerten Systeme zu vernetzen (Einführung des CAN-Bus 1989). Das Bordnetz eines Kfz bestand von nun an aus einem vernetzten System spezialisierter Steuergeräte, die Daten über einen gemeinsamen Bus austauschen (verteiltes System). Durch die zunehmende Rechenleistung und den Datenaustausch wurden neue Funktionen realisierbar, die den Fahrkomfort und die Fahrsicherheit erhöhten.

2.1 Architekturüberblick

Heutzutage werden in einem modernen Fahrzeug mehrere Dutzend Steuergeräte verbaut. Der Wertanteil der Mikroelektronik in einem Fahrzeug ist seit 1980 von 0.5 % auf 17 % im Jahr 2000 gestiegen und es wird bis im Jahr 2010 ein Anteil von 24 % prognostiziert [Rob02].

Abbildung 2.1 zeigt schematisch den Steuergeräteverbund eines Fahrzeuges. Jedes der Steuergeräte verfügt über eigene Intelligenz in Form eines Mikrocontrollers, der über eine Software gesteuert wird.

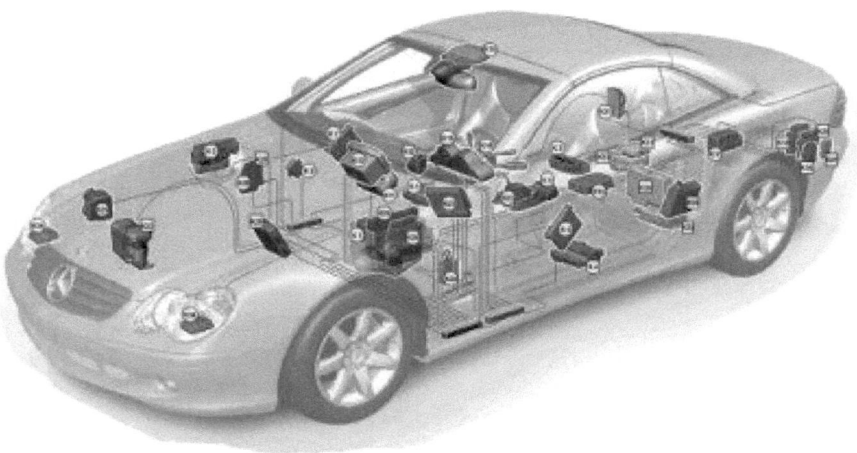

Abbildung 2.1: Vernetzte Elektronik im Automobil [ATZ01]

Aufgrund unterschiedlicher Anforderungen an Reaktionszeiten und Datenraten wird das Gesamtsystem Fahrzeug in einzelne Zuständigkeitsbereiche unterteilt. Üblicherweise werden *Antrieb*, *Komfort* und *Infotainment* unterschieden. Die Vernetzung der Steuergeräte der einzelnen Teilbereiche geschieht über verschiedene spezielle Bussysteme, die wiederum untereinander durch Buskoppler (*Gateways*) verbunden werden. So ist beispielsweise zur Regelung des Antriebs ein Bus mit einer höheren Datenrate notwendig, da hier kontinuierlich Messwerte des mit einer hohen Drehzahl laufenden Motors übertragen und ausgewertet werden müssen. Im Gegensatz dazu werden im Bereich Komfort weniger Daten übertragen. Typische Aufgaben sind dort z.B. die Steuerung der Fensterheber oder des Schiebedachs.

Die Hauptinnovationen in neuen Fahrzeugen werden heute im Bereich der Fahrzeugelektronik gemacht. Beispiele solcher neuen elektronischen Systeme sind die adaptive Fahrgeschwindigkeitsregelung (ACC) oder der Nachtfahrassistent mit Infrarotscheinwerfern (Night-View) [Rob06].

Derartige Funktionen werden hauptsächlich mit Hilfe von Software realisiert. Dadurch steigt der Anteil an Software in einem Fahrzeug und eventuell auch die Anzahl der vernetzten Steuergeräte stetig an. Das elektronische System in einem Fahrzeug nimmt an Komplexität zu.

Definition 1 (Komplexität [GS04, S.35]) *Komplexität ist ein Maß dafür, wie schwierig es ist ein gegebenes Problem zu lösen.*

Durch die Vielzahl der Steuergeräte und den großen Softwareanteil ist das elektronische System im Fahrzeug kaum noch von den Entwicklern im Ganzen zu erfassen. Stattdessen wird das Gesamtsystem in kleinere Teilsysteme (z.B. einzelne Steuergeräte) zerlegt, um die Komplexität zu vermindern. Durch diese Zerlegung kommen allerdings neue Fehlermöglichkeiten hinzu, wie beispielsweise Fehler im Gesamtsystem, durch falsch umgesetzte Kommunikationsprotokolle, etc. Das Gesamtsystem ist mehr als die Summe seiner Einzelteile.

Um die Qualität der Fahrzeuge auch weiterhin zu gewährleisten, kommt der Qualitätskontrolle und -sicherung eine entscheidende Aufgabe während der Systementwicklung zu. Dadurch, dass die Software zum Hauptinnovationsmotor bei der Systementwicklung geworden ist, spielt daher insbesondere auch die Sicherung der Softwarequalität eine zentrale Rolle.

Einen großen Anteil an der Softwarequalitätssicherung hat der Softwaretest. Mit der Zunahme der Komplexität der Systeme sollte daher auch der Anteil an Softwaretests gleichermaßen zunehmen, um eine gleich bleibende Produktqualität sicherzustellen.

2.2 Telematiksystem im Fahrzeug

Das Telematiksystem in einem Fahrzeug umfasst alle Funktionen, die für eine audiovisuelle Kommunikation des Fahrzeugs mit den Fahrgästen verantwortlich sind. Dies sind z.B. Anzeige der aktuellen Fahrdaten durch das Kombiinstrument, das Navigationssystem, Telefon oder die Fahrgastunterhaltung durch Radio und DVD-Spieler. Diese Funktionen werden im elektronischen Bordnetz des Fahrzeuges oftmals auch als Infotainment-System (Infotainment = *Information and Entertainment*) bezeichnet[1].

Nachfolgend werden die wichtigsten, heute verbauten Komponenten und Steuergeräte des Telematiksystems im Einzelnen betrachtet.

2.2.1 Zentrales Telematik-Steuergerät (*Head-Unit*)

Das zentrale Telematik-Steuergerät, die so genannte *Head-Unit* ist der Kern eines modernen Telematiksystems in einem Fahrzeug. Die Head-Unit wird normalerweise in der Mittelkonsole des Fahrzeugs verbaut und tritt an die Stelle der in der Vergangenheit dort verbauten Autoradios. Obwohl die heutigen Telematiksysteme als vernetzte und verteilte Systeme konzipiert sind, und damit die einzelnen Funktionen wie Radio, Navigation, etc. auf beliebigen Geräten im Telematikverbundsystem beheimatet sein könnten, vereint die Head-Unit viele der Telematikfunktionen in einem Gerät. In einem System, in dem die Geräte mit Hilfe des *Media Oriented System Transport* (MOST) vernetzt werden, bildet die Head-Unit außerdem das MOST-Master-Gerät (vgl. Abschnitt 2.4.2).

Typischerweise sind in einer Head-Unit der FM/AM-Radioempfänger, das Navigationssystem sowie ein CD- bzw. DVD-Player inklusive entsprechenden CD/DVD-Laufwerken enthalten. Die CD wird dabei oftmals auch als Datenquelle für die Kartendaten des Navigationssystems benutzt.

Weiterhin ist die Head-Unit verantwortlich, die Mensch-Maschine-Schnittstelle (*Human Machine Interface*, HMI) bereitzustellen. Dazu verarbeitet sie die Eingaben des Benutzers an das Telematiksystem (Haptische Schnittstelle und/oder Spracheingabe) und erzeugt die Ausgaben des Systems an den Benutzer (Display und/oder Sprachausgabe). Durch dieses Systemdesign erhält die Head-Unit ihre zentrale Bedeutung im Telematiksystem, da sie als zentraler Vermittler sämtliche Befehle zwischen System und Benutzer verarbeiten und entsprechend weiterleiten muss.

Um diese Funktionen realisieren zu können, enthält eine Head-Unit leistungsstarke Prozessoren und entsprechenden Speicher. Die Rechenleistung lässt sich durchaus mit der eines Multimedia-PC vergleichen, jedoch ist eine Head-Unit als eingebettetes System aufgebaut und konzipiert.

---

[1]In dieser Arbeit werden die Begriffe *Telematik*, *Infotainment* und *Car Multimedia* oftmals synonym verwendet.

Durch den Einsatz im Automobil ergeben sich auch noch weitere Anforderungen z.B. an Temperaturbereich, Elektro-Magnetische-Verträglichkeit (EMV) und was den Einsatz beweglicher Teile (mechanische Beanspruchung) angeht.

2.2.2 Anzeigesysteme

In einem modernen Fahrzeug existieren verschiedene Arten von Anzeige- und Informationssystemen, die unterschiedlichen Zwecken dienen.

Kombiinstrument

Der Name Kombiinstrument kommt daher, dass diese mehrere Anzeigeinstrumente wie Zeigerinstrumente, Warnlampen und komplexe Displayinformationen in einem Gerät vereint (kombiniert). Es befindet sich normalerweise hinter dem Lenkrad auf der Fahrerseite und dient dazu, den Fahrer mit aktuellen Informationen bezüglich des Fahrzeuges und des Fahrzustandes zu versorgen. Hierzu zählen die Anzeige der Geschwindigkeit, der Motordrehzahl, die Anzeige verschiedener Temperaturen, die Anzeige des Tankinhaltes und diverse Warn- und Kontrollmeldungen.

Abbildung 2.2: Kombiinstrument des Porsche Cayenne Turbo [Por07]

Wurden in der Vergangenheit die Zeigerinstrumente noch per mechanischer Welle betrieben, so arbeitet das Kombiinstrument heutzutage ausschließlich elektronisch. Die Zeiger werden mit Hilfe von Schrittmotoren aufgrund der elektrischen und elektronischen Sensoreingangsdaten angesteuert. Ein Beispiel eines Kombiinstrumentes zeigt Abbildung 2.2.

In letzter Zeit geht der Trend zu virtuellen Anzeigen im Kombiinstrument. Dabei kommen große TFT-Displays zum Einsatz, die durch einen entsprechenden Grafikprozessor angesteuert werden. Bei der neuen S-Klasse von DaimlerChrysler kommt erstmals ein Kombiinstrument zum Einsatz, bei dem der Geschwindigkeitsanzeiger als virtuelles Zeigerinstrument per Software dargestellt wird [Rob06]. Das Kombiinstrument nutzt dafür ein 8 Zoll TFT-Display in einer

Abbildung 2.3: Kombiinstrument mit Night-View-Funktion der Mercedes S-Klasse [Rob06]

Auflösung von 800 x 480 Bildpunkten. Neben der Darstellung des virtuellen Tachometers wird das Display außerdem dazu genutzt, die Ausgaben des Nachtsichtsystems (*Night-View*) darzustellen. Dabei wird von infrarotempfindlichen Kameras ein Bild der Straße aufgenommen und im Kombiinstrument dargestellt. In Kombination mit Infrarotscheinwerfern ergibt sich damit eine bessere Sicht des Fahrers bei Nacht. Der Tachometer wird bei aktiver Nachtsichtfunktion dann als Bargraphanzeige (Bandtacho) dargestellt (Abbildung 2.3).

Zentrales Informationsdisplay

Während das Kombiinstrument Informationen über den Fahrzeugzustand für den Fahrer bereitstellt und anzeigt, sind die Ausgaben des Telematiksystems auch für den Beifahrer interessant. Daher existiert neben dem Kombiinstrument eine weitere Anzeige in den Armaturen, das zentrale Informationsdisplay. Es stellt die Ausgaben des Telematiksystems, die von der Head-Unit erzeugt werden, dar und ist so montiert, dass sowohl Fahrer als auch Beifahrer die Informationen wahrnehmen können. Das Display enthält meist keine eigene Intelligenz in Form eines Mikrocontrollers, sondern ist ein passives Anzeigegerät (Monitor). Je nach Fahrzeugdesign kann es direkt in der Head-Unit integriert, oder über ein separates Kabel an die Head-Unit angeschlossen sein.

Typische Daten, die über das zentrale Display ausgegeben werden, sind Daten des Navigationssystems (z.B. Kartendarstellungen), Daten der Hifi-Anlage (z.B. Senderliste oder Anzeige des aktuell wiedergegebenen Titels), Steuerungsdaten des Telefons und auch weitere Daten der Fahrzeugfunktionen wie die Steuerung der Klimaanlage oder Warnmeldungen bei einem Defekt.

Anzeigedisplays für Fahrgäste im Fond

Eine zunehmende Bedeutung in Fahrzeugen der Oberklasse gewinnt das Unterhaltungssystem für Fahrgäste im Fond (*Rear Seat Entertainment* (RSE)). Dabei werden weitere Displays zumeist in den Kopfstützen der Vordersitze verbaut, die Informationen für die Fahrgäste im Fond darstellen. Je nach Systemkonzeption können dort Ausgaben der Head-Unit (z.b. DVD-Film) zusätzlich dargestellt werden oder das RSE besitzt eigene, zusätzliche Laufwerke für Audio- und Videowiedergabe, die dann auf den Displays angezeigt wird. Damit benötigt das RSE neben dem passiven Display dann auch eigene Bedienelemente, die mit der Head-Unit in Kontakt stehen.

2.2.3 Audiosteuergeräte

Zu den Audiosteuergeräten zählen alle Steuergeräte des Telematiksystems die Audioein- bzw. -ausgaben durchführen. Unterschieden wird dabei nach Quellen und Senken. Zu den Audioquellen zählen der Radioempfänger für analogen und/oder digitalen Rundfunk, CD-Player, bzw. CD-Wechsler, Sprachausgabe, aber auch Ausgaben von Warntönen und akkustischen Warnmeldungen. In die Kategorie der Audiosenken gehören verschiedene im Fahrzeug verbaute Verstärker oder aktive Lautsprechersysteme. Wie bereits oben erwähnt sind viele der Audiofunktionen, vermutlich aus historischen Gründen, in der Head-Unit integriert. Typische Audiosteuergeräte, die als eigenständiges Hardware-Steuergerät realisiert sind, sind CD-Wechsler, das Telefonsteuergerät und Verstärkersysteme mit höherer Ausgangsleistungleistung und Raumklang-Funktion (*Surround-Sound*). Dies liegt daran, dass diese Geräte vom Automobilhersteller zumeist bei dem Zulieferer beauftragt werden, der eine hohe Kompetenz und Erfahrung mit diesen Gerätetypen hat (z.B. das Telefonsteuergerät bei einem Mobilfunkhersteller, etc.).

2.2.4 Videosteuergeräte

Videosteuergeräte spielen eine zunehmende Rolle im Telematiksystem moderner Fahrzeuge. Mit dem Aufkommen neuer Medien wie DVD gewinnt die Fahrgastunterhaltung mit Hilfe von Videowiedergabe an Bedeutung. Neben dem Einsatz von Videos zu Unterhaltungszwecken werden in Fahrzeugen Videodaten auch zur Unterstützung des Fahrkomforts und der Fahrsicherheit eingesetzt. Zwei Beispiele dafür sind Rückfahrkamerasysteme, die dem Fahrer als Rückspiegelergänzung dienen sowie das Night-View System zur Nachtsichtunterstützung.

Im Bereich der Fahrgastunterhaltung werden außerdem inzwischen Schnittstellen zur Anbindung externer Videoquellen (z.B. Spielekonsolen) bereitgestellt, die es ermöglichen, das externe Videobild auf den Anzeigen im Fahrzeug darzustellen.

Die Realisierung dieser Funktionen ist Aufgabe der Videosteuergeräte, die wie schon die Audiosteuergeräte teilweise Bestandteil der Head-Unit und teilweise als externes Hardwaresteuergerät ausgeführt werden.

2.3 Abgrenzung zu anderen Domänen

Das Telematiksystem unterscheidet sich in einigen Punkten stark von den restlichen elektronischen Systemen im Fahrzeug.

Das Telematiksystem ist kein fahrsicherheitskritisches System. Durch einen Fehler oder Ausfall des Telematiksystems wird die Fahrsicherheit nicht direkt gefährdet. Ganz anders verhält es sich dabei bei anderen Elektroniksystemen im Fahrzeug, wie beispielsweise Motor- oder Bremsensteuerung. Bei einem Ausfall oder Störung dieser Systeme kann die Fahrsicherheit mit eventuellen Folgen für Leib und Leben der Fahrzeuginsassen direkt beeinflusst werden. Daher ergeben sich an die Entwicklung solcher sicherheitskritischen Systeme spezielle Anforderungen, die im Telematikbereich bislang keine Rolle spielen.

Das Telematiksystem ist kein Sensor/Aktuator-System. Telematiksysteme sind keine elektronischen Regelsysteme mit Sensoren und Aktuatoren, sondern stehen durch Mensch-Maschine-Schnittstellen in Interaktion mit den menschlichen Fahrzeuginsassen. Dabei kommen grafische Oberflächen, 3D-Animation, Sprachein- und ausgabe, etc. zum Einsatz. Somit ergeben sich ganz andere Entwicklungsanforderungen hinsichtlich Speicher und Rechenleistung an das Telematiksystem, im Gegensatz zu Sensor/Aktuator-Systemen.

Telematiksysteme arbeiten vorwiegend mit Multimediadaten. Typische Daten im Infotainmentbereich sind Audio- und Videodaten, die zwischen einzelnen Telematiksteuergeräten übertragen werden. Im Gegensatz zu den Sensor/Aktuator-Systemen handelt es sich dabei um kontinuierliche Datenströme mit hoher Datenrate. Bussysteme im Telematikbereich müssen in der Lage sein, mit diesen Datenmengen und -arten umzugehen.

Zusammenfassend ergeben sich im Hinblick auf Konzeption und Entwicklung des Telematiksystems grundsätzlich andere Anforderungen als bei den anderen Elektroniksystemen im Automobilbereich. Bei der Entwicklung eines Infotainmentsystems finden daher Konzepte Anwendung, die eher aus dem Bereich der PC-Applikation bzw. dem Hifi-Bereich und weniger aus der Regelungstechnik stammen (z.B. der Einsatz objektorientierter Programmierung). Der Softwareanteil und die zu verarbeitenden Datenmengen liegen um ein Vielfaches höher als bei anderen Systemen. Um die Komplexität eines solchen Systems zu beherrschen, müssen daher auch andere Methoden in Entwicklung- und Test angewendet werden, wie beispielsweise Modell-basierte Entwicklung oder Verwendung von Entwurfsmustern, etc.

2.4 Bussysteme und Schnittstellen

Um die verschiedenen Steuergeräte im Fahrzeug miteinander zu vernetzen, kommen je nach Einsatzzweck unterschiedliche Bussysteme und Schnittstellen zum Einsatz. Die wichtigsten im Telematikumfeld eingesetzten Systeme werden im Folgenden kurz beschrieben.

2.4.1 CAN

Der CAN-Bus (*Controller Area Network*) [BOS91] wurde in den 80er Jahren von der Robert-Bosch GmbH entwickelt, um verschiedene elektronische Steuergeräte in Fahrzeugen miteinander zu vernetzen. Bei CAN handelt es sich um ein differenzielles Feldbussystem, das Übertragungsraten mit bis zu 1 MBit/s unterstützt. Als Übertragungsmedium kommen verdrillte Zweidrahtleitungen zum Einsatz (*twisted pair*).

CAN besitzt typische Eigenschaften eines Feldbussystems wie

- Priorisierung von Botschaften

- Garantie von Latenzzeiten

- eine flexible Topologie (Linie, Stern, Ring)

- Fehlererkennung und -signalisierung

- Multi-Master-Fähigkeit

- Automatische Sendewiederholung nach einem Fehlerfall

Heute ist CAN das in Fahrzeugen am weitesten verbreitete Netzwerk überhaupt. Neben der Anwendung in Fahrzeugen kommt CAN-Vernetzung vermehrt auch in der Industrieautomation zum Einsatz.

Botschaftsaufbau

Eine CAN-Botschaft kann maximal 64 Bit an Nutzdaten transportieren. Die Datenlänge wird dabei variabel durch ein Längenfeld festgelegt (*Data Length Count, DLC*). Zur eindeutigen Identifizierung der Nachrichten wird eine Nachrichten-ID von 11 (*Base Frame*), bzw. 29 Bit (*Extended Frame*) Breite eingesetzt.

Die Nutzdaten einer CAN-Botschaft werden als *Signale* bezeichnet. Ein solches CAN-Signal kann dabei eine Bitbreite von 1 bis 64 Bit haben. Damit kann eine CAN-Botschaft bei einer minimalen Signalbreite von einem Bit bis zu 64 unterschiedliche Signale enthalten und 2^{64} verschiedene Werte übertragen.

Den Botschaften und Signalen werden zur besseren Handhabung in einem Nachrichtenkatalog eindeutige textuelle Namen zugeordnet. Dort können auch noch weitere Eigenschaften, wie Einheiten oder Umrechnungsfaktoren spezifiziert werden, die die Handhabbarkeit der Signale erleichtern.

2.4.2 MOST

Der *Media Oriented System Transport* (MOST) [MOS04] ist ein Bussystem, das speziell für den Einsatz im Car Multimedia Bereich durch eine Kooperertion verschiedener Automobilhersteller und -zulieferer, der MOST-Cooperation, Ende der 90er Jahre entwickelt wurde.

MOST ist ein Master/Slave-Bussystem mit einer synchronen Datenübertragung und einer Taktrate von 44100 Frames/s. Durch die Verwendung der Abtastrate von CD-Audiodaten (44.1 kHz) wird es möglich, solche Daten ohne Zwischenpufferung auf dem MOST zu übertragen. Die Topologie des Bussystems ist ein Ring und als Übertragungssystem wird optische Übertragung über Glasfaserleitungen (*fiber-optical-transmission*, FOT) eingesetzt. Durch den Einsatz eines optischen Übertragungsmediums ergeben sich eine Reihe von Vorteilen im Hinblick auf Störanfälligkeit und EMV. Nachteilig dabei ist jedoch die geringe Biegsamkeit der optischen Kabel, weshalb in jüngster Zeit auch versucht wird, zur MOST-Datenübertragung konventionelle Kupferkabel einzusetzen. Das Gerät, das als Master im System fungiert, stellt dabei die Taktinformationen im Ring zur Verfügung (*Timing-Master*).

In einem MOST-System gibt es drei verschiedene Kanäle, um Daten zu übertragen. Über den *synchronen Kanal* lassen sich multimediale Datenströme (*Streams*) in Echtzeit synchron übertragen (z.B. CD-Audiodaten oder MPG-Videodaten). Über einen *asynchronen Kanal* können Nutzdaten, die keine Streameigenschaft aufweisen (z.B. getunnelte TCP/IP-Daten oder Kartendaten des Navigationssystems), übertragen werden. Der dritte Kanal im MOST-System ist der *Kontrollkanal*. Über ihn werden keine Nutzdaten, sondern Kontrollnachrichten zwischen den einzelnen MOST-Geräten ausgetauscht und diese damit gesteuert.

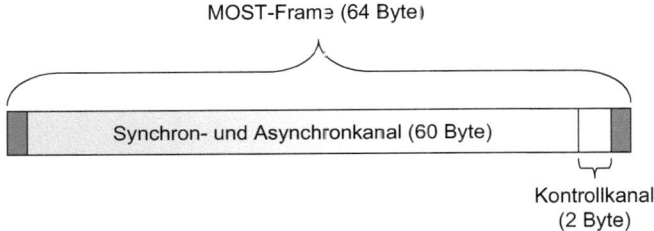

Abbildung 2.4: Aufbau eines MOST-Frame

Die Daten werden paketorientiert in so genannten MOST-Frames gesendet (Abbildung 2.4). Ein MOST-Frame hat eine Länge von 64 Byte. Das erste und letzte Byte dient administrativen Zwecken wie Fehlerkontrolle und Synchronisation. Ab dem zweiten Byte folgen 60 Byte Nutzdaten für Synchron- und Asynchronkanal. Die Begrenzung zwischen beiden Kanälen kann dabei individuell angepasst werden. Nach den Nutzdaten folgen abschließend 2 Bytes für den Kontrollkanal. Damit ergibt sich als MOST-Übertragungsrate 64 x 8 Bit x 44,1 k Frames/s = 22,6 MBit/s.

Kontrollkanal

Die Datenkapazität des Kontrollkanals von 16 Bit pro MOST-Frame reicht nicht aus, um die Verwaltungs- und Kontrollaufgaben des MOST-Systems zu bewerkstelligen. Daher bilden 16 MOST-Frames einen so genannten *MOST-Block*, der eine Kontrollnachricht überträgt. Somit ergibt sich die Länge einer Kontrollbotschaft zu 16 x 2 Byte = 32 Byte.

Mit Hilfe der Kontrollbotschaften wird das gesamte MOST-System administriert und die Geräteansteuerung durchgeführt. Der Aufbau einer MOST-Kontrollbotschaft ist in Abbildung 2.5 dargestellt. Von den 32 Byte einer Botschaft werden 10 Byte für administrative Zwecke und zur Fehlerkorrektur genutzt. Weiterhin wird eine 16 Bit breite Quell- und Zieladresse zur Addressierung des Gerätes im Ring sowie ein 1 Byte breiter Nachrichtentyp übertragen. Diese Daten gehören nicht zur Applikationsschicht des MOST-Systems, sondern dienen der Vermittlung der Nachrichten im System. Die eigentlichen Applikationsdaten finden in den verbleibenden 17 Byte Platz (grau dargestellt). Für den Fall, dass längere Applikationsdaten übertragen werden müssen, als eine einzelne Kontrollbotschaft aufnehmen kann, sieht der MOST-Standard die Segmentierung der Botschaften, also das Senden der Daten in mehreren Botschaften hintereinander, vor. Der Nachrichtentyp gibt dabei an, ob und um welchen Teil einer segmentierten Kontrollnachricht es sich handelt.

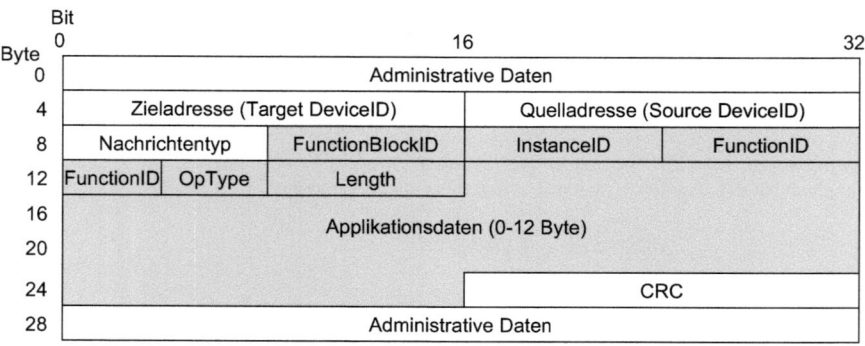

Abbildung 2.5: Struktur einer MOST-Kontrollbotschaft

Applikationsschicht

Die Applikationsschicht eines MOST-Netzwerkes arbeitet mit so genannten *Funktionen* und *Funktionsblöcken*. Ein Funktionsblock ist dabei die Applikationsschnittstelle zu der Funktionalität eines Gerätes oder einer Applikation. Er enthält alle Funktionen, die das Gerät anbietet, und stellt diese den Benutzern zur Verfügung. Es existieren eine Reihe von, durch die MOST-Cooperation vordefinierten, Funktionsblöcken. Beispielsweise stellt der Funktionsblock AudioDiskPlayer[2] [MOS03b] Funktionen bereit, um Wiedergabegeräte wie CD-Player oder CD-Wechsler anzusteuern. Ein veröffentlichter Funktionsblock auf Seiten einer Audio-Senke ist der AudioAmplifier [MOS03a], der die Funktionen zur Steuerung eines Verstärkers beinhaltet.

Ein MOST-Gerät kann dabei nicht nur einen, sondern auch mehrere Funktionsblöcke beinhalten, wenn es die entsprechenden Funktionen hardwareseitig zur Verfügung stellt. Ein typisches Beispiel dafür ist die Head-Unit, die für ihre Funktionen die entsprechenden Funktionsblöcke enthält (z.B. AudioDiskPlayer, AmFmTuner, AudioAmplifier, etc.).

Hinter der Standardisierung und Offenlegung der Funktionsblöcke steckt die Idee, das MOST-System als ein Plug-and-Play-System zu entwerfen. Jedes MOST-Gerät enthält dafür bestimmte Funktionen, mit denen abgefragt werden kann, welche Funktionsblöcke und Funktionen es zur Verfügung stellt. Damit wird es beispielsweise dem Gerät, welches das HMI enthält, ermöglicht, einen CD-Player im System zu erkennen und entsprechende Bedienelemente dynamisch zur Verfügung zu stellen.

Leider werden durch die Automobilhersteller in der Praxis vielfach die Standardfunktionsblöcke modifiziert oder eigene definiert. Dies begründet sich dadurch, dass ein Plug-and-Play verhindert werden soll, um zu vermeiden, dass möglicherweise teures Originalzubehör durch gleichartige Geräte anderer Hersteller ersetzt werden kann.

Eine MOST-Botschaft der Applikationsschicht setzt sich folgendermaßen zusammen:

```
FunctionBlock.InstanceID.Function.OpType.Length(Data)
```

---

[2]An der Schreibweise von Disk mit k wird deutlich, dass das MOST-System mit Hilfe von deutschen Firmen konzipiert wurde.

Dabei bezeichnen `FunctionBlock` und `Function` den Funktionsblock bzw. die Funktion, die mit der Botschaft angesprochen werden soll. Die `InstanceID` wird benötigt, da es in einem MOST-System mehrere Instanzen eines Funktionsblocktyps geben kann. Beispielsweise können mehrere CD-Player vorhanden sein, die jeweils den Funktionsblock `AudioDisk-Player` verwenden.

In den Funktionsblöcken eines MOST-Systems werden zwei Arten von Funktionen unterschieden. Zum Einen kann eine Funktion als `Property`, also als Eigenschaftswert bzw. Instanzvariable implementiert sein, die man abfragen und verändern kann. Zum Anderen kann eine Funktion als `Method` (Methode) implementiert sein, die man wie eine Methode einer Klasse in der Objektorientierung benutzt bzw. aufruft. Hier wird deutlich, dass MOST viele Konzepte der Objektorientierung übernimmt und anwendet. Die Funktionsblöcke sind dabei die Entsprechung zu den Klassen in der objektorientierten Programmierung.

Der Operationstyp (`OpType`) innerhalb der MOST-Botschaft gibt dabei an, was mit einer Funktion gemacht werden soll. Beispielsweise Setzen einer Variablen, Lesen einer Variablen, Aufrufen einer Methode, etc. Abbildung 2.6 listet alle definierten MOST-Operationstypen gemeinsam mit einer kurzen Beschreibung auf. Je nachdem, ob es sich bei einer Funktion um einen Eigenschaftswert oder eine Methode handelt, haben die Typen unterschiedliche Bedeutung. Weiterhin wird zwischen Befehlstypen, die eine Funktion aufrufen, und Berichtstypen, die Statusinformationen oder Methodenrückgabewerte zurückliefern, unterschieden. Dabei gehören bestimmte Operationstypen zusammen. Als Reaktion einer `Get`-Nachricht schickt das betreffende Gerät im Normalfall als Antwort eine `Status`-Nachricht. Im Fehlerfall wird eine entsprechende `Error`-Nachricht gesendet.

Kodierung	Für Eigenschaftswerte	Beschreibung	Für Methoden	Beschreibung	
0x0	Set	Setzen eines Wertes.	Start	Starten einer Methode.	Befehlstypen
0x1	Get	Abrufen eines Wertes.	Abort	Abbrechen einer laufenden Methode.	
0x2	SetGet	Setzen und unmittelbares Abrufen eines Wertes.	StartResult	Starten einer Methode mit Rückgabewerten.	
0x3	Increment	Inkrementieren eines Wertes.	–	Undefiniert.	
0x4	Decrement	Dekrementieren eines Wertes.	–	Undefiniert.	
0x5	GetInterface	Anfordern der Funktionsschnittstelle.	GetInterface	Anfordern der Funktionsschnittstelle.	
0x6	Reserved	Reserviert.	StartResultAck	StartResult mit Sender-Handle.	
0x7	–	Undefiniert.	AbortAck	Abort mit Sender-Handle.	
0x8	–	Undefiniert.	StartAck	Start mit Sender-Handle.	
0x9	–	Undefiniert.	ErrorAck	Error mit Sender-Handle.	Berichtstypen
0xA	–	Undefiniert.	ProcessingAck	Processing mit Sender-Handle.	
0xB	–	Undefiniert.	Processing	Gibt an, dass Methodenausführung noch andauert.	
0xC	Status	Antwort auf Get- oder SetGet-Nachricht.	Result	Rückgabe nach einem Methodenaufruf.	
0xD	–	Undefiniert.	ResultAck	Result mit Sender-Handle.	
0xE	Interface	Rückgabe der Funktionsschnittstelle.	Interface	Rückgabe der Funktionsschnittstelle.	
0xF	Error	Fehlermeldung als Antwort.	Error	Fehlermeldung als Antwort.	

Abbildung 2.6: Die MOST-Operationstypen.

Um die Nachrichten der Applikationsschicht korrekt zuordnen zu können, muss in einer MOST-Boschaft zusätzlich auch noch die Hardwareadresse (`DeviceID`) des Gerätes bekannt sein, in dem der Funktionsblock enthalten ist. Diese Geräteadresse errechnet sich aus der Position der Steuergeräte im MOST-Ring. Der Timing-Master ist immer das erste Gerät und er erhält den Adressenoffset 0. Üblicherweise wird 0x100 als Startadresse verwendet, sodass sich 0x101 für das erste Gerät nach dem Master, 0x102 für das zweite, usw. als Geräteadresse ergibt. Mit Hilfe spezieller Adressen lassen sich Groupcast- und Broadcast-Anfragen durchführen.

Um ein MOST-System leichter handhaben und entwickeln zu können, werden den IDs und Daten, die auf dem Bus übertragen werden, symbolische Namen zugeordnet und in Dokumentation und Werkzeugen verwendet. Die Beschreibung aller Funktionsblöcke, Funktionen, Parameter und textuellen Zusatzinformationen ist im so genannten *MOST-Funktionskatalog* formal festgelegt. In diesem Funktionskatalog, der in einem, durch die MOST-Cooperation definierten XML-Format vorliegt, werden alle in einem MOST-System denkbaren Botschaften der Applikationsschicht vollständig syntaktisch definiert. Da der Katalog in einem maschinenlesbaren Format vorliegt, lassen sich diese Informationen auch von Werkzeugen verwenden, um beispielsweise Botschaften zu disassemblieren, etc. Auch die von der MOST-Cooperation als PDF-Dokumente veröffentlichten Beschreibungen einzelner Funktionsblöcke ([MOS03b], [MOS03a]) wurden voll automatisch aus den XML-Dateien generiert.

Dynamisches Verhalten

Das Verhalten des MOST-Systems ist durch die dynamische MOST-Spezifikation [MOS05] beschrieben. Hierbei wurde durch die MOST-Cooperation festgelegt, dass dynamische Abläufe im MOST durch Message Sequence Charts (MSC) (vgl. Abschnitt 4.7.3) definiert und dokumentiert werden. Für die praktische Umsetzung wird der MSC-Editor der Firma ESG [ESG06] verwendet, der eine Integration des XML-Funktionskataloges bietet und dadurch die Diagrammerstellung erleichtert.

Die dynamische MOST-Spezifikation enthält eine Reihe dieser Sequenzdiagamme, die typische Anwendungsfälle eines MOST-Systems beschreiben. Leider werden innerhalb der Diagramme vielfach textuelle Annotationen in Prosa verwendet, welche die eigentlich formalen MSC-Diagramme zu einer informellen Beschreibung werden lassen. Damit kann die dynamische Spezifikation in Form von MSCs nicht direkt verwendet werden, um als Testreferenz oder Testorakel, beispielsweise innerhalb eines Modell-basierten Testprozesses zu dienen.

Datenübertragung über den Synchronkanal

Wie bereits oben erwähnt, können innerhalb eines MOST-Frames bis zu 60 Byte an Nutzdaten über den Synchronkanal übertragen werden. Um beispielsweise die Audiodaten eines CD-Players an einen Verstärker zu übertragen, muss auf Applikationsebene eine entsprechende Punkt-zu-Punkt-Verbindung zwischen Quelle (*Source*) und Senke (*Sink*) hergestellt werden. Die Datenübertragung geschieht danach ohne weiteres Zutun der Applikationsschicht vollautomatisch durch die MOST-Hardware.

Abbildung 2.7 zeigt einen solchen Kanalaufbau als Message Sequence Chart. Zunächst wird durch die Quelle eine entsprechende Menge an Bytes des Synchronkanals reserviert (allokiert, Most-Funktion: `Allocate`). Für einen Stereo-CD-Kanal, der eine Bitbreite von jeweils 16 Bit für das linke und rechte Signal verwendet, müssen daher 2 x 16 Bit = 4 Byte im Synchron-kanal allokiert werden. Nach der Allokierung ist die Quelle bereit und kann Daten senden. Die Quelle kann nun durch die Funktion `SourceActivity(On)` aktiviert werden. Um die Daten hörbar zu machen, können sich eine oder mehrere Senken (z.B. Verstärker) mit den allokierten Kanälen verbinden (MOST-Funktion: `Connect`). Damit ist eine Verbindung zwischen Quelle und Senke hergestellt. Normalerweise wird die Quelle erst nach dem Verbinden der Senke ak-tiviert, da nach Aufruf von `SourceActivity(On)` die Wiedergabe meist direkt startet und bei unverbundener Senke sonst ins Leere läuft.

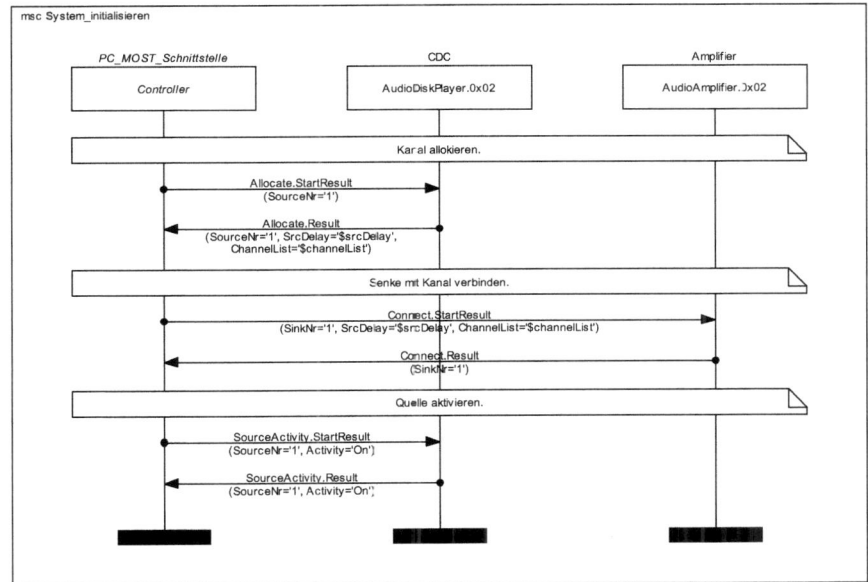

Abbildung 2.7: Initialisierung einer MOST-Quelle und -Senke

Im Sequenzdiagramm aus Abbildung 2.7 sind viele konkrete Parameter der MOST-Nachrichten nicht dargestellt, sondern werden lediglich durch einen Platzhalter (z.B. `$srcDelay`) re-präsentiert. Dies hat den Grund, dass sich die Werte der Parameter dynamisch zur Laufzeit ergeben. Weiterhin hängen einige Parameter verschiedener Botschaften voneinander ab. Die durch die Antwort auf die `Allocate`-Botschaft zurückgelieferte Kanalliste geht wiederum als Parameter in die `Connect`-Botschaft der Senke ein. Hierbei stößt die MSC-Sprache an ihre Grenzen, da solche Datenflüsse nicht explizit darstellbar sind.

2.4.3 FlexRay

Das FlexRay-Bussystem [May07], [Fle07b] wurde im Jahr 2007 durch ein Konsortium aus Automobil- und Chipherstellern spezifiziert und ins Leben gerufen. FlexRay wurde als neu-es Bussystem zur Datenübertragung in Sensor/Aktuator-Netzen für den Einsatz in Fahrzeugen entwickelt und soll es ermöglichen auch sicherheitskritische Anwendungen wie *Drive-by-Wire* zuverlässig zu realisieren. Im Gegensatz zum CAN-Bus bietet FlexRay eine wesentlich höhere Datenrate von bis zu 10 MBit/s (CAN: bis 1 MBit/s) und eine deterministische Datenübertragung. Dies bedeutet, dass vorhersagbar ist, wann welche Daten zwischen Steuergeräten übertragen werden. Realisiert wird dies durch eine flexible Datenübertragung mit statischen und dynamischen Segmenten sowie globalen Timern. Gerade im Bereich sicherheitskritischer Systeme spielt Fehlererkennung und -korrektur eine wesentliche Rolle. Die FlexRay-Daten werden daher durch entsprechende Mechanismen gesichert (z.B. CRC).

Zur Zeit kommt FlexRay bereits in ersten Serienfahrzeugen zum Einsatz. Genutzt wird er dabei vor allem als breitbandiges Backbone-Netzwerk, welches Daten anderer Netze zwischen diesen austauscht. Mit zukünftigen By-Wire-Anwendungen wird der Bus sicher eine weitere Verbreitung finden. Ob FlexRay den CAN-Bus auf lange Sicht ablösen wird, bleibt abzuwarten.

2.4.4 LIN

Während die oben beschriebenen Bussysteme eher mit recht hohen Datenraten arbeiten, deckt das *Local Interconnect Network* (LIN) [LIN06] Anwendungen im Fahrzeug ab, bei denen eine hohe Datenrate zur Vernetzung von Sensoren und Aktuatoren nicht erforderlich ist. Beispielsweise wird LIN eingesetzt, um die in einer Fahrzeugtür integrierten Funktionen wie Spiegelverstellung, etc. zu realisieren. LIN benutzt dafür ein recht einfaches, serielles Protokoll, das mit geringen Kostenaufwand durch einen Mikrocontroller unterstützt werden kann. Die geringeren Kosten eines Knotens im Vergleich zu CAN waren daher auch die Motivation zur Entwicklung und zum Einsatz eines weiteren Bussystems im Fahrzeug.

2.4.5 Weitere Schnittstellen

Neben den beschriebenen, automobilspezifischen Bussystemen existieren in einem Fahrzeug eine Reihe weiterer Schnittstellen, die hier noch kurz zusammenfassend behandelt werden sollen.

Bereits zu Zeiten, als in Fahrzeugen nur elektrische Systeme integriert waren, wurden bestimmte elektrische Signale genormt und mit speziellen Namen bezeichnet. Von diesen so genannten *Klemmen* kommen in den heutigen mit Elektronik versehenen Fahrzeugen immer noch einige zum Einsatz. Einige der Klemmen sind heute nur noch virtuell vorhanden und werden durch entsprechend benannte Busnachrichten nachgebildet.

Name	Beschreibung
Klemme 15	Zündung
Klemme 30	Batterie Pluspol
Klemme 31	Batterie Minuspol
Klemme S	Schlüssel steckt in Zündschloss

Abbildung 2.8: Wichtige Klemmen eines Fahrzeuges

Abbildung 2.8 zeigt eine Auswahl an - in den meisten Fahrzeugen noch physikalisch vorhandenen - wichtigen Klemmenbezeichnungen, welche insbesondere in Entwicklung und Test eines Car Multimedia-Fahrzeugsystems von Relevanz sind und das Verhalten der Steuergeräte direkt beeinflussen. Die Klemmen werden dabei als digitale Eingänge angesehen, die ein- oder ausgeschaltet sind. Die typischen Pegel liegen dabei bei 0 oder +12V. Eine vollständige Liste aller definierten Fahrzeugklemmen findet sich in [Rob02].

Im Telematikumfeld und insbesondere durch die Head-Unit werden zunehmend weitere Schnittstellen eingesetzt, die ursprünglich aus dem Umfeld der Consumer-Elektronik und dem PC-Bereich stammen. Um beispielsweise Funktionen wie die Anbindung externer Elektronik (z.B. MP-3-Player) zu ermöglichen, kommen Schnittstellen wie USB [Axe01], Ethernet [Tan98] oder FireWire (IEEE1394) [DKS00, S. 302ff.] zum Einsatz. Diese Schnittstellen bieten zudem eine hohe Bandbreite und können dazu genutzt werden, große Datenmengen in kurzer Zeit auszutauschen. Mögliche Anwendungsfälle, die dies erfordern, sind z.B. Softwareupdates, Anbindung von Rear-Seat-Entertainment oder Debugging und Trace während der Entwicklung des Steuergerätes.

Zur Integration von Mobiltelefonen, z.B. Abgleich des Telefonbuchs oder Nutzung der Freisprecheinrichtung im Fahrzeug durch das Mobiltelefon, kommt außerdem auch drahtlose Kommunikation über Bluetooth [Pra03] zum Einsatz. Als weitere drahtlose Schnittstelle wird auch am Einsatz von Wireless-LAN (WLAN) [Pra03] gearbeitet. Damit kann beispielsweise der Upload von Musikdaten auf die Car-Hifi-Anlage über das heimische WLAN-Netz oder ein Softwareupdate in einer Werkstatt ermöglicht werden.

Im Rahmen von Forschungsprojekten wird zur Zeit an der Entwicklung von Systemen zur Kommunikation von Fahrzeugen untereinander (*Car-to-Car-Communication*, C2CC) gearbeitet. Ziel soll es sein, dass z.B. Informationen über Stauenden an die nachfolgenden Fahrzeuge versandt und die Fahrer entsprechend vor dem nahenden Hindernis gewarnt werden. Daher wird die Zahl der Schnittstellen im Fahrzeug und insbesondere im Telematiksystem zukünftig sicherlich weiter zunehmen.

2.5 Anwendungsbeispiel

Als durchgängiges Anwendungsbeispiel in dieser Arbeit dient ein einfaches Car Multimedia-System bestehend aus einem Audio-CD-Player und einem Verstärker. Beide Geräte sind MOST-Steuergeräte, verfügen also über einen MOST-Anschluss zur Datenübertragung und Ansteuerung.

In den Steuergeräten enthalten sind die standardisierten Funktionsblöcke AudioDiskPlayer [MOS03b] im CD-Player und AudioAmplifier [MOS03a] im Verstärker. Da die Steuergeräte selbst keine Buszugriffe eigenständig initiieren, sondern MOST-Slave-Geräte sind, wird innerhalb des Beispielsystems außerdem noch ein MOST-PC-Adapter verwendet, der die Rolle des MOST-Master übernimmt und die entsprechenden Kontrollbotschaften auf den MOST-Bus schickt. Die gesamte Logik der Ansteuerung geschieht durch entsprechende Software auf dem PC. Abbildung 2.9 zeigt die Struktur des Beispielsystems noch einmal schematisch.

In Kapitel 8 wird das verwendete Beispielsystem mit seinen technischen Details genauer erläutert und die in dieser Arbeit erarbeiteten Konzepte daran angewandt.

2.6 Fazit

Moderne Fahrzeuge besitzen heute ein elektronisches System von hoher Komplexität. Mehrere Dutzend Steuergeräte werden durch verschiedene Bussysteme miteinander verbunden und tau-

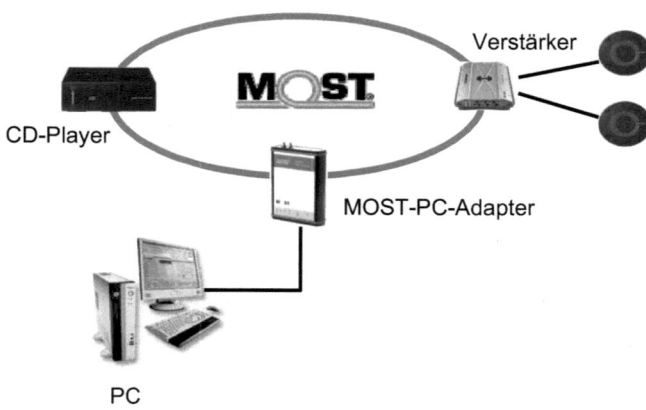

Abbildung 2.9: Schematischer Aufbau des Beispielsystems

schen Daten aus. In diesem Kapitel wurden zunächst die grundlegenden Konzepte des elektronischen Systems eines Fahrzeuges erläutert. Dabei unterscheidet sich insbesondere der Telematikbereich durch die Art der Daten und die Einordnung in die Domäne Multimedia grundsätzlich von den Sensor-Aktuator-Systemen, was Auswirkungen auf Entwicklung und Test solcher Systeme hat.

Verschiedenartige Bussysteme und Schnittstellen, die im Fahrzeug zum Einsatz kommen, wurden beschrieben. Insbesondere wurde der Media Oriented System Transport (MOST) ausführlich erläutert, da er speziell für den Einsatz im Car Multimedia-Bereich entwickelt wurde und dort zum Einsatz kommt. Daher dient auch das abschließend eingeführte Anwendungsbeipiel eines MOST-Audio-Systems als durchgängiges Praxisbeispiel und Evaluierungsplattform im Rahmen dieser Arbeit.

3

Entwicklung und Test im Telematikbereich

In diesem Kapitel erfolgt zunächst eine Begriffsklärung und eine Einführung in Entwicklungs- und Testkonzepte, wie sie in der Telematikentwicklung Anwendung finden. Nach Betrachtung der Entwicklungsprozesse werden die Grundlagen des Systemtests und der Systemintegration erläutert. Am Ende des Kapitels folgt eine Diskussion der Problemstellungen der heutigen Systemtestpraxis und es werden die Ziele und Anforderungen dieser Arbeit daraus abgeleitet.

3.1 Entwicklungsprozesse

Die Entwicklung eines komplexen Softwaresystems erfolgt heute im Rahmen einer ingenieursmässigen Softwareentwicklung (*Software Engineering*), innerhalb eines bestimmten Entwicklungsprozesses.

Definition 2 (Entwicklungsprozess) *Ein Entwicklungsprozess ist ein festgelegter Handlungsablauf zur Erstellung eines Produktes, an dessen Ende das fertige Produkt steht.*

Entwicklungsprozesse können sich dabei von Unternehmen zu Unternehmen unterscheiden. Ein Prozess wird normalerweise dadurch festgelegt, dass bewährte Methoden (*best practices*), die in (vergangenen) Projekten zu einem erfolgreichen, qualitativ hochwertigen Produkt führten, in die Handlungsweisen des Prozesses übernommen werden.

Ein Prozess sollte normalerweise ständig überwacht und eventuell optimiert werden, damit Schwachstellen gefunden, korrigiert und Fehler vermieden werden. Dies wird als stetige Prozessverbesserung (*continuous process improvement*) bezeichnet.

Im Rahmen des Software Engineering wurden einige Modelle für Prozesse im Softwarebereich entwickelt.

In den folgenden Abschnitten werden die beiden wichtigen Prozessmodelle, die in der Softwareentwicklung im Telematikbereich Anwendung finden, genauer betrachtet. Dies sind das allgemeine V-Modell und CMMI.

3.1.1 Allgemeines V-Modell

Das allgemeine V-Modell nach Boehm [Boe81] hat sich im Automobilbereich als Standardvorgehensmodell für die Softwareentwicklung durchgesetzt. Dort werden in Form eines V auf der linken Seite die Anforderungen und Spezifikationen und auf der rechten die zugehörigen Testaktivitäten bzw. Testarten aufgeführt (Abbildung 3.1).

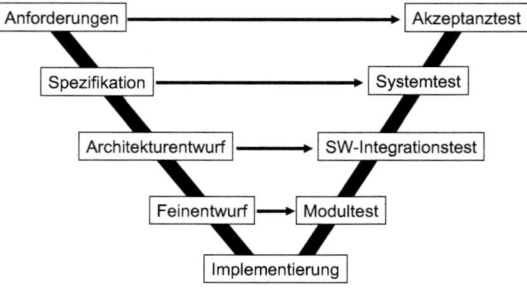

Abbildung 3.1: Allgemeines V-Modell

Im Rahmen dieser Arbeit werden Konzepte für den System- und Systemintegrationstest entwickelt. Die im folgenden beschriebenen Testgrundlagen beziehen sich daher im Allgemeinen auf diese beiden Testarten.

Definition 3 (Systemtest [Lig02, S. 359]) *Der Systemtest ist der Test des fertigen (Gesamt- oder Teil-)Systems gegen die in den Anforderungsartefakten festgelegten Funktions-, Leistungs- und Qualitätsanforderungen.*

Das heißt, der Systemtest betrachtet das System unter Test (SUT) aus der Sicht des Benutzers des Systems. Die interne Struktur des Systems spielt für den Systemtest keine Rolle. Das System wird als *Black-Box* betrachtet und nur über die nach außen hin sichtbaren Schnittstellen angesprochen. Daher zählt der Systemtest auch zur Kategorie der Black-Box Testverfahren.

Systemintegration und Systemintegrationstest

Im V-Modell nach Abbildung 3.1 fehlt eine explizite Darstellung und Einordnung des immer mehr an Gewicht gewinnenden Systemintegrationstest im Rahmen einer Systemintegration. Bei der Systemintegration werden mehrere Einzelsysteme zu einem größeren Gesamtsystem zusammengefügt (integriert).

Der Systemintegrationstest beschäftigt sich mit der Fehlerfindung in diesem (vernetzten) Gesamtsystem und seiner integrierten Einzelsysteme. In Abbildung 3.2 wurde der Systemintegrationstest über dem Systemtest in das V-Modell eingeordnet. Man erkennt, dass für ihn die gleichen spezifikatorischen Artefakte die Grundlage bilden, die auch für den Systemtest relevant sind.

Die Aufgabe der Systemintegration, also das strukturierte Zusammenfügen von Einzelsystemen zu einem Gesamtsystem, wurde in der Vergangenheit vielfach vernachlässigt. Lediglich die Einzelsysteme wurden für sich spezifiziert und dann zum Gesamtsystem zusammengefügt und dabei keine weiteren Tests durchgeführt. Insbesondere bei vernetzten Systemen kann es dabei im Gesamtsystem zu Verhaltensmustern und Fehlern kommen, die während des Systemtests der Einzelkomponenten aufgrund anderer Randbedingungen so nicht aufgetreten sind. Das Gesamtsystem ist daher mehr als die Summe seiner Einzelsysteme. Daher ist es die Aufgabe des Systemintegrationstests solche Fehlerwirkungen aufzudecken und diejenigen Einzelsysteme zu ermitteln, die für den Fehler verantwortlich sind.

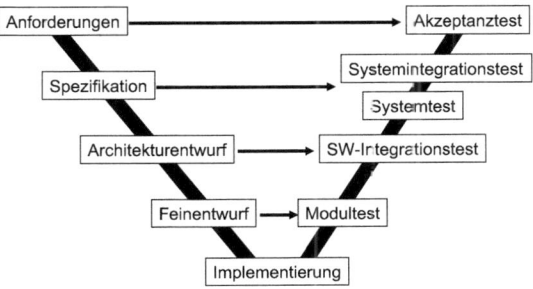

Abbildung 3.2: Angepasstes V-Modell für die Systemintegration

W-Modell

Das V-Modell wurde ursprünglich von links nach rechts gelesen und interpretiert. Dies bedeutete aber, dass erst nach Abschluss der Spezifikationen und der Implementierung die einzelnen Testaktivitäten der Reihe nach durchgeführt wurden. Diese Vorgehensweise hat sich in der Praxis vielfach als zu unflexibel erwiesen, da dadurch mit den Testaktivitäten zu spät begonnen wurde. In [Spi01] wird deshalb eine Anpassung des V-Modells um Planungs- und Durchführungsaktivitäten für Tests vorgenommen. Diese neue Darstellung wird als W-Modell bezeichnet und ist in Abbildung 3.3 dargestellt. Hier wird das notwendige zyklische Durchführen von Tests in allen Projektphasen und die Abhängigkeiten der Anforderungsartefakte untereinander deutlicher als im V-Modell.

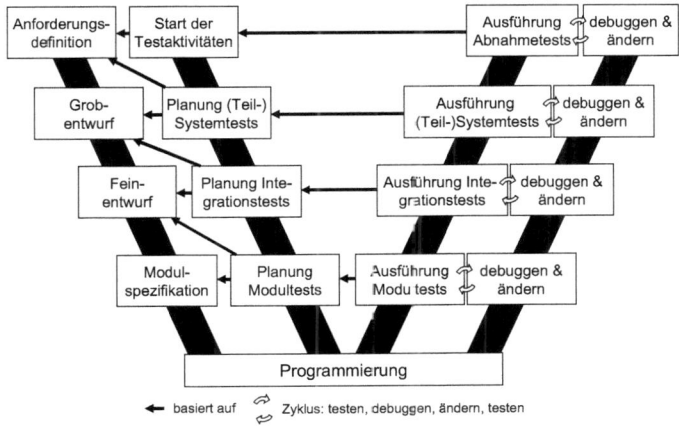

Abbildung 3.3: W-Modell [Spi01]

Die wichtigste Aussage des W-Modell aber ist, dass in einem Projekt mit den Testaktivitäten sofort gestartet werden muss. Die für den Test und die Qualitätssicherung zuständigen Ingenieure, müssen daher von Anfang an in den Anforderungsfindungsprozess eingebunden werden. Nur so können die Anforderungen so gestaltet werden, dass die Systemfunktionen am Ende auch testbar sind (*Design for Testability*).

Die Aussagen des W-Modells sind inzwischen in der Praxis weitgehend akzeptiert und die Durchführung von Tests in allen Stufen des Softwareentwicklungsprozess hat sich etabliert.

3.1.2 CMMI

Das *Capability Maturity Model Integration* (CMMI) [CMM06], [Kne03] ist ein Modell für einen integrierten Entwicklungsprozess im Unternehmen oder in Unternehmensbereichen. Das CMMI wird durch das Software Engineering Institut (SEI) der Carnegie Mellon Universität in Pittsburg entwickelt und spezifiziert.

Ein solches Prozessmodell legt eine Reihe von Tätigkeiten (Arbeitsprozess) fest, die durch-zuführen sind, um ein Projekt möglichst zu einem erfolgreichen Abschluss zu führen. Das Mo-dell legt dabei fest, *was* zu realisieren ist und nicht *wie* es konkret realisiert werden muss. Dadurch ist es möglich, das Modell auf verschiedene Unternehmen mit unterschiedlichen tech-nischen Herangehensweisen anzuwenden.

Ursprünglich war das CMMI-Prozessmodell ausschließlich auf die Entwicklungsaktivitäten in der Softwareindustrie zugeschnitten und unter dem Namen *Capability Maturity Model* (CMM) bekannt geworden. Das Nachfolgemodell, CMM*Integration*, wurde für die Systementwicklung verallgemeinert und *integriert* nun auch andere Tätigkeiten in einem Unternehmen, außerhalb der Softwareentwicklung.

Das besondere bei CMMI sind fünf definierte Reifegrade (*Maturity Level*), die durch ein Un-ternehmen oder einen Unternehmensbereich erreichbar sind. Jedem dieser Reifegrade sind eine bestimmte Anzahl an Tätigkeiten und Ziele zugeordnet, die alle durchgeführt werden müssen, um den entsprechenden Reifegrad zu erfüllen. Weiterhin kann ein höherer Reifegrad erst er-reicht werden, wenn außerdem bereits die darunter liegenden Reifegrade erfüllt wurden.

Das CMMI-Modell gliedert sich dabei wie folgt. Jedem Reifegrad sind eine bestimmte Anzahl so genannter Prozessgebiete (engl. *process areas*) zugeordnet. Innerhalb eines solchen Prozess-gebietes gibt es wiederum ein oder mehrere spezifische und/oder generische Ziele, die erreicht werden müssen, um das Prozessgebiet zu erfüllen.

Um die Prozessgebiete besser zu strukturieren, werden sie in vier Kategorien unterteilt:

Projektmanagement (*project management*) Diese Kategorie umfasst alle Prozessgebiete, die mit den Managementaufgaben der Projekte zusammenhängen.

Unterstützung (*support*) Diese Kategorie enthält eine Reihe von Prozessgebieten, die die Ar-beit in anderen Prozessgebieten unterstützen (Querschnittsaufgaben).

Technische Entwicklung (*engineering*) In dieser Kategorie sind die Prozessgebiete enthalten, die zum Bereich der technischen Entwicklung, der Ingenieursdisziplinen gehören.

Prozessmanagement (*process management*) Hierin sind alle Prozessgebiete enthalten, die notwendig sind, um die Prozesse zu etablieren, durchzuführen und zu verbessern.

Den Aufbau des CMMI-Modells mit allen Reifegraden und Prozessgebieten, geordnet nach Kategorien, zeigt Abbildung 3.4. Wie man sieht, sind dem Reifegrad 1 keinerlei Prozessgebiete zugeordnet. Ein Unternehmen hat immer automatisch den Reifegrad 1. Man bezeichnet dieses auch als Ad-hoc-Vorgehensweise oder chaotischen Prozess. Mit Umsetzung der Prozessgebiete der einzelnen Reifegrade kann ein Unternehmen dann Stufe für Stufe vom Reifegrad 1 zu den höheren Ebenen gelangen. Dabei ist durchaus möglich, dass in einem Unternehmen, das einen niedrigen Reifegrad voll erfüllt, bereits Teile der Prozessgebiete aus höheren Graden erfüllt werden. Ein Übergang kann jedoch nur stattfinden, wenn eine vollständige Erfüllung aller Prozessgebiete eines Reifegrades gegeben ist.

Die Beurteilung, welchen Reifegrad ein Unternehmen momentan erfüllt, geschieht im Rahmen einer Einschätzung (*Assessment*) durch externe, dem Unternehmen nicht angehörende Beurteiler, so genannte Assessoren. Dabei werden Mitarbeiter befragt und Unterlagen des zu bewertenden Unternehmens geprüft. Wenn alle Prozessgebiete eines Reifegrades hinreichend erfüllt werden, bekommt das Unternehmen den entsprechenden Reifegrad bescheinigt. Solche Beurteilungen werden im Rahmen des CMMI als SCAMPI (*Standard CMMI Appraisal Method for Process Improvement*) bezeichnet.

Durch die strukturierte Definition des CMMI wird es für Außenstehende, z.B. Auftraggeber möglich, jeweils ein Unternehmen als Auftragnehmer auszuwählen, das einen bestimmten Reifegrad erreicht hat und damit sicherstellt, dass die geforderten Prozessgebiete mit ihren Zielen auch durchgeführt werden.

Neben dem CMMI gibt es auch noch weitere Prozessmodelle, wie ISO 9000 oder ISO 15504 (*Software Process Improvement and Capability dEtermination*, SPICE) welche heute eingesetzt werden. Viele Inhalte der Modelle ähneln dabei dem hier beschriebenen CMMI, da alle auf Erkenntnissen und Erfahrungen aus der Praxis, die sich in der Vergangenheit bewährt haben (*best practices*), basieren.

3.2 Softwaretest

Das Testen von Software stellt einen entscheidenden Anteil der Qualitätssicherung innerhalb eines Softwareentwicklungsprozesses dar. Der Softwaretest dient dazu, in der Software enthaltene Fehler auf systematische Weise aufzudecken, bzw. zu finden.

Man unterscheidet dabei *statisches* und *dynamisches* Testen [SL04]. Bei einem statischen Test wird die Software nicht zur Ausführung gebracht, sondern es werden strukturelle Eigenschaften überprüft. Beispiele für statische Tests sind die Überprüfung von Kodierrichtlinien oder Entwurfsregeln, aber auch Reviews oder eine Rechtschreibüberprüfung der in der Software enthaltenen Kommentare.

Der dynamische Test führt dagegen die zu testende Software aus. Im Laufe eines dynamischen Tests wird das zu testende System mit Eingabedaten versorgt und die Systemreaktion beobachtet. In einer anschließenden Bewertung wird beurteilt, ob die beobachtete Systemreaktion mit dem gewünschten spezifizierten Systemverhalten übereinstimmt oder nicht. Damit ergibt sich unmittelbar die Definition des Testfalles:

Definition 4 (Testfall) *Ein Testfall zum Testen einer bestimmten Systemfunktion besteht aus einer Menge von Eingaben, Vorbedingungen und der Definition der erwarteten Reaktion des Systems unter Test.*

Im Rahmen dieser Arbeit werden ausschließlich dynamische Tests betrachtet. Daher wird im Folgenden nicht weiter auf statische Testverfahren eingegangen.

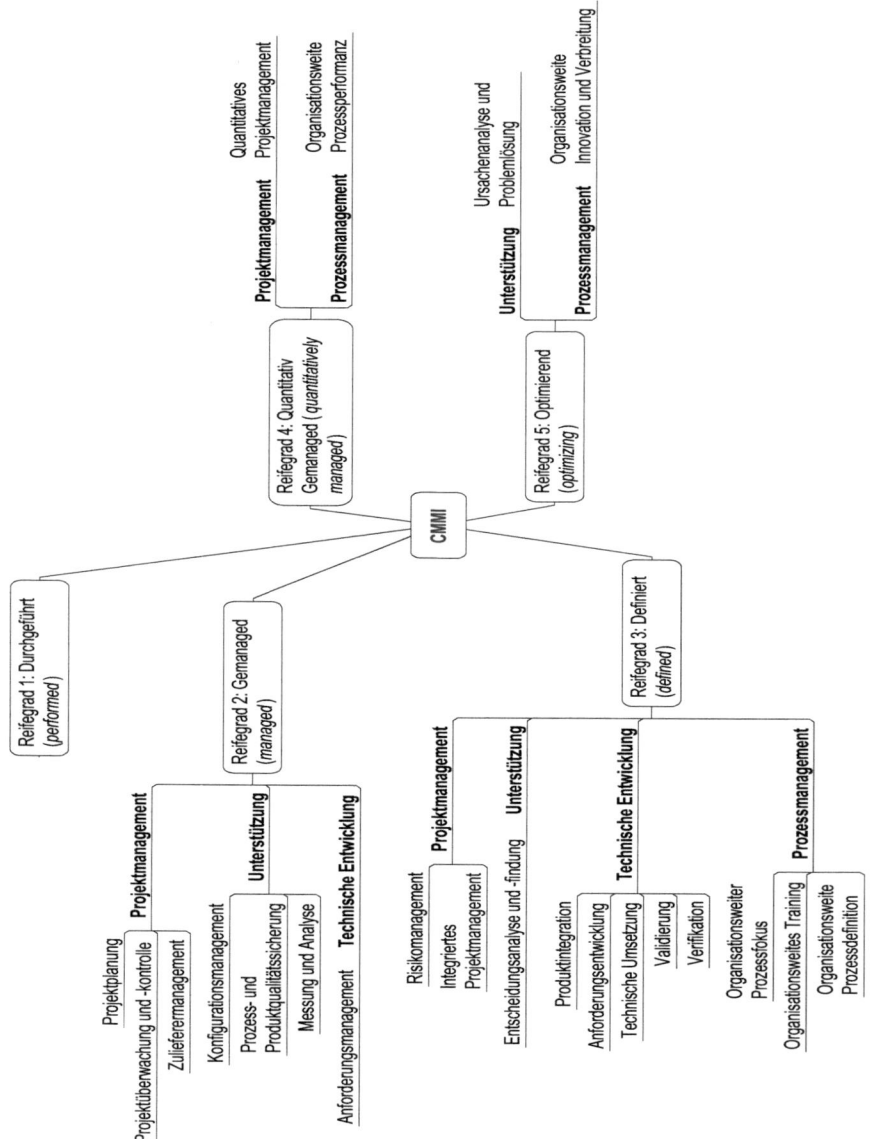

Abbildung 3.4: Aufbau des CMMI mit allen Prozessgebieten

Wichtig zu erwähnen ist, dass das dynamische Testen immer nur einen Stichprobencharakter hat. Durch Testen lässt sich immer nur die Anwesenheit von Fehlern demonstrieren, nicht aber deren Abwesenheit (vgl. [SL04], [Lig02]). Für einen vollständigen Test müsste nämlich für alle möglichen Eingabewerte die Systemreaktion überprüft werden. Dies kann allein schon aus zeitlichen Gründen so nicht erfolgen. Daher sollten bei der Planung des Softwaretests solche Testfälle geplant und ausgewählt werden, die nach Möglichkeit Fehler in der zu testenden Software aufdecken.

3.2.1 Anforderungen und Testgrundlage

Um etwas überprüfen bzw. testen zu können, benötigt man stets eine Referenz, also einen Vergleichswert gegen den ein Soll/Ist-Vergleich durchgeführt werden kann.

Eine solche Referenz besteht im Softwaretest aus allen Artefakten, die die Anforderungen der zu entwickelnden Software beschreiben. Solche Artefakte sind heute zum Beispiel Anforderungsdokumente in informeller Form. Weit verbreitet sind dabei Lasten- und Pflichtenhefte. Diese Anforderungsdokumente beschreiben die Systemanforderungen aus der Sicht von Auftraggeber (Lastenheft) und Auftragnehmer (Pflichtenheft). Der Unterschied zwischen den beiden Dokumenten besteht darin, dass ein Pflichtenheft aufgrund des Lastenheftes erstellt wird und darin erläutert wird, auf welche Weise die Anforderungen aus dem Lastenheft tatsächlich und in welchem Umfang umgesetzt werden. Das Pflichtenheft steht dabei am Ende einer Anforderungsanalyse, bei der die Kundenanforderungen vom Auftragnehmer auf Machbarkeit und Art der Umsetzung hin untersucht werden. Das Pflichtenheft wird dann Teil des Vertrages zwischen Auftragnehmer und Auftraggeber und steht am Ende der Anforderungsermittlung und der Auftragsvergabe durch den Auftraggeber.

Für den System- und den Abnahmetest bilden die im Pflichtenheft vereinbarten Anforderungen die so genannte Testgrundlage.

Definition 5 (Testgrundlage) *Als Testgrundlage (syn. Testbasis, engl. test base) bezeichnet man alle (Anforderungs-)Artefakte, die zur Erstellung und Auswahl von Testfällen herangezogen werden.*

Dies bedeutet, dass Testfälle aufgrund des Pflichtenheftes erstellt werden. Wie viele Testfälle benötigt werden, um ein System zu testen (Testendekriterium) ist eine Frage der Testabdeckung.

Definition 6 (Testabdeckung) *Die Testabdeckung gibt an, in welchem Maß die Testgrundlage durch Testfälle abgedeckt bzw. getestet wird.*

Es gibt verschiedene Kriterien zur Festlegung der Testabdeckung. Beispielsweise kann gefordert werden, dass für jede im Pflichtenheft enthaltene Anforderung mindestens ein Testfall existiert, der diese Anforderung abdeckt (funktionale Abdeckung). Weiterhin könnte gefordert sein, neben der funktionalen Abdeckung auch Robustheitstests in die Menge der Testfälle aufzunehmen. Solche Testfälle testen das System mit Daten, die normalerweise keinerlei Wirkung auf das System haben sollten. Dabei wird überprüft, ob das System nicht trotzdem eine unspezifizierte Reaktion zeigt, z.B. einen Systemabsturz. Diese Testfälle testen daher, ob sich das System robust gegenüber Fehlbedienung verhält.

Anwendungsfälle

Ein weit verbreitetes Mittel, um funktionale Anforderungen zu beschreiben - zum Beispiel im Rahmen eines Pflichtenheftes -, sind Anwendungsfälle (engl. *use cases*). Anwendungsfälle beschreiben dabei typische Anwendungsszenarien, bzw. Prozesse des zu entwickelnden Systems. Der Name der Anwendungsfälle besteht dabei zumeist aus einem Substantiv und einem Verb (z.B. `Wiedergabe starten` für einen CD-Player). In einer textuellen Anwendungsfallbeschreibung wird nun in Form einer Reihe von Aktionen konkret beschrieben wie dieser Prozess aus Sicht des Anwenders (Akteurs) und des Systems abläuft. Zusätzlich zu dieser Aktionssequenz wird für den Anwendungsfall weiter spezifiziert, unter welcher Vorbedingung dieser Ablauf stattfindet und welche alternativen Abläufe und Ausnahmefälle es vom Standardablauf gibt.

Name	Wiedergabe starten	
Akteure	Head Unit, HMI	
Auslösendes Ereignis	Wiedergabe starten am HMI auslösen	
Kurzbeschreibung	Von der Head Unit oder einem HMI wird das Starten der Wiedergabe am CD Player angefordert. Das System gibt die eingelegte CD wieder.	
Vorbedingungen	System ist initialisiert und eine CD ist eingelegt.	
Essenzielle Schritte	**Intention der Systemumgebung**	**Reaktion des Systems**
	MOST Botschaft `AudioDiskPlayer.DeckStatus.Set(Play)` oder `AudioDiskPlayer.DeckStatus.SetGet(Play)` senden.	Die Wiedergabe der CD startet an der Position, an der die Wiedergabe zuletzt unterbrochen wurde. Bei einer neu eingelegten CD startet die Wiedergabe vom Anfang der CD.
Ausnahmefälle	Ist keine CD eingelegt, wird eine Fehlermeldung ausgegeben.	
Nachbedingung	Die CD wird wiedergegeben.	

Abbildung 3.5: Anwendungsfallbeschreibung eines MOST CD-Players

In Abbildung 3.5 ist beispielhaft eine solche Beschreibung eines Anwendungsfalles nach dem Beschreibungsmuster von [HR02] für ein automobiles CD-Player-System dargestellt.

Ein Testfall, der diesen Anwendungsfall testet, führt die Aktionen des Anwenders aus und überprüft die Reaktion des Systems. Dies gilt sowohl für die essenziellen Schritte als auch für die Ausnahmefälle.

Verfahren, textuelle Anwendungsfallbeschreibungen automatisiert zu formalisieren und daraus Testfälle abzuleiten sind momentan Gegenstand aktueller Forschung. Rupp und Queins beschreiben in [RQ03] ein Konzept, wie eine solche Formalisierung strukturiert durchgeführt werden kann. Dabei werden die textuellen Beschreibungen per Hand in ein UML-Aktivitätsdiagramm umgesetzt, das dann innerhalb eines Modell-basierten Testprozesses als Testgrundlage dient.

Ein halbautomatisches Vorgehen zur Formalisierung von Anwendungsfällen beschreibt Friske in [FP05]. Durch ein Metamodell-gestütztes Werkzeug können textuelle Anwendungsfallbeschreibungen halbautomatisch mit formalisierten Aktionen verknüpft werden. Weitere Arbeiten beschreiben dann, wie aus solchen formalisierten Testfällen mit Hilfe einer Modelltransformation Testfälle und UML-Modelle erzeugt werden können [Fri04], [FS05]. Die beiden der Transformation zugrunde liegenden Metamodelle definieren dabei die Anwendungsfallbeschreibung und die Struktur des Testfalles.

3.3 Testverfahren

Ein Testfall, um Software zu testen, kann auf unterschiedliche Weise ausgeführt werden. Man unterscheidet dabei manuelles und automatisiertes Testen.

3.3.1 Manuelle Tests

Manuelle Testfälle werden komplett durch einen menschlichen Tester ausgeführt und protokolliert. Der Testfall liegt dabei meist in Form einer textuellen Beschreibung vor. Dies kann ein Textdokument oder eine Prüf- oder Checkliste in Form einer Tabelle sein. Der Tester führt die im Dokument beschriebenen Schritte zum Test des Systems durch und beobachtet die Systemreaktion. Die Testergebnisse protokolliert der Tester meist handschriftlich in den Testdokumenten.

Manuelles Testen hat den Vorteil, dass zur Durchführung der Tests keine aufwändigen Systeme zur Teststeuerung notwendig sind, die zunächst richtig konfiguriert werden müssen. Deshalb kann mit dem Test schnell begonnen werden. Große Nachteile ergeben sich jedoch daraus, dass durch die manuelle Ausführung und Protokollierung eine Reproduzierbarkeit der Testfälle bei wiederholter Ausführung kaum gegeben ist. Weitere Nachteile sind der hohe personelle und zeitliche Aufwand beim manuellen Testen. Durch die handschriftliche Protokollierung der Testergebnisse entsteht außerdem ein Medienbruch im sonst EDV-gestützten Entwicklungsprozess, da die Testergebnisse dann per Hand in das EDV-System zurück übertragen werden müssen.

3.3.2 Automatisierte Tests

Bei automatisiert ablaufenden Tests werden spezielle Testsysteme eingesetzt, die in der Lage sind, Testfälle automatisiert auszuführen. Damit dies möglich wird, müssen diese Testfälle in einer formalen Form vorliegen, beispielsweise einer speziellen Testbeschreibungssprache (siehe Abschnitt 3.4), die das Testsystem interpretieren und ausführen kann.

Man unterscheidet beim automatisierten Test zwischen voll- und halbautomatischen Testfällen.

Ein vollautomatischer Testfall kann vollständig ohne Eingriff eines menschlichen Testers Systemfunktionen überprüfen. Solche Testfälle können dadurch die Produktivität im Testprozess stark erhöhen, weil sie zum Beispiel jede Nacht laufen können und den aktuellen Stand der Software überprüfen.

Bei halbautomatischer Testausführung werden nicht alle nötigen Schritte während des Testens vollautomatisch erledigt. So kann beispielsweise die Überprüfung der Systemreaktion auf eine automatisch ausgelöste Bedienung durch einen Tester erfolgen, der vom Testsystem gestellte Fragen beantwortet. Dabei werden die Antworten auf die Fragen (Ja oder Nein) automatisch protokolliert und dem Testergebnis hinzugefügt. Gerade bei Systemen mit Mensch-Maschine-Schnittstelle (HMI) und Audio- und Videoausgaben ist eine automatisierte Bewertung der Testfälle nur mit erheblichem Aufwand, beispielsweise per Mustererkennung zu realisieren. Durch halbautomatisches Testen können Medienbrüche vermieden werden und gleichzeitig lässt sich die Testautomation nach und nach erhöhen.

3.4 Testbeschreibungssprachen für automatisierte Tests

Formale Beschreibungssprachen für Testfälle ermöglichen eine automatisierte Testausführung. Es existiert heutzutage eine ganze Reihe von solchen Testbeschreibungssprachen. Innerhalb dieses Abschnittes erfolgt eine Betrachtung der standardisierten Testbeschreibungssprachen TTCN-3, dem UML2 Testing Profile sowie der speziellen XML-Testbeschreibung für das Werkzeug CANoe der Fa. Vector Informatik. Dieses Werkzeug stellt im Bereich der Automobil- und Telematikentwicklung einen Quasi-Standard dar und wird daher hier näher betrachtet.

Neben diesen Testbeschreibungssprachen existieren noch diverse weitere, nicht-standardisierte Eigenentwicklungen (z.b. [BBr04]), die für verschiedene spezielle Einsatzzwecke optimiert sind.

Natürlich ist es auch denkbar, Testfälle in einer Programmiersprache, wie z.b. Java, C++ oder VisualBasic zu erstellen. Der Nachteil dabei ist allerdings, dass diese Sprachen von Haus aus keine speziellen Konstrukte für das Testen mitbringen, beispielsweise Vergleich eines Wertes mit einem Toleranzbereich u.ä. Daher müssen beim Einsatz von Programmiersprachen diese Konstrukte selbst als Bibliothek hinzugefügt werden. Ein Beispiel eines solchen Rahmenwerkes für MOST-Systeme ist das Produkt MOST Studio der Firma K2L [K2L07]. Damit lassen sich mit Programmiersprachen über Bibliotheken Telematiksysteme ansprechen. Sämtliche, speziell zum Testen solcher Systeme benötigten Konstrukte müssen jedoch explizit hinzu gefügt werden.

In speziellen Testbeschreibungssprachen ist solche Funktionalität bereits enthalten. Dies ermöglicht es, Testfälle austauschbar und unabhängig von speziellen Bibliotheken zu erstellen.

3.4.1 TTCN-3

Die *Testing and Test Control Notation Version 3* (TTCN-3) [ETS03a], [GS02] ist eine von der Telekommunikationsindustrie standardisierte Sprache zur Beschreibung von Testfällen. TTCN wurde ursprünglich für den Test von Telekommunikationsystemen entworfen, wurde aber seit der Version 3 stark erweitert und ist dadurch nicht mehr ausschließlich auf den Anwendungsbereich der Telekommunikation beschränkt. Die Sprache bietet alle Konstrukte einer imperativen Programmiersprache wie Schleifen, Bedingungen, Funktionen und Prozeduren, etc. Darüber hinaus enthält der Sprachumfang auch spezielle Konstrukte aus dem Testbereich. So ist beispielsweise ein spezieller Datentyp Teil des Sprachumfangs, der das Testergebnis aufnehmen kann. Ein Testergebnis in TTCN-3 wird als *Verdict* bezeichnet und kann verschiedene Werte wie *error*, *pass*, *fail* oder *inconclusive* (keine Aussage möglich) annehmen.

Neben einer textuellen Sprachsyntax existiert außerdem noch eine äquivalente grafische Form [ETS03b]. Das grafische Format (*Graphical presentation format for TTCN-3 (GFT)*) basiert auf den Message Sequence Charts (vgl. Abschnitt 4.7.3) und bietet dadurch eine übersichtliche Form der Darstellung einer Testsequenz bzw. eines Testfalles.

TTCN-3 ist speziell für den Blackbox-Test von verteilten, reaktiven Systemen konzipiert. Es lassen sich einzelne, voneinander unabhängige Testprozesse definieren. Dabei erfolgt die Kommunikation zwischen den Testprozessen untereinander und mit dem System unter Test ausschließlich über definierte Schnittstellen, so genannte *Ports*. Zur Durchführung eines Tests ist es deshalb zunächst erforderlich, die verwendeten Ports zu definieren und miteinander zu verbinden. Die Sprache bietet dafür spezielle Befehle an.

In Abbildung 3.6 ist das Zusammenspiel der einzelnen Komponenten über verbundene Ports noch einmal beispielhaft dargestellt. Dabei stehen die Bezeichnungen *MTC* für *Main Test Component*, also Haupttestkomponente, und *PTC* für *Parallel Test Component*, also Parallele Testkomponente.

Durch solche parallelen Komponenten lassen sich verteilte Systeme testen. Komponenten, die zum Betrieb des SUT nötig sind, können als PTCs durch das Testsystem zur Verfügung gestellt

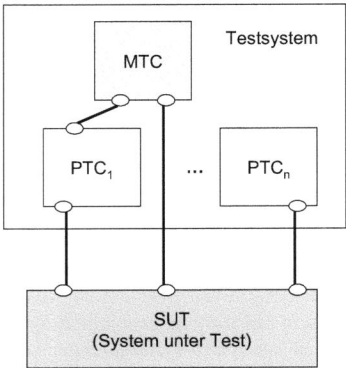

Abbildung 3.6: Portkonzept von TTCN-3

werden. Dies ermöglicht den Test einzelner Komponenten, ohne dass alle zum Betrieb des SUT notwendigen Nachbarkomponenten als reale Systeme zur Verfügung stehen.

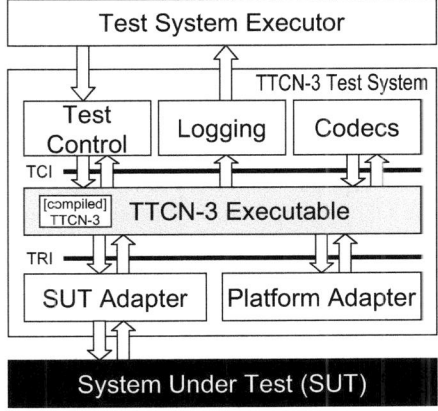

Abbildung 3.7: TTCN-3 Systemarchitektur [ETS07]

Testfälle werden in TTCN-3 auf einer abstrakten Ebene definiert, d.h. unabhängig vom System oder der Plattform, auf der sie zur Ausführung kommen. Abbildung 3.7 zeigt die Systemarchitektur von TTCN-3. Die Testfälle werden als so genanntes *TTCN-3 Executable* im Testsystem zur Ausführung gebracht. Um dabei Zugriff auf die Plattform und die Hardware zur Kommunikation mit dem SUT zu bekommen, müssen Adapter implementiert werden, die die Umsetzung zur Ausführung des abstrakten Testfalles durchführen. Die Schnittstelle zwischen dem TTCN-3 Executable und den Adaptern ist durch das *TTCN-3 Runtime Interface (TRI)* [ETS03c] spezifiziert.

Das Adapterkonzept ist sehr mächtig, da es die Anbindung diverser Testhardware und damit den Test der unterschiedlichsten Systeme erlaubt. Diese Eigenschaft wird allerdings dadurch erkauft, dass im TRI nur eine sehr allgemeine Schnittstellendefinition für die Kommunikation existiert. Mit Hilfe des Kommandos `send(functionId, value);` lassen sich beispielsweise Werte an einen Port senden. Die `functionId` bestimmt dabei die Semantik des Wertes, die ihrerseits durch die Implementierung des Adapters definiert wurde. Das bedeutet, dass ein TTCN-3-Testfall trotz abstrakter Syntax nicht ohne weiteres austauschbar ist, sondern von der jeweiligen Adapterimplementierung abhängt.

Ein Ausweg aus dieser Situation könnte die Standardisierung der Adapterfunktionen für verschiedene Domänen sein (z.B. Automotive Systeme, Telekommunikation, etc.). In einem solchen Standard müsste festgelegt werden, welche Funktion der abstrakten Beschreibung welchen Hardwarebefehl auslöst. Adapter und Testfälle, die diesem Standard folgen, wären dann innerhalb der Anwendungsdomäne austauschbar. Dies würde beispielsweise ermöglichen, dass System- und Abnahmetestfälle zwischen Auftraggeber und Auftragnehmer ausgetauscht werden könnten.

Neben dem TRI existiert innerhalb eines TTCN-3 Testsystems eine weitere Schnittstelle, das TTCN-3 Control Interface (TCI) [ETS03d]. Das TCI bildet die Schnittstelle zwischen dem Testrechner, auf dem der Test ausgeführt wird, und dem ausgeführten Testfall. Normalerweise wird das TCI durch die TTCN-3-Ausführungsumgebung implementiert, die es ermöglicht, einen Testfall ablaufen zu lassen. Dabei fungiert der eingesetzte Testrechner (PC) als Ausführungsumgebung und deckt die im TCI enthaltenen Aufgaben wie Protokollierung der Testergebnisse, Testkontrolle usw. ab.

Solche PC-basierten Ausführungsumgebungen für TTCN-3 existieren mittlerweile von verschiedenen Herstellern.

Die TT-Workbench der Firma Testing Technologies [Tec07] beinhaltet Editoren zur Bearbeitung der textuellen und grafischen TTCN-3-Repräsentationen, einen TTCN-3-Compiler und eine Ausführungsumgebung. Das Paket basiert auf Eclipse und Java. Der TTCN-3-Compiler erzeugt daher auch Java-Code, der innerhalb der Ausführungsumgebung dann ausgeführt wird. Eigene Plattformadapter lassen sich in Java programmieren und hinzufügen.

Eine weitere TTCN-3 Umgebung ist das Paket Telelogic Tester [Tel06]. Es basiert auf der Programmiersprache C++. Das bedeutet, dass Adapterimplementierungen in C++ geschrieben werden können. Der Telelogic Tester gliedert sich in die TAU Toolsuite von Telelogic ein. Mit TAU besteht die Möglichkeit der Modell-basierten Softwareentwicklung auf Basis von SDL und UML. Außerdem existiert ein in TAU integriertes Werkzeug, um aus SDL-Diagrammen TTCN-3-Testfälle abzuleiten. Dieser Testfallgenerator entstammt dem AUTOLINK-Projekt [Sch03b], das als eine Kooperation zwischen Telelogic und der Universität Lübeck durchgeführt wurde.

Wissenschaftliche Arbeiten zu TTCN-3

Die Spezifikation zu TTCN-3 stammt aus dem Jahre 2003 und wird stetig weiter entwickelt. Es existiert zu TTCN-3 eine Reihe von Erfahrungsberichten und Forschungsarbeiten, die hier kurz betrachtet werden.

In [Pie03] wird beschrieben, auf welche Art und Weise TTCN-3 in den Softwareentwicklungsprozess integriert und welche Rollen dabei ausgefüllt werden müssen. Dabei wird speziell auf Praxisanforderungen eingegangen.

Interessanterweise existieren mehrere unabhängige Arbeiten, die den Einsatz von TTCN-3 für den Test von Telematiksystemen, und hier insbesondere auch MOST-spezifische Systeme, untersuchen und beschreiben. In [Stu03] wird von der Firma Telelogic ein Ansatz zum Einsatz von TTCN-3 zum automatisierten Testen von Telematiksystemen im Zusammenspiel der Modellbasierten Entwicklung und der Integration der CAN- und MOST-Nachrichtenkataloge vorgestellt.

Einen sehr ähnlichen Ansatz bildet die Arbeit von DaimlerChrysler in Zusammenarbeit mit dem Fraunhofer FOKUS Institut [B3S04]. Auch in dieser Arbeit wird der Einsatz von TTCN-3 zur Eignung der Testautomation eines Car Multimedia Systems evaluiert. Der dabei eingesetzte Testaufbau (MOST Audio System) entspricht dabei weitgehend dem auch in dieser Arbeit verwendeten Beispielsystem. In einer Fallstudie im Rahmen des TT-Medal Projektes (*Tests and Testing Methodologies for Advanced Languages*) [SHB05] werden die Ergebnisse noch einmal zusammengetragen. Dabei wurde TTCN-3 als geeignet eingestuft, um den Test von Telematiksystemen zu automatisieren.

3.4.2 UML2 Testing Profile

Das *UML2 Testing Profile (U2TP)* [E$^+$03] ist eine Erweiterung der UML2 für den Testbereich im Rahmen einer Profildefinition (vgl. Abschnitt 4.7.7). Das U2TP erweitert die UML2 so, dass es möglich wird, damit sowohl Testfälle als auch die Testinfrastruktur des Testsystems zu beschreiben.

Zur Spezifikation der Testfälle selbst können die vorhandenen UML2-Diagramme für dynamisches Verhalten (z.B. Sequenz- und Aktivitätsdiagramme) verwendet werden.

Viele der im U2TP enthaltenen Nomenklaturen und Konzepte wurden von TTCN-3 übernommen. In der U2TP Spezifikation ist auch explizit eine Abbildung nach TTCN-3 und JUnit [Bec07] angegeben.

Dies zeigt, dass das U2TP nicht explizit an eine Testautomatisierungsumgebung gebunden ist, sondern die Testfälle auf einer abstrakten Ebene beschreibt. Um die Testfälle auszuführen, ist eine entsprechende Transformation des UML-Modells in die ablauffähige Testsprache erforderlich.

In [GS05] wird das U2TP im Kontext des MDA-Ansatzes der OMG betrachtet. Dabei wird anhand eines Beispiels die Anwendung des U2TP konkret bis hin zur Abbildung auf TTCN-3 Testfälle erläutert. Zur Zeit existieren einige Prototypen von Testsystemen (z.B. [SS05]), die das U2TP benutzen, um Testfälle zu spezifizieren und auszuführen. Hier wird sich in nächster Zeit sicher noch einiges tun.

3.4.3 Vector Informatik XML Testbeschreibung

Das Simulationswerkzeug CANoe der Firma Vector Informatik [Vec05] zählt in der Steuergeräteentwicklung im Telematikbereich quasi zu den Standardentwicklungswerkzeugen. Mit Hilfe von CANoe lassen sich komplexe Simulationen auf PC-Basis realisieren und reale Systemkomponenten durch Hardwareschnittstellen (CAN, MOST, FlexRay, LIN, etc.) anbinden und steuern.

Die Simulationsumgebung erlaubt es, Botschaften für die verschiedenen Bussysteme zu senden und zu empfangen. Dabei lassen sich Ereignisse definieren, die bei Eintreffen eines bestimmten

Signales ausgelöst werden. Weiterhin können benutzerspezifische grafische Oberflächen definiert werden, die Ereignisse auslösen oder Werte visualisieren.

Eine spezielle Schnittstelle im Simulationskonzept von CANoe bilden die so genannten Umgebungsvariablen (*Environment Variables*). Diese speichern die Zustände der Simulation und dienen auch als Bindeglied zwischen Ereignissender und -empfänger. Durch Setzen einer Umgebungsvariable lassen sich daher Ereignisse auslösen und die Simulation kontrollieren. Zusammenfassend besteht eine CANoe-Simulation daher aus den realen Signalen der Hardwareschnittstellen und den Umgebungsvariablen. Um ein mit einer CANoe-Simulation betriebenes System zu testen, muss das Testsystem daher in der Lage sein, neben Bussignalen auch die Umgebungsvariablen zu beeinflussen.

Seit Version 5 besitzt CANoe eine Möglichkeit, Testfälle selbständig auszuführen und Ergebnisse zu bewerten. Neben der Formulierung der Testfälle in der werkzeugeigenen Sprache CAPL (*CANoe Application Language*) können diese auch als XML-Skript in einer von Vector vorgegebenen Syntax beschrieben werden.

Aufgrund der breiten Werkzeugunterstützung zur Handhabung von XML, im Gegensatz zu CAPL, werden die so genannten XML-Testmodule hier eingeführt und die wichtigsten Konzepte vorgestellt. Ein weiterer Vorteil im Hinblick auf CAPL besteht außerdem darin, dass die XML-Testbeschreibung eine viel schwächere Bindung an CANoe hat als CAPL, das untrennbar damit verschmolzen ist. Damit ist denkbar, dass auch andere Werkzeuge um die Fähigkeit erweitert werden könnten, solche XML-Testbeschreibungen auszuführen.

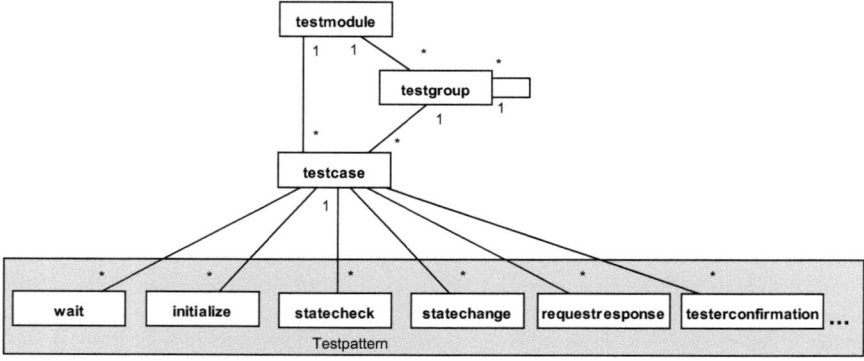

Abbildung 3.8: Struktur eines CANoe-Testmoduls

In Abbildung 3.8 ist die (vereinfachte) Struktur der XML-Testmodule dargestellt. Jedes Testmodul besitzt ein umschließendes testmodule-Tag. Innerhalb eines Testmodules lassen sich beliebig viele Testfälle (testcase) definieren. Zur besseren Strukturierung lassen sich diese Testfälle in eine Baumstruktur aus Testgruppen (testgroup) einordnen. Die Testgruppen haben bislang nur strukturierende Bedeutung, indem sie die Lesbarkeit der Testmodule erhöhen. Bei der Testausführung spielt es keine Rolle, ob und in welcher Tiefe ein Testfall einer Testgruppe zugeordnet ist.

Die Semantik eines Testfalles wird durch die in ihm enthaltenen Testschritte festgelegt. In CANoe 5.2 sind 14 Arten von Testschritten definiert, die als Testmuster (*test pattern*) bezeichnet werden. In Abbildung 3.8 sind die sechs wichtigsten davon aufgeführt. Die weiteren Muster sind sehr auf bestimmte Zwecke hin spezialisiert und sollen daher hier nicht erläutert werden. Eine vollständige Beschreibung der Testmodule und Testpattern findet sich in der Online-Hilfe zu CANoe.

Wait-Testmuster Dieses Testmuster dient dazu, innerhalb eines Testablaufes eine spezifizierte Zeit zu warten.

Initialize-Testmuster Mit Hilfe dieses Musters können Werte initialisiert werden. Damit lässt sich z.B. ein initialer Systemzustand herstellen oder ein Ereignis auslösen (Trigger). Das Initialize-Muster wird im Hinblick auf das Testergebnis nicht bewertet. Es lassen sich damit sowohl alle Sorten von Busnachrichten senden als auch Umgebungsvariablen setzen.

Statecheck-Testmuster Mit Hilfe diese Musters lassen sich CAN- und LIN-Signale sowie Umgebungsvariablen überprüfen. Die aktuellen Werte werden dabei mit einer Vorgabe verglichen. Die Vorgabe kann nicht nur ein fester Wert sein, sondern auch eine Überprüfung auf größer, kleiner, ungleich oder Wert liegt innerhalb eines Bereiches. Das Ergebnis des Vergleiches geht in das Testergebnis ein.

Statechange-Testmuster Dieses Muster entspricht in vielerlei Hinsicht dem Statecheck-Muster. Der Unterschied liegt darin, dass vor dem Vergleich zunächst ein oder mehrere Werte verändert werden, bevor die Überprüfung stattfindet. Man könnte ein äquivalentes Verhalten auch durch eine Kombination des Initialize- und Statecheck-Musters erreichen.

RequestResponse-Testmuster Dieses Muster berücksichtigt die spezielle Eigenschaft der MOST-Kommunikation, bei der auf eine Anforderungsbotschaft (Request) eine Antwortbotschaft (Response) folgt. Dieser Kommunikationsablauf lässt sich durch das Muster speziell überprüfen. Neben MOST-Botschaften lassen sich damit inzwischen auch solche Verhaltensmuster für CAN-Botschaften und Umgebungsvariablen überprüfen.

TesterConfirmation-Testmuster Das TesterConfirmation-Muster dient dazu, bei einem halbautomatischen Test dem Tester Anweisungen oder Fragen anzuzeigen, die mit Ja oder Nein beantwortet werden müssen. Die Beantwortung der Frage geht dann in das Testergebnis ein.

Bei der Ausführung eines Testmodules durch CANoe werden die Testmuster in der Reihenfolge ausgeführt, in der sie im Testfall enthalten sind. CANoe generiert nach Abschluss der Testausführung automatisch einen Testreport im XML-Format. Dieser kann mit Hilfe einer XSLT-Transformation (*XSL-Stylesheet*) dann in HTML oder PDF gewandelt werden.

3.4.4 Bewertung der Testbeschreibungen

Sowohl TTCN-3 als auch die Vector XML-Testmodule können automatisiert ausgeführt werden und stellen eine Low-Level-Testbeschreibung dar, die geeignet ist, den Test von Telematiksystemen zu automatisieren. Beide Testbeschreibungen sind jeweils auf Testobjekte einer bestimmten Anwendungsdomäne festgelegt. Bei den Vector-Testmodulen sind dies automotive Systeme, bei TTCN-3 hängt dies davon ab, welcher Adapter zum Einsatz kommt und wie dieser angesprochen wird.

Im Gegensatz dazu, ist das UML2 Testing Profile allgemeiner gefasst und definiert. Es stellt eher ein Rahmenwerk dar, um die Testinfrastruktur und die Testabläufe zu beschreiben. Dabei liegt es in der Wahl des Anwenders, mit welchen Verhaltensdiagrammarten Testfälle beschrieben werden. Tests, die mit dem UML2 Testing Profile beschrieben werden, sind daher auf einer höheren Ebene anzusiedeln, da sie nicht direkt ausführbar sind. Sie können jedoch prinzipiell in die beiden anderen ausführbaren Low-Level-Formate (TTCN-3, Vector XML) transformiert werden und lassen sich dann automatisiert ausführen.

Somit ergänzen sich die Ausdrucksmöglichkeiten des UML2 Testing Profiles und die ausführbaren Testbeschreibungssprachen. Durch die Kombination können Testfälle zum Test von Telematiksystemen grafisch, beispielsweise in UML, beschrieben und dann ausgeführt werden.

3.5 Testumgebung

Definition 7 (Testumgebung [SL04]) *Unter einer Testumgebung versteht man die Gesamtheit aller Hardware- und Softwarekomponenten, die notwendig sind, um Testfälle durchzuführen.*

Um ein bestimmtes Testobjekt zu testen, können, je nach Anforderung an den Test, ganz unterschiedliche Testumgebungen zum Einsatz kommen. Beispielsweise wird für automatische Tests entsprechende Hard- und Software benötigt, die geeignet ist, Testfälle automatisiert ablaufen zu lassen. Zur Durchführung eines manuellen Tests genügt hingegen eine einfachere Testumgebung, z.B. bestehend aus Papier-Checklisten und dem Testobjekt selbst.

Eine typische Testumgebung, wie sie im Telematikbereich zum Einsatz kommt, zeigt Abbildung 3.9. Die Testobjekte (verschiedene Telematiksteuergeräte), die getestet werden sollen, werden mit Hilfe ihrer CAN- und MOST-Schnittstellen zu einem vernetzten System zusammengeschaltet. Dies geschieht so, wie das System später auch im realen Fahrzeug verbaut und verkabelt wird. Zusätzlich wird mit speziellen Adaptern eine Verbindung zwischen dem System unter Test (SUT) und einem Testrechner hergestellt. Durch diesen Testrechner kann der Testablauf gesteuert, überwacht und es können Kommunikationsdaten auf dem Systemnetzwerk beobachtet werden.

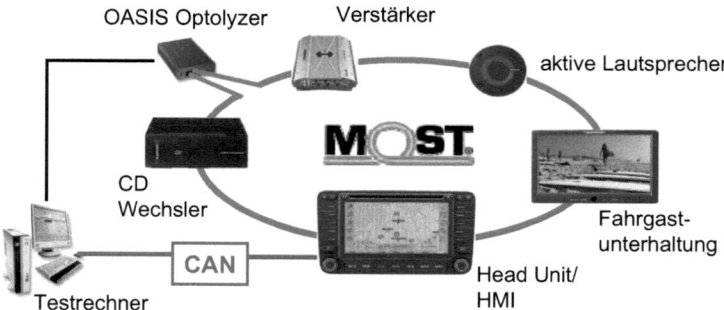

Abbildung 3.9: Typische Testumgebung beim Test MOSTbasierter Systeme

Vielfach kommen auch Testumgebungen zum Einsatz, bei denen Steuergeräte komplett durch Software auf dem Testrechner simuliert werden. Dies ist notwendig, da beispielsweise nicht alle Steuergeräte aufgrund von zeitlich paralleler Entwicklung zu einem Zeitpunkt real zur Verfügung stehen oder der Einsatz realer Steuergeräte zu aufwändig wäre. Man denke nur an ein Motorsteuergerät, das benötigt wird, um ein Testsystem mit Daten über Drehzahl und Geschwindigkeit des Fahrzeugs zu versorgen. Um ein reales Motorsteuergerät in der Testumgebung verwenden zu können, würde man auch noch einen Motor brauchen, dessen Sensoren das Motorsteuergerät mit realen Daten versorgen müssten, etc. Daher werden solche Szenarien auf dem Testrechner per Software realisiert und die entsprechenden Kommunikationsnachrichten generiert. Dieses Verfahren bezeichnet man als *Restbussimulation*.

Im Telematik-Test wird für die Restbussimulation typischerweise CANoe.MOST [Vec05] von Vector Informatik eingesetzt. CANoe.MOST unterstützt von je her Hardware zur Anbindung von CAN-Netzwerken. Zur MOST-Kommunikation werden zwei PC-MOST-Adapter unterstützt. Zum einen der Optolizer der Fa. OASIS [OAS02] und das von Vector Informatik selbst entwickelte MOST Interface Vector VN 2600.

Keine Eignung für vollautomatische Tests

Eine Testumgebung wie in Abbildung 3.9 kann jedoch nur für halbautomatische Tests eingesetzt werden, da grundlegende Ein- und Ausgaben des SUT nicht automatisiert berücksichtigt werden können. Zu nennen sind hierbei die audiovisuellen Ein-/Ausgaben sowie die haptische Überprüfung der Mensch-Maschine-Schnittstelle (*HMI*). Daher wird bei dieser Konfiguration immer ein menschlicher Tester benötigt, um die Korrektheit des SUT zu bewerten.

Um einen vollautomatischen Test eines Telematiksystemes durchführen zu können, wäre daher eine Einbeziehung dieser Datenbereiche in die Testumgebung notwendig. Realisieren ließe sich das durch den Einsatz von Kamerasystemen und Audio-Grabbern (z.B. Soundkarte im PC). Haptische Stimulation für das MMI könnte durch entsprechende Manipulatorsysteme realisiert werden.

Nachträgliche Bewertung als Lösung

Eine Realisierung einer solchen Mustererkennung scheitert vielfach an Kosten- und Zeitbeschränkungen innerhalb der Entwicklungsprojekte. Um Testfälle trotzdem weitgehend automatisiert ablaufen lassen zu können, kann das Konzept der nachträglichen Bewertung (*delayed validation*) eingesetzt werden. Hierbei werden während eines Testlaufes durch den Testrechner Kameraaufnahmen der visuellen Ausgaben des SUT gemacht. Solche Testläufe können beispielsweise über Nacht geschehen. Die Bewertung der visuellen Daten durch einen menschlichen Tester kann dann am nächsten Morgen vorgenommen werden. Dies führt zu einer erheblichen Zeitersparnis, da zum einen auf Mustererkennung verzichtet wird und zum anderen die Notwendigkeit der Beobachtung des SUT während des Testlaufes entfällt.

3.6 Problematik der heutigen Testpraxis

Eine schematische Darstellung des heutigen Testprozesses im Telematikbereich zeigt Abbildung 3.10. Hierbei übernehmen ein oder mehrere menschliche Tester verschiedene zentrale Rollen. Zunächst müssen die Spezifikationen wie zum Beispiel Lastenhefte (LH), Pflichtenhefte (PH) oder Message Sequence Charts (MSC) vom Testfallentwickler ausgewertet und auf dieser Grundlage Testfälle entwickelt werden.

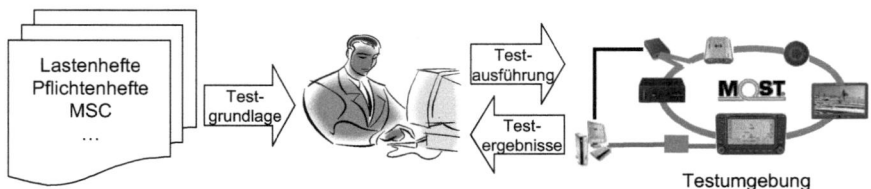

Abbildung 3.10: Testprozess heute

Im nächsten Schritt werden die entwickelten Testfälle in der Testumgebung zur Ausführung gebracht. Je nachdem, in welcher Form die Testfälle spezifiziert wurden, kann die Ausführung manuell, halbautomatisch oder automatisch erfolgen.

Nach Ausführung der Tests folgt die Auswertung der Ergebnisse. Bei (halb-)automatischen Tests kann dieser Schritt vielfach automatisiert durch das Testsystem geschehen.

3.6.1 Geringe Testabdeckung durch informelle Spezifikationen

Die Testgrundlage für den Systemtest der Telematiksysteme liegt heute fast ausschließlich in einer informellen, textuellen Form vor. Dabei handelt es sich um Lastenhefte und Pflichtenhefte.

Eine Besonderheit stellt die Spezifikation der MOST-Systeme dar. Hierbei kommen Message Sequence Charts (MSC)[1] zum Einsatz. Diese an sich formalen Diagramme haben leider aber auch nur informellen Charakter, da vielfach Informationen in Prosa annotiert werden oder die Nachrichtensequenzen mit generischen Namen versehen werden. Beispiele für solche MSCs finden sich in der dynamischen MOST-Spezifikationen [MOS05].

Dadurch, dass die Spezifikationen in keiner formalen Form vorliegen, können so gut wie keine für den Test verwertbaren Informationen, geschweige denn die Testfälle selbst daraus in einem automatisierten Prozess generiert werden. Dies verhindert eine weitere Automation des bestehenden Testprozesses in punkto Testfallerstellung.

Durch die stetig steigende Komplexität der heutigen Telematiksysteme, führt eine manuelle Erstellung der Testfälle zudem nur zu einer sehr geringen Testabdeckung. Ein Beispiel, um die Komplexität zu illustrieren, ist die Anzahl der gültigen MOST-Botschaften in einem aktuellen Fahrzeug der Oberklasse. Diese liegt bei über 30000, wobei hier noch nicht berücksichtigt wurde, dass viele Botschaften außerdem noch Parameter haben können.

3.6.2 Schlechte Wiederverwendbarkeit der Testfälle

Ein zusätzliches Problem besteht darin, dass spezifische Informationen des zu testenden Systems in der Testfallbeschreibung enthalten sind. Ganz konkret bedeutet das, dass Testschritte wie z.B. `Sende MOST Kommando AudioDiskPlayer.DeckStatus(Play)` oder `Überprüfe CAN Botschaft Klemmenstatus.St_Kl_15_Hw auf den Wert 1` Bestandteil der Testfälle sind. Dadurch wird eine Wiederverwendung des Testfalles zum Test eines anderen, ähnlichen Systems erschwert, wenn nicht gar ausgeschlossen.

---

[1]Ein Telekommunikationsstandard zur Beschreibung von Kommunikationsabläufen. Vgl. Abschnitt 4.7.3

Dies hängt damit zusammen, dass jedes System einen etwas anderen Nachrichtenkatalog hat und damit zum Test der gleichen Funktionalität andere Nachrichten gesendet werden müssen. Hinzu kommt noch, dass auch bei einer Änderung am Nachrichtenkatalog des Systems, für das der Testfall ursprünglich geschrieben wurde, die Testfälle immer explizit angepasst werden müssen.

Wünschenswert ist daher eine Testbeschreibung, die Testschritte enthält, die in einer funktionalen Weise formuliert sind. Beispielsweise `Wiedergabe starten` oder auch `Zündung einschalten (Klemme 15 an)`.

3.7 Anforderungen

Aufgrund der in Abschnitt 3.6 beschriebenen Problematik der heutigen Testpraxis ergeben sich daher die beiden Ziele dieser Arbeit:

1. Die produktspezifischen Informationen der Systeme unter Test (SUT) aus den Testfallbeschreibungen entfernen, um damit eine bessere Wiederverwendbarkeit der Testfälle zu erreichen.

2. Die informalen Formen der Systemspezifikation durch etwas ersetzen, oder zumindest ergänzen, das es ermöglicht, daraus automatisiert Testfälle abzuleiten.

Aus diesen beiden Zielen ergeben sich eine Reihe von Anforderungen, die im folgenden aufgeführt und erläutert werden. Die Anforderungen werden dabei nach drei Kriterien unterteilt: Anforderungen an das Modell, Anforderungen im Hinblick auf die Testfallgenerierung und übergreifende Anforderungen.

3.7.1 Übergreifende Anforderungen

(Anf. 1) Verwendung von Standards
Es sollen, wo immer möglich, Standards und Standardtechniken verwendet werden.

Die Verwendung von Standards und Standardtechniken vereinfacht die Erlernbarkeit, da eventuell schon Vorkenntnisse bei den Anwendern vorhanden sind. Auch ist die Akzeptanz von Standardtechniken im Allgemeinen größer als bei proprietären Lösungen, da es vielfach bessere Unterstützung für die Standards in Form von Werkzeugen, Schulungen und Expertenwissen gibt.

(Anf. 2) Werkzeugunterstützung
Zur Erstellung der Modelle muss Werkzeugunterstüzung vorhanden sein.

Im Kontext immer kürzerer Projektlaufzeiten und Verpflichtung zum Nachweis der Arbeitsschritte und Zusammenhänge (Stichwort: Nachvollziehbarkeit, engl. *Traceability*) ist es unbedingt erforderlich, die Arbeitsprozesse durch entsprechende Werkzeuge zu unterstützen. Gute Werkzeuge nehmen dem Anwender Standardaufgaben, die er sonst manuell erledigen müsste, automatisiert ab, vermeiden damit Fehlerquellen und erhöhen außerdem die Dichte der geleisteten Arbeit.

In eine ähnlich Richtung geht daher auch die folgende Anforderung:

(Anf. 3) Automatisierung von Standardaufgaben
Wo immer es möglich ist, sollen Standardaufgaben automatisiert werden.

Standardaufgaben können zum einen die Modellerstellung betreffen, aber auch die Testfallgenerierung und den Test selbst. Durch den Einsatz von Automatisierung lassen sich wiederkehrende Aufgaben schneller erledigen und damit Zeit für andere Aufgaben gewinnen. Eine solche Aufgabe kann z.b. die manuelle Erstellung komplexer Testszenarien sein, die sonst aufgrund von mangelnder Zeit und Budget im Projekt nicht ausgeführt wird, obwohl es zur besseren Qualitätssicherung angebracht wäre.

3.7.2 Modellanforderungen

(Anf. 4) Formalität
Das Modell muss soweit formal sein, dass daraus automatisiert Testinformation, bzw. Testfälle abgeleitet werden können.

Dies ist die Hauptanforderung, um eine Extraktion von Testinformationen, bzw. Testfällen erreichen zu können. Formal bedeutet in diesem Zusammenhang, dass eine Software, bzw. ein Werkzeug in der Lage ist, automatisiert Daten daraus abzuleiten.

(Anf. 5) Erweiterbarkeit des Modells
Das Modell bzw. die Modellierungssprache muss erweiterbar sein, um auch zukünftige Entwicklungen abdecken zu können.

Es muss anpassbar sein, um zukünftige Entwicklungen abdecken zu können, und trotzdem die bestehenden Konzepte weiter zu verwenden. Dies bedeutet, dass eine auf Erweiterung hin ausgelegte Architektur des Modells bzw. der Modellierungssprache verwendet wird.

(Anf. 6) Einbringen von Domänenwissen
Domänenspezifisches Wissen soll in den Modellen verwendet werden können.

Diese Anforderung ergibt sich daraus, dass Domänenwissen und gewohnte Konstrukte weiterverwendet werden können sollen. Dies erleichtert außerdem auch die Erlernbarkeit und Akzeptanz für die Benutzer. Im Rahmen dieser Arbeit besteht dieses Domänenwissen aus spezifischen Daten und Konzepten, die im Car Multimedia Bereich Anwendung finden. Diese sollen auch im Modell abgebildet werden können.

Weiterhin hat sich gezeigt, dass sich durch domänenspezifische Aspekte in der Modellierung die Generierung erleichtert werden kann. Ausführliche Erläuterungen dazu finden sich in Abschnitt 4.7.7.

(Anf. 7) Überschaubare Menge von Modellelementen
Die Modelle sollen aus einer überschaubaren Menge von Modellelementen aufgebaut sein.

Überschaubarkeit bezieht sich dabei auf die Anwendung des Modells durch einen menschlichen Anwender. Daher soll gelten:

So wenig wie möglich, aber so viel wie nötig.

Da das Modell mit dem Ziel erstellt wird, bestehende Spezifikationsformen zu ersetzten, wird das Modell dann an die Stelle der bisherigen informellen Spezifikation treten. Um die Akzeptanz der neuen Spezifikationsform und des neuen Verfahrens bei den Anwendern und weiteren Projektbeteiligten (engl. *Stakeholder*) zu erhöhen, muss es möglichst einfach sein, die Modelle zu erstellen und zu verstehen. Durch eine begrenzte Zahl an verwendeten Modellelementen kann diese einfacher hergestellt werden, da nur ein Verständnis der verwendeten Modellelemente nötig ist.

(Anf. 8) Übersichtliche Strukturierung
Das Modell soll eine übersichtliche und klar festgelegte Struktur erhalten.

Diese Anforderung geht in eine ähnliche Richtung wie bereits (Anf. 7). Durch eine übersichtliche Struktur des Modells wird eine Navigation im Modell wesentlich erleichtert. Das Erstellen bzw. Ändern des Modells durch die Anwender wird vereinfacht, da die Modellelemente durch die klare Strukturierung leicht auffindbar sind.

3.7.3 Testanforderungen

(Anf. 9) Wiederverwendbarkeit der Testfälle
Die Testfälle, die aus dem Modell gewonnen oder per Hand erstellt werden, sollen zum Testen von verschiedenen gleichartigen Produkten wiederverwendet werden können.

Diese Anforderung ergibt sich direkt aus dem ersten Ziel dieser Arbeit.

(Anf. 10) Generierung von Testdaten
Testdaten bzw. Testfälle sollen automatisiert aus dem Modell generiert werden.

Die Anforderung ergibt sich auch direkt aus dem zweiten Ziel der Arbeit.

(Anf. 11) Automatisierte Testausführung
Die Testfälle sollen automatisiert in der Testumgebung ausgeführt werden können.

Die Testautomation ist wichtig, um Testergebnisse reproduzierbar zu machen. Außerdem wird bei automatisierten Testläufen fast immer automatisch ein Testreport erstellt, der zur Dokumentation der Testergebnisse und zur statistischen Auswertung des Testfortschrittes im Testprozess verwendet werden kann. Auch halbautomatische Testfälle erfüllen diese Bedingungen und fallen daher unter die Kategorie der automatisiert ausgeführten Tests (vgl. auch Abschnitt 3.5).

(Anf. 12) Testeingabedaten
Testeingabedaten müssen spezifiziert und im Modell abgebildet bzw. verwendet werden können.

Testeingabedaten spielen überall dort eine Rolle, wo variable Größen das Verhaltens des Systems unter Test beeinflussen. Da ein Test mit allen möglichen Kombinationen von Testeingabewerten aus zeitlichen Gründen nicht durchführbar ist, wurden in der Vergangenheit verschiedene Verfahren entwickelt, um dieses Problem in den Griff zu bekommen. Die bekanntesten Verfahren sind die Äquivalenzklassenbildung und die Grenzwertanalyse.

Auch wenn Testfälle Modell-basiert erzeugt werden, spielen Testeingabedaten weiterhin eine Rolle und müssen entsprechende Berücksichtigung finden.

3.8 Fazit

Durch die zunehmende Komplexität und den steigenden Softwareanteil in modernen Telematiksystemen spielt der Softwaretest eine entscheidende Rolle in der Qualitätssicherung. Eine zunehmende Bedeutung gewinnt dabei auch die Systemintegration. Die Testaktivitäten sind heute fester Bestandteil der eingesetzten Entwicklungsprozesse.

Die Grundlagen der Entwicklungsprozesse und des Softwaretestens, wie sie im Bereich der Telematikentwicklung vorkommen, wurden in diesem Kapitel erläutert. Dabei wurden verschiedene Probleme der heute gültigen Praxis, wie schlechte Wiederverwendbarkeit der Testfälle und geringe Testabdeckung durch manuelle Testerstellung, aufgezeigt.

Zur Verbesserung dieser Situation im Rahmen dieser Arbeit wurden schließlich Anforderungen herausgearbeitet, die im Rahmen eines Lösungsansatzes realisiert werden sollen.

4

Modellierung und Modell-basiertes Testen

Dieses Kapitel gibt einen Überblick über Modell-basierte Entwicklung und Modell-basiertes Testen. Nach einer Begriffsklärung und einer Erläuterung wichtiger Konzepte der Modell-basierten Entwicklung wie Metamodellierung und Modelltransformation erfolgt eine Übersicht über grafische Modellierungssprachen. Aufgrund der Anforderung aus Kapitel 3 werden diese im Hinblick auf ihre Eignung zur Systemmodellierung hin betrachtet.

4.1 Modell-basierte Entwicklung

In der Modell-basierten Entwicklung spielt Abstraktion eine entscheidende Rolle. Daher wird zunächst genauer definiert, was unter dem Begriff zu verstehen ist (vgl. [GBB04]).

Definition 8 (Abstraktion) *Bei einer Abstraktion werden aus einer bestimmten Sicht die wesentlichen Merkmale einer Einheit (beispielsweise eines Gegenstands oder Begriffs) ausgesondert. Abhängig von der Sicht können ganz unterschiedliche Merkmale abstrahiert werden.*

Definition 9 (Sicht) *Eine Sicht ist eine Projektion eines Modells, die es von einer bestimmten Perspektive oder einem Standpunkt aus zeigt und Dinge weglässt, die für diese Perspektive nicht relevant sind.*

Definition 10 (Modell) *Ein Modell ist eine abstrakte Beschreibung der Realität.*

Das Konzept der Abstraktion wurde bereits in der Vergangenheit verwendet, um die Softwareentwicklung zu vereinfachen und zu verbessern.

Die Software der ersten Rechner wurde sehr hardwarenah entwickelt. Befehle und Programme wurden direkt in Maschinensprache formuliert und eingegeben. Der Einsatz von Assemblerprogrammierung bildete die erste Abstraktionsstufe. Hierbei wurden für den Menschen verstehbare Kommandos für die Maschinenbefehle entwickelt (Assemblerbefehle). Diese konnten dann in einem Übersetzungsvorgang, der Assemblierung, in die Sprache des Rechners, den Maschinencode, übersetzt und ausgeführt werden.

Die nächste Abstraktionsstufe bildete die Einführung von Hochsprachen wie C oder PASCAL. In diesen Sprachen waren die Befehle unabhängig von der darunterliegenden Hardware. Es wurde ermöglicht, funktionale Abläufe zu programmieren und diese auch darzustellen. So kann man in einer Hochsprache logische Verzweigungen (if-Konstrukt), Unterprogrammauf-rufe (Prozedur-Konzept) u.s.w. direkt durch Befehle der Sprache ausdrücken und dadurch die Lesbarkeit und Verständlichkeit erhöhen. Programme in einer Hochsprache werden dann durch einen *Compiler* vollautomatisch in die Assemblersprache übersetzt und sind somit auf der kon-kreten Hardware des Rechners ausführbar.

Den nächsten Meilenstein und eine weitere Abstraktionsstufe in der Softwareentwicklung bil-dete die Einführung der objektorientierten Programmierung und der Einsatz objektorientier-ter Programmiersprachen. Die objektorientierte Programmierung ermöglicht es, Konzepte der menschlichen Denkweise in der Softwareentwicklung direkt einzusetzen. Es lassen sich aus der realen Welt bekannte Dinge (Objekte) mit ihren Eigenschaften (Attributen) und gleichzeitig mit Werkzeugen zum Ändern dieser Objekte (Methoden) direkt in einer Programmiersprache darstellen und realisieren. Eine Hauptrolle dabei spielen die so genannten *Klassen*, welche die Definition der Objekteigenschaften enthalten (Klassifikation) und deren Instanzen die Objekte. Durch einen Compiler können die objektorientierten Programme dann übersetzt werden, um eine Ausführung auf einer konkreten Hardwareplattform zu ermöglichen.

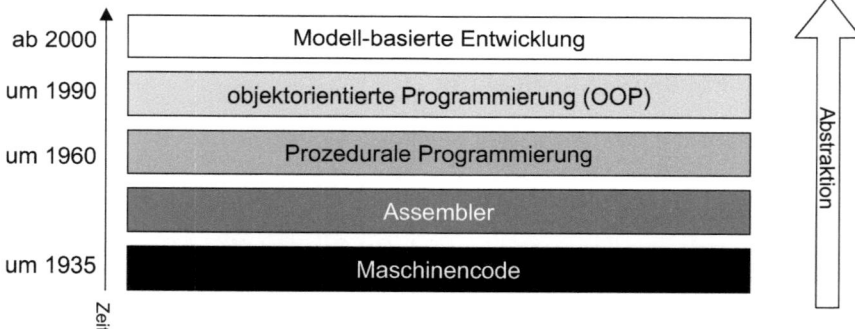

Abbildung 4.1: Abstraktion in der Geschichte der Softwareentwicklung

Abbildung 4.1 zeigt den Einsatz von Abstraktion in der Geschichte der Softwareentwicklung. Durch jede weitere Abstraktionsebene konnte die Softwareentwicklung ein Stück weit verein-facht und die Umsetzung der gegebenen Problemstellung in Software erleichtert werden.

Die nächste Abstraktionsstufe soll nun durch Modell-basierte Entwicklung (engl. *Model-driven Development (MDD)*) erreicht werden.

Unter *Modell-basierter Entwicklung* von Software versteht man einen Softwarentwicklungs-prozess, bei dem Modelle der zu entwickelten Software eine wichtige, wenn nicht die zentrale Rolle spielen. Diese so genannten Entwicklungsmodelle bilden eine Beschreibung der Eigen-schaften und Funktionen der zu entwickelnden Software. Zumeist werden sie mit speziellen grafischen Modellierungssprachen erstellt.

In jüngerer Zeit wird im Deutschen zwischen den Begriffen Modell-basiert und Modell-getrieben unterschieden [SVE07]. Dabei kann bei Modell-basierten Verfahren das Modell auch nur den Charakter einer Dokumentation für den Entwickler haben. Hingegen liegt bei Modell-getriebenen Verfahren das Modell so formal vor, dass daraus automatisch Artefakte für den Entwicklungsprozess abgeleitet werden können. Im Rahmen dieser Arbeit wird durchgängig von Modell-basiertem Testen gesprochen, auch wenn dabei eigentlich Modell-getriebener Test gemeint ist, da automatisiert Testinformationen aus einem formalen Systemmodell gewonnen werden.

Ein informelles textuelles Dokument, wie beispielsweise ein Pflichtenheft, ist im Prinzip zwar auch ein Modell im Sinne von Definition 10, jedoch spricht man bei textuellen Spezifikationen nicht von einem Modell-basierten Entwicklungsprozess, da dieses Modell in keinerlei Hinsicht formal ist.

Ziel einer umfassenden Modell-basierten Entwicklung ist es, die Software oder Teile davon aus dem Modell selbst zu generieren. Um dieses Ziel zu erreichen müssen die Modelle eine gewisse Formalität besitzen. Vielfach werden heutzutage jedoch die Modelle nur als erweiterte Dokumentation verwendet, d.h. sie haben nur informellen Charakter.

Modell-basierte Entwicklung von Software, insbesondere mit dem Ziel eine 100-prozentige Codegenerierung zu erreichen, ist heute noch Gegenstand aktueller Forschung. Es gibt jedoch bereits erste Ergebnisse in speziellen Bereichen (*Domänen*), in denen eine 100-prozentige Codegenerierung aus den Modellen erreicht werden konnte (vgl. [Fis05], [Kel05]). Oftmals werden heute Teile der Implementierung aus dem Modell generiert. Ein Beispiel dafür sind UML-Klassendiagramme, aus denen Coderümpfe erzeugt werden.

Viele Begriffe und Konzepte der Modell-basierten Softwareentwicklung wurden aus Bereichen übernommen, in denen Modell-basierte Entwicklung schon seit Jahrzehnten zum Stand der Technik gehört. Beispiele dafür sind das Bauingenieurwesen und die Architektur. Dort werden schon immer Modelle und Pläne der zu erstellenden Gebäude benutzt. Verfahren der Modell-basierten Softwareentwicklung wie Entwurfsmuster (*Design Pattern*) [GH+95] oder der Begriff Softwarearchitektur gehen auf dieses Vorbild zurück.

4.2   Modell-basierter Test

Im Rahmen dieser Arbeit wird die Definition des Begriffs Modell-basiertes Testen übernommen, die sich u. a. bei Conrad [Con04, S.19] findet:

Definition 11 (Modell-basierter Test) *Entwicklungsbegleitender Testprozess im Rahmen der Modell-basierten Entwicklung, der eine Kombination unterschiedlicher, sich gut ergänzender Testverfahren umfasst und dabei das ausführbare Modell als reichhaltige Informationsquelle für den Test benutzt.*

Wichtig dabei ist anzumerken, dass das Ziel dieser Arbeit nicht eine Modellierung von Testfällen ist, sondern eine Modellierung des Systems (*Systemmodell*). Viele Arbeiten auf dem Gebiet des Modell-basierten Testens beschäftigen sich mit Verfahren zur Testfallmodellierung (Erstellung eines *Testmodells*).

In dieser Arbeit sollen die Testfälle jedoch aus dem Systemmodell möglichst automatisch generiert werden können. Um Medienbrüche zu vermeiden, ist es jedoch sinnvoll, die Testfälle selbst auch als Modell vorliegen zu haben und ins Modell zu integrieren.

4.3   Modellgetriebene Architektur (MDA)

Die Modell-getriebene Architektur (Model Driven Architecture) [MM03] ist ein Standard der Object Management Group (OMG) und beschreibt konzeptionell, welche Schritte nötig sind, um in einem Modell-basierten Entwicklungsprozess Informationen aus Modellen zu gewinnen und zu generieren.

Kernpunkte von MDA ist eine Unterscheidung von plattformunabhängigen und plattformspezifischen Modell. Das plattformspezifische Modell (PSM) enthält dabei Informationen, um die Software auf einer speziellen Plattform zu realisieren. Dagegen enthält das plattformunabhängige Modell (PIM) Informationen, die über die konkrete Realisierung auf einer Plattform hinausgehen. Dabei wird meist auch von einer höheren Abstraktionsebene Gebrauch gemacht.

MDA sieht nun vor, ein oder mehrere plattformspezifische Modelle aus einem plattformunabhängigen Modell mit Hilfe einer Modelltransformation (vgl. Abschnitt 4.6) zu generieren.

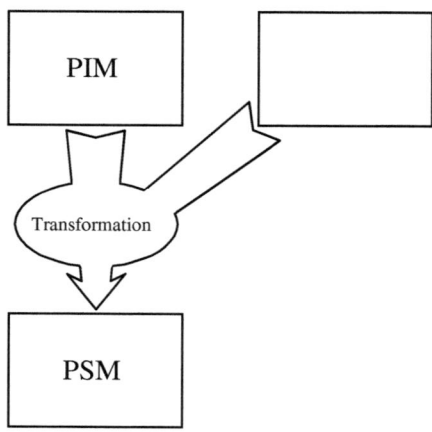

Abbildung 4.2: MDA Transformationsprozess [MM03, S. 2-7]

Abbildung 4.2 zeigt schematisch, wie ein solcher Transformationsprozess aussieht. Eingabe für die Transformation ist das plattformunabhängige Modell und eventuell noch weitere Zusatzinformationen, z.B. Konfigurationsparameter oder ähnliche, nicht direkt im PIM und der Transformation enthaltene Informationen. Die Transformation verarbeitet nun diese Informationen und erzeugt daraus das plattformspezifische Modell.

Neben der Transformation von PIM nach PSM wird bei MDA außerdem noch eine allgemeine Modell-zu-Modell-Transformation beschrieben. Die daran beteiligten Modelle sind nicht zwangsläufig plattformunabhängig oder plattformspezifisch, sondern es können beliebige Modelle in beliebige andere Modelle transformiert werden.

Es wird auch explizit nicht ausgeschlossen, dass mehrere solcher Transformationsmechanismen hintereinander ausgeführt werden, sofern dies erforderlich ist, um das gewünschte Ziel zu erreichen.

Der MDA-Standard beschreibt absichtlich nur Konzepte für die Modell-basierte Softwarentwicklung und macht keine Aussagen über die tatsächliche technische Realisierung der Transformationen und Modellierungskonzepte. Dies ermöglicht die Verwendung von MDA für die unterschiedlichsten Bereiche und Anforderungen der Softwarentwicklung und eine Integration beziehungsweise Adaption an bestehende Entwicklungsprozesse.

4.4 Metamodellierung

Modelle setzen sich aus einer endlichen Menge von Modellelementen zusammen. Diese Modellelemente bilden das Alphabet der Modellierungssprache, so wie die Buchstaben des lateinischen Alphabets die Modellelemente sind, aus denen sich textuelle Modelle, beispielsweise Sätze und Wörter der deutschen Sprache erstellen lassen.

Wie definiert man nun die Modellelemente bzw. das Alphabet und die Reihenfolge deren Anwendung - die Satzstruktur - einer Sprache?

Man benötigt ein Modell, das beschreibt, aus welchen Modellelementen das Modell bestehen kann und wie diese verwendet werden können. Dieses Modell eines Modelles wird als *Metamodell* bezeichnet.

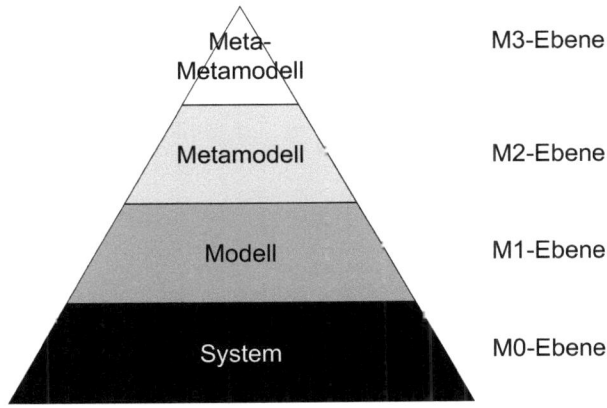

Abbildung 4.3: Gliederung der (Meta-)Modellebenen

In Abbildung 4.3 ist der Zusammenhang zwischen Modellen und Metamodellen dargestellt. Die unterste Ebene (M0) bilden die Systeme, die mit der durch das Metamodell definierten Modellierungssprache erzeugt bzw. beschrieben wurden. Diese bilden damit Instanzen der konkreten Modellierungssprache (M1). Das Metamodell bildet dann die nächst höhere Ebene, also die der Modellierungssprachendefinition (M2). Da das Metamodell selbst eine Modellierungssprache ist, wird auch hier zur Definition wieder ein Metamodell benötigt. Dieses, das Metamodell definierende Modell, bezeichnet man daher als Metametamodell (M3). Es zeigt sich nun, dass das Metametamodell genügt, um sich selbst zu definieren. Daher schließt sich keine weitere Metaebene mehr an.

4.5 Meta Object Facility (MOF)

Eine Metamodellierungssprache, also eine Sprache, um Metamodelle zu erstellen, ist die Meta Object Facility [OMG04a]. MOF basiert auf den von UML bekannten Klassendiagrammen und ist ein Standard der OMG. Mit Hilfe von Klassen, Attributen und Assoziationen lassen sich damit beliebige Metamodelle erstellen. Dabei stellen die (Meta-)Klassen die zu definierenden

Sprachelemente dar und Assoziationen (Kanten zwischen den Metaklassen) die Beziehungen dazwischen.

Abbildung 4.4 zeigt ein Beispiel eines solchen MOF-Metamodells. Dieses Beispiel ist aus den Beispielen der Spezifikation des QVT-Transformationsstandards entnommen (vgl. Abschnitt 4.6.2).

Das *SimpleUML* genannte Metamodell definiert dabei vereinfachte UML-Klassendiagramme. Die Elemente im Metamodell repräsentieren die Modellelemente des UML-Klassendiagramms, also Pakete, Klassen, Assoziationen, etc. Mit Hilfe der Klassenattribute im Metamodell werden die Eigenschaften genauer definiert. So definiert das Attribut `name` der Metaklasse `UMLModelElement` den Elementnamen und so weiter.

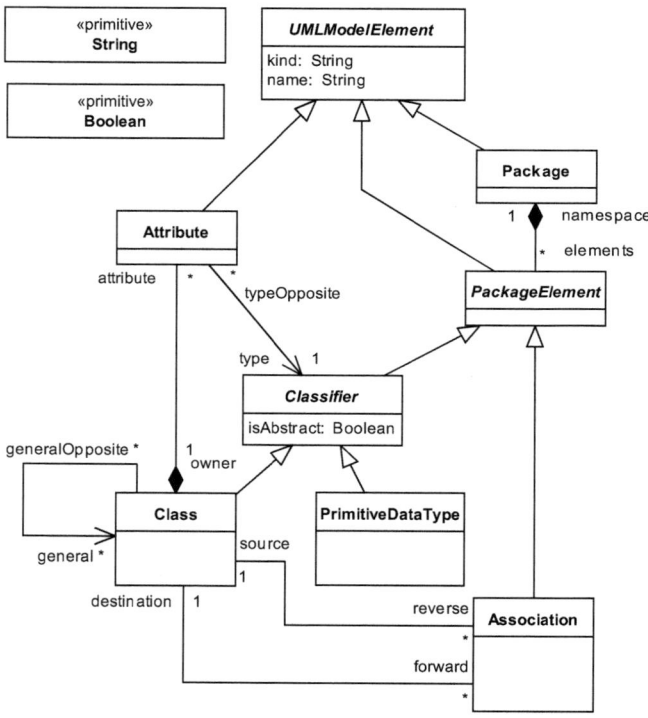

Abbildung 4.4: Das SimpleUML-Metamodell als Beispiel eines MOF-Metamodells [OMG05]

Durch die Generalisierungsbeziehung wird dieses Attribut auch an die abgeleiteten Elemente gemäß der Objektorientierung weiter vererbt. Dadurch, dass MOF auf den UML-Klassendiagrammen basiert, können die davon bekannten objektorientierten Modellierungstechniken, wie abstrakte Klassen, Generalisierung, Aggregation, Komposition und Assoziation, auch in der Erstellung der Metamodelle verwendet werden und dadurch das Metamodell z.B. durch Einsatz von abstrakten Klassen und Generalisierungen übersichtlich gehalten werden. Ein weiteres

Beispiel für ein MOF-Metamodell ist das UML-Metamodell [OMG04b], das im Gegensatz zum hier dargestellten SimpleUML-Modell die komplette UML-Sprache definiert.

Eine ausführlichere Beschreibung zu Metamodellen und ein Vergleich mit anderen Techniken zu Sprach- bzw. Modelldefinitionen, wie z.B. Backus-Naur-Form (BNF) findet sich in [GS04, Kapitel 8].

4.6 Modelltransformation

Immer dann, wenn aus einem Modell ein anderes Modell generiert wird, z.B. im Rahmen von MDA (vgl. Abschnitt 4.3), spricht man von einer Transformation bzw. Modelltransformation.

Eine Modelltransformation erzeugt aus einem Quellmodell aufgrund festgelegter Regeln ein Zielmodell. Eine solche Modelltransformationsregel muss Informationen zu folgenden Punkten enthalten:

1. Wann soll die Transformationsregel angewandt werden? Das heißt: Aufgrund welcher Konstellation der Modellelemente im Quellmodell sollen Elemente im Zielmodell erzeugt werden?

2. Auf welche Art und Weise sollen Elemente des Zielmodelles erzeugt werden? Insbesondere muss fest gelegt werden, wie das Zielmodell aussehen und welche Informationen aus dem Quellmodell wie verwendet und eventuell umgewandelt werden, um das Zielmodell zu erzeugen.

Daraus ergibt sich, dass bei einer Modelltransformation zunächst im Quellmodell nach den Teilen gesucht werden muss, die zur Anwendung/Auslösung der Transformationsregel führen (*Pattern Matching, Query*). Im Falle einer erfolgreichen Suche werden dann die der Transformationsregel entsprechenden Modellteile im Zielmodell angelegt bzw. modifiziert, sofern sie schon zu Teilen vorhanden waren (*Transformation*).

Eine konkrete Umsetzung einer Modelltransformation kann auf unterschiedliche Weisen erfolgen. Die Transformation kann in Form eines Programmes implementiert werden, welches die nötigen Such- und Generierungsfunktionen beinhaltet und durchführt. Es handelt sich dabei um eine Black-Box-Lösung, da die Transformationsregeln von außen für den Anwender nicht sichtbar sind, sondern im Programmcode des Transformationsprogrammes enthalten sind.

Im Gegensatz dazu kann man auch eine Ausführungsumgebung (*Transformation Engine*) implementieren, die in der Lage ist Transformationsregeln, welche in einer festgelegten Art und Weise formuliert sind, auszuführen. Diese Lösung hat den Vorteil, dass die Regeln von der Ausführung getrennt sind und bei einer Änderung an einer Regel an der Transformation Engine keine Änderung notwendig wird.

4.6.1 Modelltransformationssprachen

Zur Beschreibung von Modelltransformationen existieren eine Reihe von Modelltransformationssprachen. Neben Sprachen, die für einen bestimmten Einsatzzweck konzipiert wurden, wie beispielsweise XSLT, das die Transformation zwischen XML-Dokumenten beschreibt, gibt es auch Modelltransformationssprachen, die so entworfen sind, um beliebige Modelle in beliebige andere Modelle zu transformieren. Diese Modelltransformationssprachen benötigen daher

Metamodelle der Quell- und Zielsprache zur Durchführung der Transformation. Die Metamodelle dienen als Informationsquelle und geben Auskunft über die Modellstruktur der an der Transformation beteiligten Sprachen. Dieses Wissen wird sowohl bei der Erstellung der Transformationsregeln als auch bei der Ausführung der Transformationen genutzt.

In den beiden folgenden Abschnitten werden die beiden bekanntesten Sprachen zur Beschreibung von Modelltransformationen beschrieben und deren Konzepte erläutert - QVT und ATL.

4.6.2 Query View Transformation (QVT)

Ein neuer Standard zur Beschreibung von Modelltransformationen ist Query View Transformation [OMG05]. Als Standard der OMG gliedert sich QVT in bestehende andere OMG Standards wie UML, OCL [OMG06a] und MOF (vgl. Abschnitt 4.5) ein. Da QVT im Rahmen dieser Arbeit als Beschreibungsmittel für Modelltransformationen verwendet wird, folgt hier eine ausführlichere Betrachtung dieses Transformationsstandards.

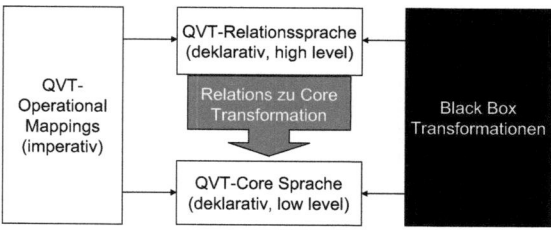

Abbildung 4.5: QVT-Spracharchitektur (nach [OMG05, S.9])

In Abbildung 4.5 ist die Spracharchitektur von QVT dargestellt. Der QVT-Standard besteht aus einer Familie von Sprachdefinitionen. Zwei deklarative Haupt-Sprachteile (Relations- und Core-Sprache) zur Definition von Transformationen sowie zwei Hilfskonstrukten, der imperativen Operational-Mappings-Sprache und den Black-Box-Teil).

QVT ist eigentlich eine Sprachfamile, denn der Standard definiert mehrere Sprachen zur Formulierung von Transformationen. Abbildung 4.5 zeigt die QVT-Spracharchitektur. Bemerkenswert ist dabei, dass neben einer iterativen Sprache (QVT-Operational Mappings) auch zwei deklarative Sprachen definiert werden: Die QVT-Relationssprache auf einer hohen Abstraktionsebene und die QVT-Core Sprache auf einer niedrigeren Abstraktionsebene.

Relationssprache

Der wichtigste Sprachteil, der im QVT-Standard definiert wird, ist die Relationssprache (*Relation-Language*). Sie basiert darauf, dass die Transformationsregeln als Relationen auf deklarative Weise angegeben werden. Um das genau zu verstehen, hier noch einmal die Definition einer Relation:

Definition 12 (Relation) *Eine Relation R ist eine Menge von n-Tupeln. Elemente, die in der Relation R zueinander stehen, bilden ein n-Tupel, das Element von R ist.*

Angewandt auf Modelltransformation bedeutet dies, dass Quell- und Zielmodell in einer Relation zueinander stehen. Die Transformationsregeln definieren gerade diese Relation und Modellelemente von Quell- und Zielmodell bilden die Tupel.

QVT sieht nun vor, solche Transformationsregeln in der *Relationssprache* zu beschreiben. Grundlage dabei bilden die Metamodelle der Quell- und Zielsprache, die in MOF, also in Form von Klassen mit Assoziationen vorliegen. Die Transformationsregeln sind nun Instanzen dieser (Meta-)Klassen - also Objekte - und Instanzen der Assoziationen der beiden Metamodelle, die zueinander in Relation gesetzt werden.

Beim Ausführen der Transformationen muss nun untersucht werden, ob sich in Quell- und Zielmodell Instanzen finden, die genau die Relation erfüllen, oder ob dies nicht der Fall ist.

Mit Hilfe von QVT kann man in der Transformationsregel festlegen, was geschehen soll, wenn die Relation nicht erfüllt ist. Es lässt sich für das Zielmodell festlegen, ob im Falle einer Nichterfüllung die entsprechenden Modellelemente angelegt werden sollen, damit die Relation letztendlich doch erfüllt wird (*Enforce*-Schritt). Damit wird der Transformationsschritt zum Anlegen von Elementen durchgeführt.

Weiterhin ist es aber auch möglich, für das Zielmodell nur die Überprüfung der Relation festzulegen (*Checkonly*-Schritt). Hier wird nur eine Modellüberprüfung *Model-Checking* durchgeführt, ohne die Modellstruktur zu ändern.

Somit ermöglicht es die QVT Relationssprache nicht nur Modelltransformationen, sondern auch Modellüberprüfungen durchzuführen.

Im Unterschied zu den anderen Sprachem im QVT-Standard, für die ausschließlich eine textuelle Syntax definiert ist, gibt es für die Relationssprache auch eine äquivalente grafische Syntax, basierend auf erweiterten UML-Objektdiagrammen. Damit lassen sich die Modelltransformationsregeln für grafische Modelle selbst auf eine grafische Weise beschreiben.

Aufgrund dieser Eigenschaften erfüllt die QVT-Relationssprache sehr viele der in Abschnitt 3.7 aufgeführten Anforderungen und wurde deshalb als Beschreibungssprache für die notwendigen Modelltransformationen ausgewählt.

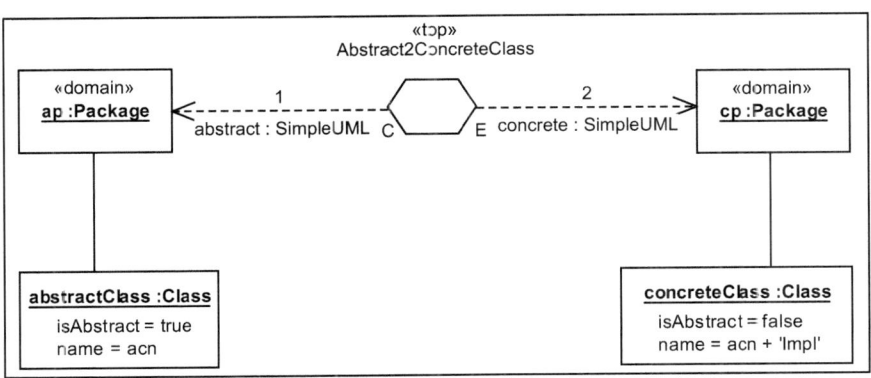

Abbildung 4.6: Beispiel einer QVT Relation in grafischer Syntax

Abbildung 4.6 zeigt ein Beispiel für eine Transformationsregel in grafischer Syntax. Diese Regel basiert auf dem SimpleUML-Metamodell aus Abbildung 4.4. Sie beschreibt beispielhaft eine Transformation, um aus einer abstrakten UML-Klasse im Quellmodell (`SourceModel`), die in einem Paket vorhanden ist, im Zielmodell (`TargetModel`) eine konkrete Klasse zu erzeugen, die die abstrakte Klasse implementiert.

Der sechseckige Knoten im Diagramm steht dabei für die Relation (Relationsknoten). Die von ihm ausgehenden gestrichelten Pfeile zeigen dabei auf die Hauptmodellelemente, die Domänenelemente der Transformationsregel (Stereotyp «domain»). An diesen Pfeilen ist jeweils festgelegt, ob Modellelemente angelegt werden sollen, um die Relation in jedem Falle zu erfüllen. Dabei bedeutet ein E einen *enforce*-Schritt und ein C einen *checkonly*-Schritt, also eine ausschließliche Modellüberprüfung. Die dargestellte Regel stellt lediglich ein Beispiel dar, um die grafische Syntax von QVT zu illustrieren. In der Praxis müsste man bei der Umsetzung von abstrakten zu konkreten Klassen noch weitere Dinge in der Transformation beachten und umsetzen, beispielsweise die Transformation der Methoden, etc. Weitere, komplettere Beispiele von solchen grafischen QVT-Regeln finden sich im Anhang des QVT Standards [OMG05] und im Rahmen dieser Arbeit.

Core-Sprache

Die zweite deklarative Transformationssprache ist die so genannte QVT-Core-Sprache. Der Zusammenhang zwischen der Relationssprache und der Core-Sprache ist vergleichbar mit dem einer Hochsprache wie C, C++ und Assembler oder auch Java und Java-Bytecode. Die Idee zur Definition der Core-Speche auf einer niedrigeren Anstraktionsebene ist, dass eine QVT-Implementierung diese Core-Sprache einfacher ausführen kann als die Relationssprache. Es wird aber nicht ausgeschlossen, dass die Relationssprache auch direkt interpretiert und ausgeführt wird. In diesem Fall entfällt der Einsatz der Core-Sprache.

Relations- nach Core-Sprache Transformation

Zwischen der Relationssprache und der Core-Sprache, definiert der QVT Standard eine Transformationen, um Transformationsregeln aus der Relationssprache in die Core-Sprache zu transformieren. Die Idee dabei ist, dass Werkzeuge, welche die imperative Core-Sprache unterstützen, dann auch in der Relationssprache definierte Transformationsregeln ausführen können.

Operational-Mappings und Black Box

Neben den beiden Sprachteilen und den Transformationsregeln werden außerdem noch Konstrukte definiert, die notwendig sind, um Randbedingungen der Transformationen zu beschreiben (*Operational Mappings*). Dies sind u.a. Einstiegspunkte der Transformation und weitere Zusatzinformationen für die Transformation Engine. Weiterhin lassen sich mit Hilfe der imperativen Operational Mappings-Sprache auch Transformationen imperativ definieren (Such- und Generierungsoperationen, Schleifen, etc.). Die Ergebnisse der Operational Mappings können darüber hinaus für die beiden deklarativen Sprachen verwendet werden.

Der Black-Box Teil der QVT-Spracharchitektur ist dazu gedacht, Technologien anbinden zu können, die vom QVT-Standard so nicht direkt unterstützt werden. Dies können z.B. komplexe Algorithmen, Transformationen die nicht mit QVT beschrieben sind oder externe, domänenspezifische Bibliotheken sein, welche vorhanden sind und für die Durchführung einer Transformation weiterhin genutzt werden sollen.

4.6.3 Atlas Transformation Language

Die *Atlas Transformation Language* (ATL) [Ecl07], [SVE07] ist eine Modelltransformations-sprache und Bestandteil des Eclipse M2M-Projektes. Die ATL ist eine hybride Sprache und besitzt sowohl deklarative als auch imperative Anteile zur Beschreibung von Transformations-regeln.

ATL wird hier kurz erwähnt, da einige Ähnlichkeiten zu QVT bestehen. Jedoch sind die beiden Sprachen von der Syntax her nicht kompatibel. Zudem existiert im Gegensatz zu QVT keine grafische Syntax und ATL ist keine offiziell standardisierte Sprache zur Modelltransformation.

Aus diesen beiden Gründen wurde auch QVT und nicht ATL ausgewählt, um die notwendigen Modelltransformationen im Rahmen dieser Arbeit zu beschreiben. Daher wird an dieser Stelle auch auf eine weiter gehende Betrachtung von ATL verzichtet (vgl. 5.2).

Eine Betrachtung von weiteren (nicht standardisierten) Modelltransformationssprachen findet sich in z.B. in [SVE07].

4.7 Modellierungssprachen

Im Rahmen dieses Abschnittes erfolgt eine Übersicht über grafische Modellierungssprachen für Systemspezifikationen und eine Betrachtung über deren Eignung für die Anwendung im Modell-basierten Testen und der Testfallgenerierung für Systemtests im Telematikbereich.

Der Grund, warum an dieser Stelle nur grafische und keine Text-basierten Sprachen betrachtet werden ist der, dass im Umfeld der Systementwicklung und der Systemspezifikation viele Projektbeteiligte keinen umfassenden technischen Hintergrund haben.

Beide Arten von Sprachen - textuelle und grafische - können sowohl zur Bildung von formalen Modellen im Sinne der Verarbeitbarkeit durch Maschinen als auch zu informellen Dokumen-tationszwecken verwendet werden. Da gemäß Anforderung (Anf. 4) das zu erstellende Modell soweit formal sein soll, dass daraus Testfälle abgeleitet werden können, ist es notwendig einen Kompromiss zwischen Formalität und Verständlichkeit des Systemmodells durch alle Projekt-beteiligten zu finden.

Text-basierte Sprachen kommen zwar der Forderung nach Formalität nach, wie das Beispiel der Programmiersprachen zeigt, allerdings sind solche formalen Texte nicht ohne (umfangreiche) Vorkenntnisse zu verstehen. Dagegen sind informelle Texte, so genannte Prosa für alle Projekt-beteiligten leichter zu verstehen und finden daher auch Akzeptanz. Jedoch sind solche Texte eben nur informell - mit allen bekannten Nachteilen.

Grafische Sprachen treffen auf größere Akzeptanz bei Anwendern, die damit zum ersten Mal zu tun haben. Nicht umsonst haben sich grafische Sprachen oder Benutzerschnittstellen in vielen Bereichen des täglichen Lebens und der Technik bereits fest etabliert.

Beispiele dafür sind technische Zeichnungen in Architektur und Technik, vor allem aber die gra-fischen Benutzeroberflächen von Computern. Diese haben die vorher gängigen Text-basierten Schnittstellen abgelöst und Computer wurden erst durch die grafischen Oberflächen so vielen technischen Laien zugänglich und erhielten dadurch die Verbreitung, die sie heutzutage haben.

Da der Verständlichkeit des Systemmodells innerhalb der Systementwicklung mit den verschie-denen Projektbeteiligten eine hohe Bedeutung zukommt, werden daher im folgenden nur die leichter zugänglichen grafischen formalen Sprachen näher betrachtet.

4.7.1 Statecharts

Statecharts [Har87] sind eine erweiterte Form der endlichen Automaten. Sie wurden 1987 von David Harel entwickelt und erweitern den Formalismus der endlichen Automaten um eine hierarchische Darstellung, die Möglichkeit Nebenläufigkeit zu modellieren sowie Kommunikationsmöglichkeiten zwischen den einzelnen Automaten.

Für die Modell-basierte Entwicklung von zustandsbasierten Systemen sind Statecharts heute praktisch zum Standard geworden und haben klassische endliche Automaten nach Moore und Mealy weitgehend ersetzt. Durch die Verfügbarkeit von Werkzeugen zur Erstellung und die Möglichkeit, Codegenerierung aus Statecharts durchzuführen, werden sie sowohl im industriellen Umfeld als auch in Forschung und Lehre verwendet.

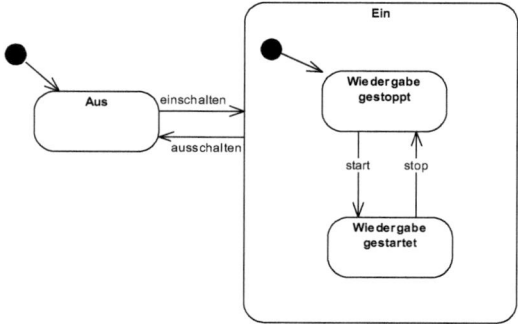

Abbildung 4.7: Beispiel eines Statechart

Abbildung 4.7 zeigt ein Beispiel eines einfachen Statechart. In dem Beispiel sieht man insbesondere die Verwendung von internen Zuständen im Zustand Ein. Dadurch lassen sich komplexe Abläufe einfacher darstellen und abstrahieren.

Werkzeugunterstützung

Viele Werkzeuge zur Modell-basierten Softwareentwicklung unterstützen oder nutzen Statecharts, um Verhaltensabläufe zu modellieren. Beispiele für Werkzeuge, mit denen man Statecharts erstellen und daraus Code generieren kann sind z.B. Statemate der Fa. i-Logix [i-L06] oder Stateflow der Fa. The MathWorks, Inc. [The06b].

Über die Möglichkeit, das Systemverhalten durch Statecharts zu beschreiben, bringen diese Werkzeuge darüber hinaus noch Möglichkeiten mit, die statische Systemstruktur und die Datenflüsse zwischen den einzelnen Statecharts zu beschreiben. Vielfach werden dabei Blöcke mit Ein- und Ausgabeschnittstellen benutzt.

Weitere Anwendungen von Statecharts finden sich in Werkzeugen zur Modell-basierten Entwicklung von Benutzerschnittstellen (*Human Machine Interface*, HMI). In solchen Werkzeugen werden die Menüstrukturen des HMI mit speziellen integrierten Editoren grafisch erstellt. Zur Beschreibung des Verhaltens der Menüs und Untermenüs untereinander, wird zusätzlich ein

Statechartmodell hinterlegt. Zwei Werkzeuge dieser Kategorie sind Tresos GUIDE [3SO04] der Fa. 3SOFT und INSIDES [PRI06] der Fa. Princess Interactive.

Neben der Erstellung und Codegenerierung ermöglichen viele Werkzeuge außerdem eine Simulation der erstellten Automatenmodelle und bieten damit die Möglichkeit, einen frühzeitigen Test auf Modellebene durchzuführen, um Fehler bereits in einer frühen Entwicklungsphase zu finden und zu beseitigen.

4.7.2 Specification and Description Language (SDL)

Die *Specification and Description Language* ist eine Modellierungssprache zum Entwurf verschiedenartiger technischer Systeme, besonders im Bereich der Echtzeitsysteme. SDL ist ein internationaler Telekommunikationsstandard (ITU-T Z.100), der durch die International Telecommunication Union (ITU) verwaltet und weiterentwickelt wird. Die erste Version erschien 1976, gefolgt von erweiterten und verbesserten Versionen, bis hin zur aktuellen Version aus dem Jahre 2000 SDL-2000 [Soc07].

Als Standard der Telekommunikationsindustrie wurde SDL mit dem Ziel entwickelt, Systeme der Telekommunikation beschreiben zu können. Trotz der Möglichkeit auch andere technische Systeme mit SDL zu beschreiben, wird SDL bis heute vor allem in der Telekommunikationsindustrie eingesetzt.

SDL ist eine formale, grafische Modellierungssprache mit eindeutiger Semantik. Sie folgt dem Prinzip der Objektorientierung durch Hierarchie, Typen, Vererbung und Instanziierung. Typen in SDL entsprechen dem Klassenkonzept.

Neben der grafischen Syntax (SDL-GR) existiert auch eine (fast) äquivalente textuelle Notation (SDL-PR) (vgl. Abbildung 4.8). Die formale textuelle Form empfiehlt sich für die Speicherung des Modells, die grafische für die Eingabe durch den Benutzer. Abbildung 4.8 zeigt ein Beispiel für die Äquivalenz beider Darstellungsformen der Sprache. In der Spezifikation abstrakter Datentypen geht die textuelle Notation jedoch etwas über die grafische hinaus. In diesem Fall existiert keine äquivalente grafische Repräsentation.

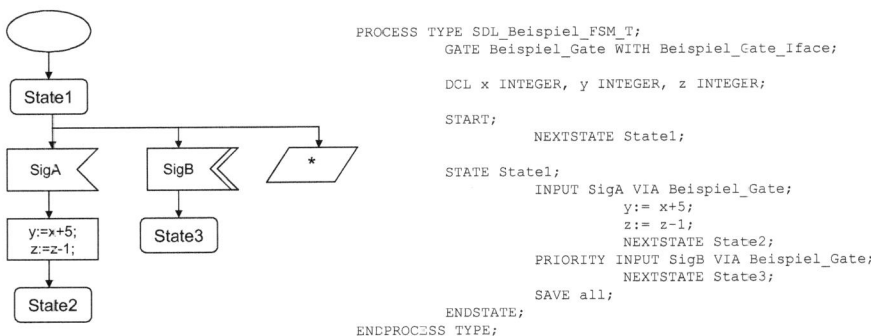

Abbildung 4.8: Beispiel der grafischen und textuellen Repräsentation von SDL

Strukturelle Beschreibung

Grundbausteine einer SDL-Beschreibung sind so genannte *Agenten*. Agent ist ein Oberbegriff und es gibt verschiedene Ausprägungen davon, nämlich *Block*, *System* und *Prozess*. Agenten dürfen wiederum weitere Agenten enthalten, wodurch ein Modell hierarchisch strukturiert werden kann.

Die inhaltlichen Aspekte eines Agenten werden in einem eigenen Diagramm beschrieben. Dadurch ergibt sich eine übersichtlichere Spezifikation. Die Verwendung der Objektorientierung zeigt sich daran, dass Agenten nur als Instanz eines Agententyps (Block, System, Prozess) verwendet werden.

Ein *Block* ist ein nebenläufiger Agent. Das heißt, Signale werden an alle Blöcke gleichzeitig versendet und dann parallel verarbeitet.

Gekapselte Blöcke können wiederum Blöcke und Prozesse beinhalten. Diese Partitionierung eines Systems erlaubt eine natürliche Zerlegung von parallelen Teilkomponenten. Zudem kann die Entwicklung und der Test der einzelnen Komponenten unabhängig voneinander geschehen.

Die Nebenläufigkeit von Blöcken ermöglicht die gleichzeitige Ausführung mehrerer Transitionen, was für die Modellierung von Echtzeitsystemen unumgänglich ist.

Der *System*-Agent ist eine spezielle Form des Block-Agenten und immer der äußerste Block bzw. Agent. Er definiert die Grenze und Kommunikationsschnittstellen zur Umgebung, in der das System arbeitet.

Mit einem Prozess-Agent kann das Verhalten eines Systems modelliert werden, wobei jeweils nur eine Transition gleichzeitig ausgeführt wird. Dies unterscheidet ihn hinsichtlich der Parallelität von Blöcken. Wird der Prozess als gekapselter Agent verwendet, kann er nur weitere Prozesse und keine Blöcke beinhalten.

Verhaltensbeschreibung

Das eigentliche Verhalten eines Systems und die Verarbeitung von Signalen wird innerhalb der Prozess-Agenten modelliert. Hierzu dienen endliche Zustandsautomaten (*finite state machine (FSM)*). Diese Automaten bestehen aus einem Startzustand und einer endlichen Zahl weiterer Zustände.

Der Wechsel von einem Zustand in einen anderen erfolgt dabei über eine *Transition*. Innerhalb eines FSM kann immer nur eine Transition auf einmal ausgeführt werden. Das Auslösen einer Transition geschieht über das Eintreffen eines Signals in der Warteschleife des Prozesses, wobei nur in einem Zustand auf ein eintreffendes Signal gewartet werden kann. Wenn ein Zustand auf mehrere eintreffende Signale wartet, können Prioritäten für die Transitionen vergeben werden. Möglich ist auch eine *bedingte Transition*, das nicht-deterministische Feuern einer Transition ohne eintreffendes Signal und das Feuern einer Transition bei bloßem Erfülltsein einer Bedingung.

Während man mit einer Transition den Zustand wechselt, kann eine Sequenz von Aktionen ausgeführt werden. Dabei kann eine Aktion das Versenden eines Signals, eine Zuweisung oder Berechnung, eine Entscheidung oder ein textuell definierter Algorithmus sein. Außerdem kann auch ein weiterer Agent dynamisch erzeugt werden. Um unerwartetes Verhalten zu behandeln, bietet SDL das Konzept der Ausnahmebehandlung (engl. *exceptions*).

Für eine hierarchische Gliederung von FSMs gibt es die Möglichkeit von zusammengesetzten Zuständen, die ihrerseits eine eigene FSM beinhalten. Dabei gibt es zusätzlich noch *entry* und *exit* Prozeduren, die bei Betreten und Verlassen des zusammengesetzten Zustands ausgeführt werden können.

Werkzeugunterstützung

Für die Erstellung von SDL-Spezifikationen existieren Werkzeuge verschiedener Hersteller am Markt. Das Werkzeug TAU der Fa. Telelogic [Tel06] beherrscht neben SDL auch noch weitere Modellierungssprachen wie UML oder MSC. Weiterhin kann man damit aus den SDL-Spezifikationen Code in C oder C++ generieren. TAU bietet außerdem noch Funktionen an, um Testfälle aus den formalen Spezifikationen ableiten zu können. Das Verfahren zur Testfallgenerierung basiert auf dem Autolink-Projekt, das als Kooperation zwischen Telelogic und der Universität Lübeck durchgeführt wurde [KGHS98].

Eine weitere Tool-Suite zur Erstellung von SDL Spezifikationen ist SAFIRE-SDL [SAF06]. Diese Werkzeuge unterstützen neben der Erstellung auch die Simulation, Codegenerierung und Fehlersuche im System.

4.7.3 Message Sequence Charts (MSC)

Message Sequence Charts [ITU99] sind ein formales, grafisches Beschreibungsmittel, um Kommunikationsabläufe bzw. Interaktionen zwischen verschiedenen Systemkomponenten und ihrer Umgebung zu beschreiben. MSC ist wie das oben beschriebene SDL auch ein Telekommunikationsstandard (ITU-T Z.120). Daher werden MSCs und SDL Beschreibungen vielfach auch gemeinsam genutzt, um Systemaspekte zu spezifizieren. Analog zu SDL existiert auch bei den Message Sequence Charts neben der grafischen Repräsentation (MSC-GR) eine äquivalente textuelle Darstellung (MSC-PR).

Mit MSC-Diagrammen werden ausgewählte Systemabläufe, d.h. Szenarien beschrieben. Message Sequence Charts stellen daher immer nur eine Untermenge bzw. Beispiele der im System tatsächlich vorkommenden Kommunikationsabläufe dar. Für eine vollständige Systemspezifikation müssen daher immer auch noch andere Spezifikationstechniken mit MSCs kombiniert werden.

Um Zusammenhänge zwischen mehreren MSCs zu beschreiben, werden die gleichermaßen im Sprachstandard definierten *High Level MSCs (HMSC)* eingesetzt. Sie beinhalten Referenzen der MSCs und fügen diese mit Hilfe von Kontrollflüssen, parallelen Abläufen, Start- und Endknoten zu einem größeren Ganzen zusammen.

In der Praxis werden MSCs auch häufig für Validierungszwecke verwendet. Dazu werden MSC-Diagramme aus Busmitschnitten des realen Systems automatisch extrahiert. Danach werden die aufgezeichneten Abläufe mit den spezifizierten Soll-Abläufen verglichen. Eine Werkzeugkette, um solche Validierungen durchzuführen, bietet die Fa. ESG Elektroniksystem- und Logistik GmbH [ESG06] an. Diese beinhaltet den *MSC-Editor*, um MSC-Diagramme zu erstellen und zu bearbeiten, den *System Analyzer*, um aus Busmitschnitten MSCs zu erstellen, und schließlich den *Sequence Analyzer*, der den Soll/Ist-Vergleich zwischen verschiedenen MSCs durchführt.

Ein weiteres Anwendungsgebiet von MSC-Diagrammen ist die grafische Darstellung von Testsequenzen. Dabei werden die im Testfall enthaltenen Kommunikationen zwischen Testumgebung und SUT als Nachrichtensequenz in einem MSC dargestellt. Aufgrund dessen wird auch eine erweiterte Form der MSCs dazu verwendet mit TTCN-3 beschriebene Testfälle grafisch zu repräsentieren (vgl. Abschnitt 3.4.1).

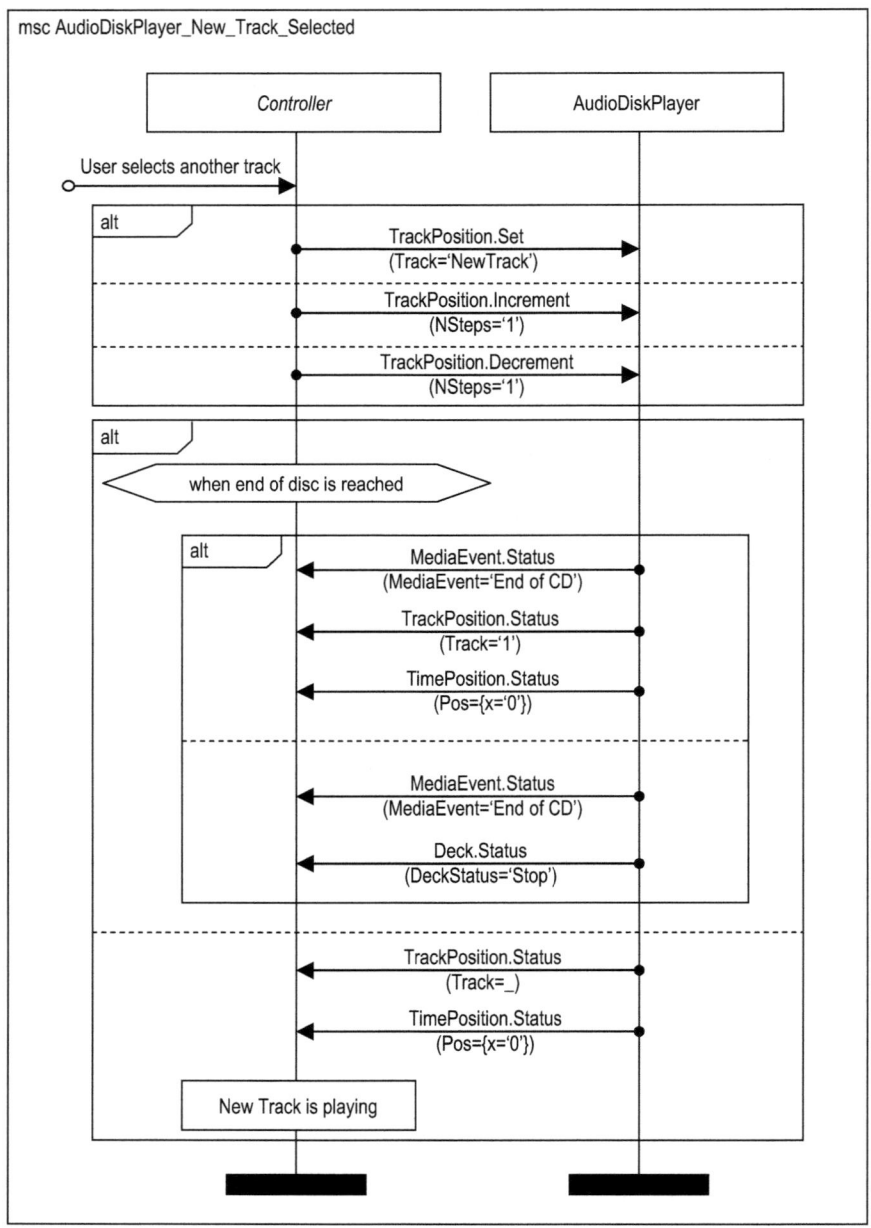

Abbildung 4.9: Beispiel eines Message Sequence Chart zur Spezifikation des dynamischen MOST Verhaltens (nach [MOS05])

Im Car Multimedia Bereich werden MSC-Diagramme dazu eingesetzt, das dynamische Verhalten von MOST-Systemen zu beschreiben und zu spezifizieren. Abbildung 4.9 zeigt ein solches Beispiel aus der dynamischen MOST-Spezifikation. Problematisch dabei ist, dass einige der Aktionen, Bedingungen oder Nachrichten dort durch Prosa beschrieben sind (z.B. *when end of disc is reached*). Aufgrund dessen bekommt die eigentlich formale MSC-Sprache nur noch informalen Charakter, da sich aus solchen Konstrukten keine formalen Testfälle erzeugen oder Soll/Ist-Vergleiche durchführen lassen.

Hinzu kommt, dass die MSCs fast immer nur einzelne Szenarien des Systemverhaltens beschreiben und dadurch die Spezifikation immer nur lückenhaft vorliegt.

4.7.4 Petri-Netze

Petri-Netze [Rup04, S. 175f.] gehen zurück auf die Dissertation von Prof. Carl Adam Petri [Pet62] und wurden in der Zwischenzeit vielfach eingesetzt und erweitert. Petrinetze erlauben die Modellierung von Verhaltensaspekten eines Systems. Ihre besondere Stärke liegt dabei in der expliziten Darstellung von parallelen Abläufen und Nebenläufigkeit. Sie bestehen aus den Notationselementen *Stellen* (engl. *Places*), *Transitionen* (engl. *Transitions*), *Flussrelationen* und *Token*.

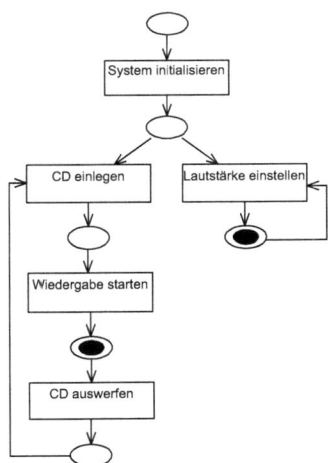

Abbildung 4.10: Petrinetz

Die Stellen werden als Kreise dargestellt und bilden die Zustände des Systems ab. Eine Stelle kann in einem bestimmten Zeitpunkt durch ein Token besetzt sein. Eine Stelle mit Token zeigt an, dass diese aktuell aktiv ist. Als Notation für ein Token wird in der Stelle ein Punkt dargestellt.

Transitionen bilden Aktionen, die durch Eintreffen eines oder mehrerer Token ausgelöst werden können. Durch Ausführung der Transition erfolgt ein Zustandswechsel im System, was durch ein Verschieben des Token zu einer neuen Stelle ausgedrückt wird. Transitionen werden als Rechtecke dargestellt.

Die Verbindung zwischen Stellen und Transitionen geschieht durch gerichtete Kanten, die Flussrelationen. Wichtig dabei ist, dass in einem Petri-Netz eine Flussrelation immer nur zwischen einer Stelle und einer Transition gezogen werden kann.

Abbildung 4.10 zeigt ein Beispiel eines einfachen Petrinetzes, welches einen Ablauf in einem Audiosystem darstellt. Man erkennt, dass hier ein paralleler Ablauf zwischen der Bedienung des CD-Players und der Lautstärkeregelung besteht. Daher existieren auch zum dargestellten Zustand des Systems zwei aktive, durch Token besetzte Stellen.

Mit der Definition der Version 2 der Unified Modelling Language (UML2, vgl. Abschnitt 4.7.6) wurden die darin enthaltenen Aktivitätsdiagramme stark erweitert und es wurde eine auf Petri-Netzen basierende Semantik festgelegt. Analog bilden daher Aktivitäten die Transitionen und Kontroll- und Objektflusskanten Übergänge zwischen den Transitionen. Auf eine explizite Darstellung der Token und Stellen wird bei den UML2-Aktivitätsdiagrammen allerdings verzichtet.

Die UML2-Aktivitätsdiagramme bieten im Vergleich zu Petri-Netzen weitere Notationselemente und Annotationen, die es erlauben Verhaltensaspekte zu beschreiben, die über die klassische Petri-Netz-Definition hinaus gehen. Zu nennen sind hier z.B. bedingte Verzweigungen durch die Nutzung von Entscheidungsknoten oder die Möglichkeit einer hierarchischen Modellierung durch Strukturierung.

Im Bereich des Modell-basierten Testens gibt es verschiedene Arbeiten, die Petri-Netze verwenden, um Verhalten zu beschreiben und Testinformation daraus zu gewinnen (z.B. [K+05], [Tje06]).

4.7.5 Matlab/Simulink und Ascet SD

Matlab und Simulink [The06a] sind eine Sammlung von Werkzeugen der Fa. The Math-Works Inc. zur Modell-basierten Entwicklung. Haupteinsatzzweck ist die Entwicklung von Sensor/Aktuator-Systemen, bei denen regelungstechnische Anwendungen eine zentrale Rolle spielen. Die verwendeten Sprachelemente entsprechen daher den von der Regelungstechnik her bekannten Symbolen und Funktionen. Dies sind z.B. Addierer, Integratoren, Differenzierglieder, etc. Mit Hilfe von Blöcken mit Ein- und Ausgängen wird die Struktur des Systems definiert. Durch die Möglichkeit zur Schachtelung der Blöcke kann eine hierarchische Struktur aufgebaut werden. Das Verhalten von zustandsbehafteten Blöcken wird mit Hilfe von Statecharts (vgl. Abschnitt 4.7.1) beschrieben.

Abbildung 4.11 zeigt beispielhaft, wie ein Simulink-Modell strukturiert sein kann. Durch den Einsatz der Hierarchie entstehen verschiedene Sichten auf das Modell, in denen mehr oder weniger Details sichtbar sind.

Neben der Möglichkeit, die Modelle mit Eingabedaten zu versehen und im Rechner zu simulieren, existieren Codegeneratoren, die aus den Modellen Programmcode für die Zielplattform erzeugen können.

Matlab/Simulink wird im Automobilbereich häufig für die Entwicklung von Steuergeräten eingesetzt, bei denen Sensoren und Aktoren zusammen spielen, wie z.B. Motorsteuerungen oder Fahrerassistenzsysteme wie ABS und ESP.

ASCET SD der Fa. ETAS GmbH [ETA06] ist ein direktes Konkurrenzprodukt zum beschriebenen Matlab/Simulink System. Auch hier liegt der Fokus in der Modell-basierten Entwicklung regelungstechnischer Systeme, insbesondere Steuergeräte für Fahrzeuge. Mit integriert sind gleichermaßen ein Modellsimulator zum Überprüfen und Testen der Modelle und ein Codegenerator.

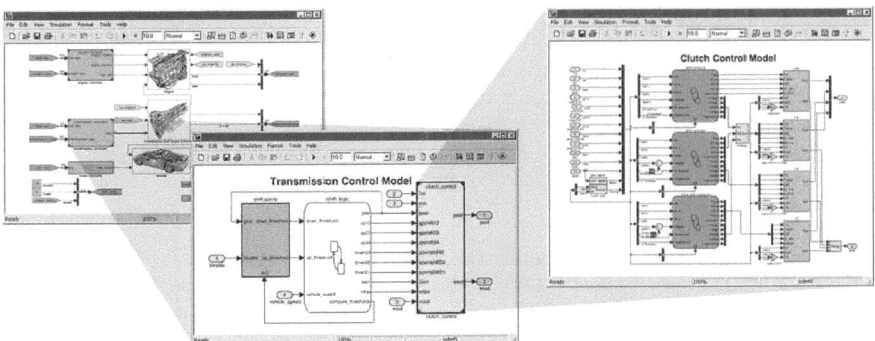

Abbildung 4.11: Beispiel eines hierarchischen Modells in Simulink [The06a]

Im Car Multimedia und Telematikbereich können Systeme wie Matlab/Simulink oder ASCET SD nicht oder kaum eingesetzt werden, da dort kaum regelungstechnische Anwendungen zum Tragen kommen. Vielmehr sind solche Systeme stark von Benutzerinteraktionen abhängig, besitzen grafische Oberflächen und Multimedia-spezifische Funktionen. Daher werden andere Methoden, die diese Besonderheiten speziell berücksichtigen, benötigt, um solche Systeme zu modellieren.

4.7.6 Unified Modeling Language, Version 2 (UML2)

Die Unified Modeling Language (UML) entstand Mitte der 90er Jahre als Zusammenfassung verschiedener, für die objektorientierte Programmierung entwickelten Modellierungstechniken, die damals von Ivar Jacobsen, Grady Booch und James Rumbough entworfen worden waren. Inzwischen wird die Sprache durch die herstellerübergreifende Object Management Group (OMG) standardisiert und weiterentwickelt.

Mit der UML2 [OMG04b], [JRH+04] aus dem Jahre 2004 wurde die Sprache stark weiterentwickelt und viele Konzepte, die sich in anderen Modellierungssprachen als erfolgreich erwiesen hatten, wurden in die UML2 übernommen. Gleichermaßen wurden Lücken, die durch den praktischen Einsatz der UML 1.x Versionen erkannt wurden, geschlossen. Aktuell wird an der Spezifikation für Version 2.1 und 2.2 gearbeitet.

Die UML2 umfasst 13 Diagrammarten. Sechs davon dienen zur strukturellen Beschreibung und sieben zur Modellierung von Verhaltensaspekten. Wichtig dabei ist, dass ein Diagramm in einem UML-Modell immer nur eine bestimmte Sicht auf das Modell darstellt. Ausschlag gebend ist immer das Datenmodell des UML-Modells, wie es im Speicher des Rechners vorhanden ist. Dort können beispielsweise Elemente und Konnektoren vorhanden sein, die selbst in keinem Diagramm auftauchen. Diese Tatsache zu berücksichtigen, ist insbesondere dann wichtig, wenn aus solchen Modellen etwas automatisch generiert werden soll.

Im Folgenden werden die Diagrammarten der UML2 kurz beschrieben. Insbesondere wird aufgezeigt, ob und in welcher Weise Konzepte der weiter oben betrachteten Modellierungssprachen in die UML2 eingeflossen sind.

Strukturelle Diagramme

Paketdiagramm (engl. *package diagram*) Modellelemente und Diagramme werden in UML mit Hilfe von Paketen hierarchisch strukturiert. Aufgrund dessen, dass Pakete wiederum andere Pakete beinhalten können, lassen sich Modellhierarchien beliebiger Tiefe erzeugen. Im Paketdiagramm lassen sich Beziehungen und Abhängigkeiten zwischen Paketen darstellen. Oftmals werden solche Diagramme auch als Übersicht zum Einstieg in die Modellstruktur verwendet.

Klassendiagramm (engl. *class diagram*) Das Klassendiagramm ist wohl das bekannteste und am weitesten verbreitetste UML-Diagramm. Es dient dazu, die logische Struktur des Systems darzustellen. Zentrales Element ist dabei die grafische Darstellung einer Klasse im Sinne der Objektorientierung. Als statisches Modell beschreibt es, welche Klassen existieren, welche Attribute und Methoden Klassen haben und wie sie zueinander in Verbindung stehen. Abhängigkeiten werden dabei als Graph dargestellt, wobei die Knoten des Graphen die Klassen und Kanten dazwischen die Abhängigkeitsbeziehungen darstellen. Bestimmte Kanten haben dabei eine besondere Bedeutung, beispielsweise die Darstellung einer Vererbungsbeziehung.

Kompositionsstrukturdiagramm (engl. *composite structure diagram*) Das Kompositionsstrukturdiagramm stellt interne Strukturen eines Modellelements dar. Dabei werden insbesondere Interaktionen zu anderen Modellelementen und Aspekte der Zusammenarbeit von Klassen zur Laufzeit des Systems dargestellt, die aus dem statischen Klassendiagramm nicht in dieser Form sichtbar sind. Eine Analogie besteht insofern zu SDL oder Matlab/Simulink (siehe oben), wo einzelne Blöcke zu einem größeren Block durch Kommunikationspfade zusammengeschaltet werden.

Komponentendiagramm (engl. *component diagram*) Komponenten sind Teile des Gesamtsystems und es existiert ein eigenes Modellelement dafür in UML. Dabei kann es sich um Teile von Software oder auch Hardwarekomponenten bzw. Subsysteme handeln. Das Komponentendiagramm spezifiziert Beziehungen zwischen solchen Komponenten, analog zu Beziehungen zwischen Klassen im Klassendiagrammen. Im Gegensatz zu Klassendiagrammen beschreibt ein Komponentendiagramm das System aber auf einer höheren Abstraktionsebene, da eine Komponente in den meisten Fällen aus diversen Klassen besteht.

Verteilungsdiagramm (engl. *deployment diagram*) Mit Hilfe des Verteilungsdiagramms lässt sich darstellen, wie Software-, aber auch Hardwarekomponenten verteilt sind. Es spezifiziert somit die Architektur, die benötigt wird, um eine Software bzw. ein Systemfunktionen auszuführen. Dies kann z.B. die Visualisierung der Architektur eines verteilten Systems sein, bei dem verschiedene Softwarekomponenten auf verteilten, vernetzten Hardwareplattformen laufen.

Objektdiagramm (engl. *object diagram*) Objektdiagramme dienen der Beschreibung von Beziehungen zwischen Objekten. Da Objekte Instanzen von Klassen sind, also zur Laufzeit erzeugt werden, ist ein Objektdiagramm immer eine Sicht auf diese Stuktur des Systems zu einem bestimmten Zeitpunkt. Objektdiagramme werden verwendet, um komplexe Zusammenhänge zwischen Objekten zu visualisieren.

Ein weiteres Anwendungsgebiet ist die Verwendung der Objektdiagramme zur Spezifikation von Modelltransformationsregeln in QVT (siehe Abschnitt 4.6.2). Dabei sind die Objekte Instanzen der Metaklassen der Quell- und Zielsprache der Transformation und werden verwendet, um solche Objektstrukturen im Modell zu suchen und zu erzeugen.

Verhaltensdiagramme

Anwendungsfalldiagramm (engl. *use case diagram*) Anwendungsfälle werden oftmals benutzt, um Funktionen eines Systems zu spezifizieren. Am Anfang der Systementwicklung werden zunächst die Anwendungsfälle, d.h. Systemfunktionen, die benötigt werden, um den Funktionsumfang des Systems abzudecken, mit den Projektbeteiligten gemeinsam festgelegt und beschrieben. Das Anwendungsfalldiagramm dient dazu, diese Anwendungsfälle auf einer hohen Abstraktionsebene - Anwendungsfallellipsen mit Namen der Anwendungsfälle - zu visualisieren und die für das System wichtigen Aktoren (Anwender, Administratoren, etc.) zu diesen Anwendungsfällen in Beziehung zu setzen. Das Anwendungsfalldiagramm schlägt damit eine, wenn auch abstrakte Brücke zwischen Anforderungserfassung und Systementwicklung und -entwurf. Typischerweise besteht der Name eines Anwendungsfalles aus Objekt und Prädikat, z.B. `Datei öffnen`.

Aktivitätsdiagramm (engl. *activity diagram*) Aktivitätsdiagramme waren ursprünglich eine Weiterentwicklung des Flussdiagrammes und dienen zur Verhaltensbeschreibung der Systeme und Systemfunktionen. Verhalten wird damit als Abfolge von Aktivitäten, Start-, End- und Entscheidungsknoten beschrieben. Seit Version 2 wurden die Ausdrucksmöglichkeiten der Aktivitätsdiagramme stark erweitert. So sind viele aus SDL (vgl. Abschnitt 4.7.2) bekannte Konstrukte in die UML übernommen worden, z.B. Modellierung von Ereignissen, Ausnahmebehandlung und Timer. Weiterhin wurde die Semantikdefinition der Petri-Netze (vgl. Abschnitt 4.7.4) übernommen, um eine eindeutige Semantik für die Modellierung von nebenläufigen Prozessen zu bekommen. Die Aktivitätsdiagramme sind daher seit UML2 zu einem sehr mächtigen Werkzeug geworden, um Systemverhalten zu spezifizieren.

Zustandsdiagramm (engl. *state diagram*) Das Zustandsdiagramm der UML entspricht dem Statechart-Ansatz von David Harel (vgl. Abschnitt 4.7.1) und ist bereits seit Version 0.8 fester Bestandteil der Sprache. Es ist dadurch wohl auch das bislang am häufigsten verwendete UML-Diagramm zur Verhaltensspezifikation von Systemen. Es existieren auch bereits einige UML-Werkzeuge, die Code aus den Zustandsdiagrammen generieren können. Ansonsten gelten für die UML-Zustandsdiagramme die oben zu den Statecharts gemachten Aussagen.

Sequenzdiagramm (engl. *sequence diagram*) Das Sequenzdiagramm dient zur Darstellung von Kommunikationsabläufen und Interaktionen zwischen verschiedenen Kommunikationspartnern/Objekten. Ursprünglich wurden damit Methodenaufrufe in verschiedenen Objekten im Laufe der Zeit als Szenario dargestellt. Seit der UML2 wurden die Sequenzdiagramme stark erweitert und entsprechen nun weitestgehend dem Message Sequence Chart Standard. Durch die Integration der Ausdrucksmöglichkeiten von MSCs wurde daher auch die Breite der Einsatzmöglichkeiten der UML Sequenzdiagramme erhöht (vgl. Abschnitt 4.7.3).

Kommunikationsdiagramm (engl. *communication diagram*) Das Kommunikationsdiagramm beschreibt eine Sicht auf die Kommunikation zwischen verschieden Objekten. Die Objekte werden mit Kanten verbunden und diese werden Operationen zwischen den Objekten mit einer Nummerierung der Aufrufreihenfolge versehen. Kommunikationsdiagramme sind daher ähnlich zu den Sequenzdiagrammen. Nur werden dort die Kommunikationsabläufe gegenüber einer Zeitachse dargestellt, wohingegen beim Kommunikationsdiagramm lediglich die Aufrufreihenfolge durch eine Nummerierung dargestellt wird.

Interaktionsübersichtsdiagramm (engl. *interaction overview diagram*) Interaktionsübersichtsdiagramme sind eine Spezialform des Aktivitätsdiagramms und werden dazu eingesetzt, Verhaltenszusammenhänge zwischen einzelnen Verhaltensdiagrammen darzustellen. Statt Aktivitäten werden dazu Referenzen der einzelnen Verhaltensdiagramme durch Kontrollflüsse, Entscheidungsknoten, etc. zueinander in Beziehung gesetzt. Dieses Prinzip entspricht daher in großen Teilen dem vom MSC Standard her bekannten High Level Message Sequence Charts.

Zeitverlaufsdiagramm (engl. *timing diagram*) Mit dem Zeitverlaufsdiagramm lassen sich Änderungen von Signalen bzw. Objekten über einer Zeitachse darstellen. Das Diagramm entstammt den von der Elektrotechnik her bekannten Oszillogrammen, die in der Entwicklung von Hardwarekomponenten häufig zum Einsatz kommen, um den Verlauf mehrerer Signale, aufgetragen auf der Y-Achse über die Zeit (X-Achse), zu verfolgen.

Werkzeugunterstüzung

Aufgrund der großen Akzeptanz und Verbreitung der UML in Forschung und Industrie existieren eine ganze Reihe von Werkzeugen, die den UML2-Standard unterstützen. Einige davon sind frei verfügbar, andere werden kommerziell vertrieben. Auf der Homepage von Mario Jeckle (Stand 2004) findet sich eine Übersicht über die Eigenschaften von mehr als 100 UML-Werkzeugen [Jec04].

Neben den Funktionen zur grafischen Erstellung der Diagramme bieten einige Werkzeuge zusätzlich Zusatzfunktionen wie Codegeneratoren oder die automatische Erstellung von Dokumentation an.

4.7.7 Domänenspezifische Modellierung (DSM)

In der domänenspezifischen Modellierung werden Sprachen zur Modellierung eingesetzt, die genau auf den speziellen Einsatzbereich (*Domäne*), der beschrieben werden soll, angepasst sind und dafür speziell definiert wurden. Diese domänenspezifischen Sprachen (DSL) sind dann zwar nur für die Beschreibung der Dinge oder Systeme verwendbar, wofür sie definiert wurden, jedoch bietet diese Einschränkung der Allgemeingültigkeit zahlreiche Vorteile:

- Der Sprachumfang von DSLs ist meistens geringer als der allgemeingültiger Sprachen, da nur die Sprachelemente definiert werden müssen, die für die Erfüllung des Einsatzzweckes benötigt werden.

- Die Erlernbarkeit der Sprache wird dadurch erleichtert, dass die Sprachelemente oftmals so entworfen sind, dass Anwender der Sprache, die bereits über Kenntnisse in der Domäne verfügen, diese unmittelbar in den Symbolen der DSL wiederfinden (Domänenwissen).

- Eine vollständige Codegenerierung aus den Modellen wird dadurch möglich, dass durch die Verwendung der domänenspezifischen Sprachelemente für jedes Element klar festgelegt werden kann, welche Art von Codebaustein dafür erzeugt werden muss. Dies ist in etwa vergleichbar mit dem Prinzip von Lego-Steinen. Aus diesen lassen sich verschiedene Konstruktionen, die als Lego-Konstruktion erkennbar sind aufbauen. Es wird nicht das Prinzip verfolgt, jede beliebige Form damit aufzubauen. Beispielsweise wird jede daraus erstellte Figur in einem gewissen Masse eckige Kanten und Noppen besitzen, die sich aufgrund der Bausteinstruktur der Lego-Steine ergibt. Genauso verhält es sich mit der Codegenerierung aus DSLs. Die Allgemeingültigkeit der Programmiersprachen für die Code generiert wird, wird nur eingeschränkt verwendet und durch die DSL nur eine Untermenge der Sprachmöglichkeiten benutzt.

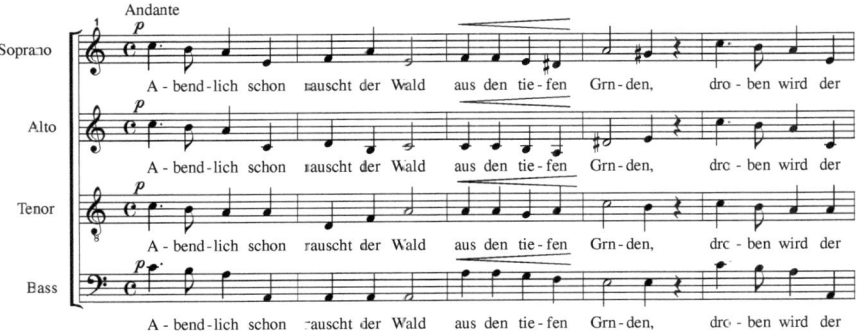

Abbildung 4.12: Die Notensprache als Beispiel einer DSL [Hen00]

Ein Beispiel einer DSL aus dem nicht-technischen Bereich zeigt Abbildung 4.12. Anhand dieses Beispiels aus dem Bereich der Musik lassen sich die Eigenschaften von DSLs noch einmal erläutern. Die Notensprache ist genau für den Einsatzzweck, nämlich die Aufzeichnung von Musikstücken zugeschnitten. Es würde keinen Sinn machen, damit Dinge in artfremden Domänen beschreiben zu wollen.

Die Symbole sind genau dafür konstruiert worden und besitzen eine eindeutige Semantik. Eine Instanziierung dieses musikalischen Modells wäre die Aufführung durch einen Chor.

Auf der technischen Ebene werden domänenspezifische Sprachen mit Hilfe spezieller Editoren definiert. Zunächst wird ein Metamodell der Sprache erstellt und eventuell die Symbolik der Sprachelemente zusätzlich definiert. Aus diesen Metainformationen können dann Editoren für die Anwendung der DSL voll automatisch generiert werden. Neben der Sprachdefinition selbst werden außerdem Transformationsregeln spezifiziert, die festlegen, in welcher Weise Code oder auch andere Modelle aus den DSL-Modellen generiert wird [LS06].

Beispiele funktionierender Lösungen die den DSL-Ansatz verwenden und damit zu 100prozentiger Codegenerierung in speziellen Domänen kommen, sind der DSL-Ansatz der Fa. Metacase [Met07] und das zugehörige Werkzeug MetaEdit+ oder der OLIVANOVA Ansatz der

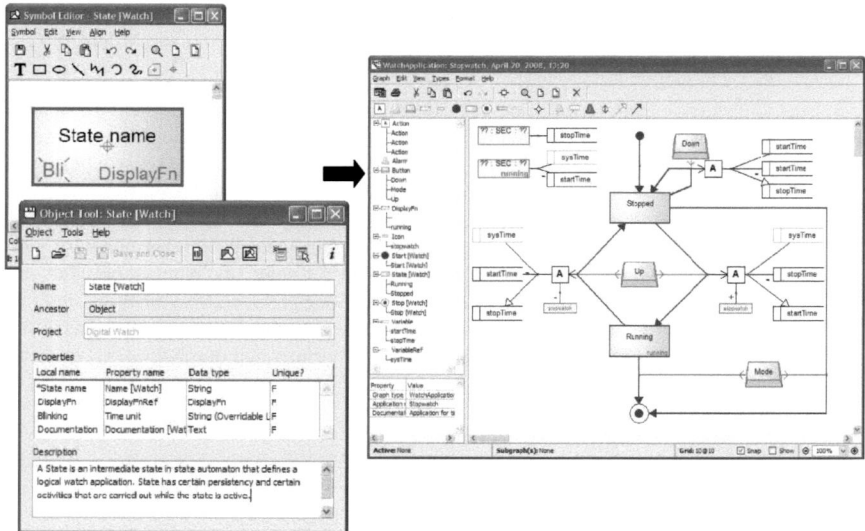

Abbildung 4.13: Sprachdefinition und Sprachanwendung mit MetaEdit+ [Met07]

Fa. CARE Technologies [Fis05]. Abbildung 4.13 zeigt beispielhaft die Sprachdefinition und die Sprachanwendung mit dem aus der Sprachdefinition voll automatisch generierten Editor anhand des Werkzeuges MetaEdit+.

Mit dem *Software Factories*-Konzept [GS04] von Jack Greenfield und Keith Short verfolgt die Fa. Microsoft gleichermaßen den Ansatz, durch intensiven Einsatz von domänenspezifischer Modellierung und automatischer Generierung von Werkzeugen und deren Anwendung die nächste Abstraktionsstufe in der Softwareentwicklung zu erreichen.

UML-Profile

Seit Version 2 besitzt die UML einen Mechanismus, der es erlaubt, domänenspezifische Modellierungsaufgaben mit Hilfe der UML zu erledigen - die UML2-Profile. Im Gegensatz zur domänenspezifischen Modellierung, wo Sprachen mit Hilfe von Metamodellen komplett neu definiert werden, lässt der Profilmechanismus das UML-Metamodell unverändert. Profile definieren nur Erweiterungen des bestehenden UML-Metamodells. Damit bleibt die Sprache UML und ihr Metamodell konsistent erhalten und es lassen sich trotzdem domänenspezifische Aspekte beschreiben. Modelle der UML2 bleiben daher auch werkzeugkompatibel für alle Werkzeuge, welche die UML2 und damit auch den Profilmechanismus unterstützen.

UML-Profile basieren darauf, dass Klassen des Metamodells durch so genannte *Stereotypen* (engl. *Stereotype*) erweitert werden. Diese Stereotypen werden an den UML-Elementen in doppelten spitzen Klammern angezeigt (z.B. «myStereotype»). Durch die zusätzliche Annotation mit einem Stereotyp bekommt ein UML-Element eine zusätzliche, für den Stereotyp definierte Semantik.

Profile erlauben darüber hinaus, auch die Festlegung von Attributen für Sterectypen. Damit erhält ein mit einem Stereotyp versehenes UML Element weitere, dem Stereotyp zugeordnete Attribute. Diese als *Tagged Values* bezeichneten Zusatzattribute nehmen dann domänenspezifische Informationen auf.

Viele UML-Werkzeuge erlauben es zudem, die Darstellung der Diagrammelemente in Abhängigkeit eines Stereotyps zu beeinflussen. Dies ermöglicht die Verwendung domänenspezifischer Darstellungen in den Diagrammen und gleichzeitig die Nutzung der UML-konformen Datenhaltung innerhalb des Werkzeuges.

In Abbildung 4.14 ist die Definition (links) und die Anwendung eines UML-Profils (rechts) dargestellt. Dabei wird die `Action`-Klasse des UML-Metamodells mit Hilfe einer `extends`-Beziehung um den Stereotyp (`myStereotype`) erweitert. In der Applikation des UML-Profils wird nun der Stereotyp im Action-Modellelement angezeigt und der definierte Parameter des Stereotypen (`myTag`) lässt sich entsprechend setzen.

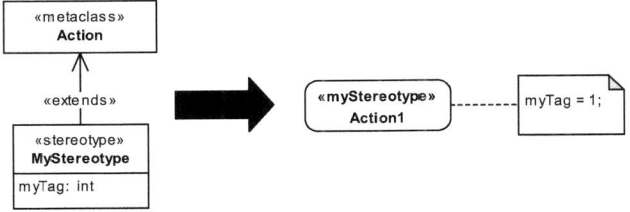

Abbildung 4.14: Definition und Anwendung eines UML Profils

4.7.8 Systems Modeling Language (SysML)

Die Systems Modelling Language [OMG06b], [Wei06] ist eine Sprache zur Modell-basierten Spezifikation von Systemen und seit 2006 auch ein offizieller Standard der Object Management Group. SysML basiert auf UML2 und wurde von Experten verschiedener Industrieunternehmen deshalb entwickelt, da sich UML2 nur begrenzt eignet, um in der Systemtechnik eingesetzt zu werden und beliebige Systeme zu modellieren. Dies liegt daran, dass UML ihre Ursprünge in der Modellierung von objektorientierter Software hat und daher spezielle Elemente besitzt, die auf diesen Zweck hin ausgerichtet sind. Beispiele dafür sind das Klassen- und Objektdiagramm, welche genau auf die objektorientierte Softwaremodellierung zugeschnitten sind.

SysML ist als UML-Profil definiert und basiert somit auf der UML2. Dies hat den Vorteil, dass zum einen kein komplett neues Metamodell für die Sprachdefinition erstellt werden muss, und zum anderen Diagramme der UML2 modifiziert oder unverändert in die SysML übernommen werden können. Modellierer, die bereits mit den Sprachkonzepten von UML und im Umgang mit UML-Werkzeugen vertraut sind, können dadurch in relativ kurzer Zeit auch SysML erlernen und anwenden.

SysML benutzt nur eine Untermenge des Sprachumfangs von UML2 und erweitert diese Untermenge noch um eigene Modellelemente und Diagrammarten, die in dieser Form nicht Teil der UML2 sind. An dieser Stelle geht die SysML-Definition über den reinen Profilmechanismus hinaus, der es - zumindest in der aktuellen Version - noch nicht vorsieht, Teile des Metamodells auszublenden bzw. neue Diagrammarten zu definieren.

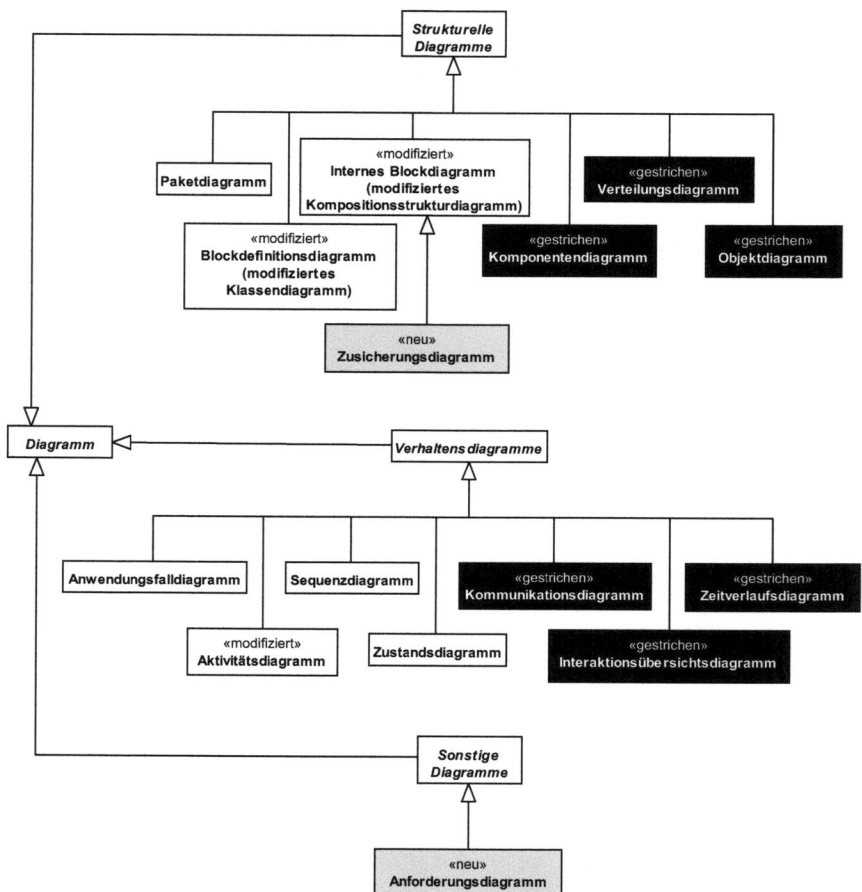

Abbildung 4.15: Vergleich der SysML und UML2 Diagrammarten

Abbildung 4.15 zeigt einen Überblick der UML2 und SysML Diagrammarten. SysML benutzt 4 Diagramme der UML unverändert weiter, 3 Diagramme werden in modifizierter Form verwendet, 2 neue Diagramme werden definiert und 6 Diagramme sind nicht mehr Bestandteil der SysML.

SysML umfasst somit nur 9 Diagrammarten - im Gegensatz zu 13 bei der UML2 - inklusive zweier komplett neuer Art. Durch diese Reduktion der Vielfalt an Diagrammen wird gleichermaßen die Erlernbarkeit der Sprache erleichtert.

Im Folgenden werden die Neuerungen von SysML im Gegensatz zur UML kurz erläutert.

Blöcke statt Klassen. In SysML wird das aus der objektorientierten Softwareentwicklung stammende Konzept der Klasse aus UML verallgemeinert. SysML kennt stattdessen nur so genannte *Blöcke*. Das Blockkonzept ist in vielen Bereichen der Systemtechnik ein weit verbreitetes Konzept. Beispiele dafür sind regelungstechnische Anwendungen oder die Darstellung der Systemgrenzen als Blöcke, wie sie z.B. in SDL oder Matlab/Simulink Anwendung findet. Ingenieure und Techniker, die mit diesem Konzept vertraut sind, werden auch dadurch einen leichten Einstieg in SysML finden. Weiterhin ersetzen die Blöcke in SysML das Komponenten- und Verteilungsdiagramm der UML. Durch die allgemeine Definition des Blocks, lassen sich die sonst mit drei Diagrammen ausgedrückten Eigenschaften auch mit Hilfe von einer Diagrammart, dem Blockdiagramm, beschreiben.

Anforderungsdiagramm. Mit dem Anforderungsdiagramm (engl. *requirement diagram*) schließt SysML eine Lücke der UML, nämlich die fehlende Möglichkeit, Systemanforderungen explizit zu modellieren. Viele UML-Werkzeuge brachten bisher eigene Erweiterungen mit, um diese Schwäche zu kompensieren. Mit der Definition innerhalb des SysML-Standards wird nun eine einheitliche Darstellungsform für Anforderungen festgelegt und damit die Austauschbarkeit der Modelle über verschiedene Werkzeuge hinweg sichergestellt.

Zusicherungsdiagramm. Das Zusicherungsdiagramm (engl. *parametric diagram*) dient dazu, Zusicherungen an das System zu beschreiben. Diese Zusicherungen (engl. *Constraints*) können beispielsweise in Form physikalischer Ausdrücke wie $F = m * a$ oder $a = dv/dt$ vorliegen. Mit Hilfe solcher vernetzter Zusicherungen können dann Zuverlässigkeits- oder Leistungsanalysen des Systems durchgeführt werden.

Zuteilungen. Zuteilungen (engl. *Allocations*) sind ein modellübergreifendes Konstrukt, das aus der Systemtechnik stammt und dort weit verbreitet ist. Mit Hilfe von Zuteilungen lassen sich Modellelemente aus unterschiedlichen Teilen des Modells einander zuordnen. Beispielsweise können innerhalb eines Aktivitätsdiagramms Aktionen oder Aktivitäten verwendet werden, die unterschiedlichen Blöcken des Systems zugeordnet sind. Mit Hilfe des Zuteilungsmechanismus lassen sich diese Zuordnungen dann explizit darstellen.

Kontrolloperator für Aktivitäten. Eine wichtige Ergänzung zu den UML Aktivitätsdiagrammen macht SysML durch die Einführung des Kontrolloperators (engl. *Control Operator*). Dieser ermöglicht es, als Erweiterung einer Aktion (Stereotyp «controlOperator») von außen Einfluss auf das Laufzeitverhalten anderer Aktionen zu nehmen. In UML2 wird eine Aktion immer durch das Eintreffen eines *Token* gestartet und läuft dann bis zum Ende ihrer Aktion[1]. Der Kontrolloperator ermöglicht es nun, Aktionen auch zu stoppen, zu unterbrechen, fortzusetzen, usw. Standardmäßig definiert SysML `disable` und `enable` als mögliche Werte eines Kontrolloperators. Es wird aber explizit zugelassen, diese Liste zu erweitern, z.b. mit Werten wie `pause` und `continue`, um die Durchführung einer Aktion beispielsweise zu unterbrechen und später an gleicher Stelle fortzusetzen.

SysML ist als Profil der UML bereits eine domänenspezifische Modellierungssprache für die Domäne der Systemmodellierung bzw. Systemtechnik. Darüber hinaus übernimmt die SysML explizit den Profilmechanismus der UML und ermöglicht damit weitere domänenspezifische Erweiterungen und Anpassung der Sprache zur Modellierung von speziellen Systemen.

4.8 Auswahl der Modellierungssprache

Nachdem verschiedene grafische Modellierungssprachen betrachtet und diskutiert wurden, erfolgt nun eine abschliessende Bewertung und Auswahl einer geeigneten Sprache zum Einsatz in der Systemmodellierung. Abbildung 4.16 stellt die Ergebnisse der Bewertung in Form einer Tabelle dar. Zur Darstellung der Bewertung werden –, -, o , + und ++ verwendet. Die Bewertungen gehen dabei von – für ungeeignet/schlecht unterstützt über o für neutral bzw. begrenzt geeignet bis zu ++ für sehr geeignet/sehr gut unterstützt.

	Formalität	Erweiterbarkeit	Werkzeugunterstützung	Einbringung von Domänenwissen	Standardisiert	Mächtigkeit der Sprache	Explizite Modellierung von Datenflüssen	Beschreibung reaktiver Systeme	Strukturelle Modellierung	Komplexität
Statecharts	++	-	+	o	+	o	--	+	--	o
SDL	++	-	+	o	+	+	+	+	+	o
MSC	+	-	+	o	+	o	--	+	--	+
Petri-Netze	++	-	+	o	o	-	--	+	--	++
Matlab/Ascet	++	o	+	o	-	o	+	-	+	o
UML2	+	+	++	+	+	+	+	++	+	-
DSL	+	++	+	++	-	++	++	++	+	o
SysML	+	+	++	++	+	+	+	++	+	+

Abbildung 4.16: Bewertung der untersuchten Sprachen

Neben den in Abschnitt 3.7 aufgestellten Anforderungen werden bei der Sprachauswahl noch ein paar zusätzliche Kriterien berücksichtigt:

- Wie mächtig ist die Sprache? Welchen Sprachumfang/Beschreibungsmittel bietet sie?

- Lassen sich Datenflüsse explizit modellieren? Dies ist eine Anforderung, die sich aus der Beschreibung von MOST-basierten Systemen im Telematikbereich ergibt. Die dafür bisher eingesetzten Message Sequence Charts haben hier eine Schwäche.

---

[1]Ausnahme: Aktionen in einem unterbrechbaren Bereich (*interruptable region*).

- Eignet sich die Sprache zur Beschreibung von reaktiven Systemen, wie sie im Telematikbereich durchweg vorkommen?

- Kann man die Systemstruktur mit der Sprache abbilden?

- Wie komplex ist die Sprache? Welchen Aufwand erfordert es, die Sprache zu erlernen?

Eine domänenspezifische Sprache (DSL) bietet sicherlich die größte Flexibilität, um alle geforderten Anforderungen zu erfüllen. Nachteilig dabei ist jedoch, dass für den Einsatz einer DSL die gesamte Sprache von Grund auf definiert werden muss. Daraus resultiert, dass die eingesetzte Sprache in keinster Weise einem Standard entspricht.

Im Gegensatz dazu sind fast alle anderen Sprachen standardisiert und werden dadurch auch durch eine Reihe von Werkzeugen unterstützt.

Viele der untersuchten Sprachen haben Vor- und Nachteile in bestimmten Bereichen. Ein großer Vorteil der UML2 und der auf ihr basierenden SysML ist, dass sie viele Konzepte und Konstrukte der anderen Sprachen in sich vereinen: Statecharts, Konzepte von SDL in Aktivitätsdiagrammen, Petri-Netz-Semantik in Aktivitätsdiagrammen, MSCs in Form von Sequenzdiagrammen und domänenspezifische Erweiterungen in Form von Profilen.

Aus diesem Grund bekommen UML2 und SysML hier sehr positive Bewertung im Hinblick auf die Erfüllung der Anforderungen. SysML hat im Gegensatz zu UML2 einen Vorteil in der geringeren Komplexität, da es nur Teile der UML2 verwendet und somit weniger Diagrammarten kennt, die der Benutzer erlernen muss.

Außerdem handelt es sich bei SysML um eine domänenspezifische Sprache im Hinblick auf die Domäne Systemmodellierung. Da es Ziel dieser Arbeit ist, ein Systemmodell zu erstellen, um daraus Testfälle abzuleiten, bietet sich daher SysML für diesen Einsatzzweck an. Aus diesem Grund wird die SysML als geeignetste Modellierungssprache zur Erstellung des Systemmodells ausgewählt und verwendet.

4.9 Werkzeugauswahl

Um SysML-Modelle zu erstellen, bieten sich diverse Werkzeuge an, die UML2 inklusive der UML Profile unterstützen. Aufgrund der Anforderung, Aufgaben so weit wie möglich zu automatisieren (Anf. 3), sollte das eingesetzte Werkzeug die Möglichkeit bieten, eigene Erweiterungen zu programmieren.

Es existiert eine ganze Reihe von Werkzeugen, die die geforderten Anforderungen erfüllen. Insbesondere im Umfeld der Automobilindustrie gibt es zwei Modellierungswerkzeuge, die eingesetzt werden. Zum einen ARTISAN Studio der Firma Artisan [Art07] und Enterprise Architect der Firma Sparx Systems [Spa06a]. Beide Werkzeuge unterstützen SysML und den UML2-Standard inklusive der Profile und die Möglichkeit, eigene Erweiterungen durch die Benutzer anzufügen (*Application Interface*, API). Somit könnten beide Werkzeuge im Rahmen dieser Arbeit eingesetzt werden.

Sparx Systems Enterprise Architect bietet im Bezug auf die Modellierung gleichwertige Fähigkeiten im Vergleich zu Artisan Studio. Dieses bietet darüber hinaus erweiterte Fähigkeiten im Bezug auf Codegenerierung und Modellsimulation (Statecharts). Diese Fähigkeiten werden jedoch im Rahmen dieser Arbeit nicht benötigt. Außerdem unterscheiden sich die beiden Werkzeuge in den Lizenzkosten. Während Enterprise Architect zu einem äußerst günstigen Preis (um

200 Euro pro Einzelplatzlizenz) verkauft wird, kostet eine Artisan Lizenz ein Vielfaches dieses Betrages.

Aufgrund des Funktionsumfanges und des niedrigen Preises wurden bislang über 100.000 Lizenzen (Stand Ende 2006) von Enterprise Architect verkauft und werden in Forschung und Industrie eingesetzt. Daher stellt dieses Werkzeug im Bereich der Modell-basierten Entwicklung mit UML/SysML schon einem Quasi-Standard in diesem Bereich dar - ähnlich zu Matlab/Simulink im Bereich der Simulation und Entwicklung regelungstechnischer Systeme.

Aus diesem Grund wird auch hier letztendlich *Enterprise Architect* als eingesetztes Modellierungswerkzeug ausgewählt.

4.10 Fazit

Mit Modell-basierter Entwicklung soll die nächste Abstraktionsstufe in der Softwareentwicklung eingeführt werden und Modelle sollen als zentrales Element im Entwicklungsprozess dienen. Damit einher geht eine Erhöhung des Einsatzes von Automatisierung und die Generierung von Artefakten (Code, Dokumentation) aus dem Modell.

Modell-basiertes Testen nimmt solche Modelle als Grundlage zur Ableitung und Erzeugung von Testdaten und bildet damit die notwendige Qualitätssicherung in einem Modell-basierten Entwicklungsprozess.

Die Techniken und Ansätze, die benötigt werden, um einen solchen Modell-basierten Prozess zu implementieren, wie Model Driven Architecture, Metamodellierung und Modelltransformationen, wurden in diesem Kapitel erläutert.

Weiterhin folgte eine Betrachtung gängiger grafischer Modellierungssprachen, im Hinblick auf die Eignung zum Einsatz für einen Modell-basierten Entwicklungs- und Testprozess im Telematikbereich.

Als Modellierungssprache wurde die Systems Modeling Language ausgewählt, da sie als Spezifikationssprache für Systeme konzipiert wurde, viele Eigenschaften anderer bekannter Sprachen in sich vereint und erweitert, und sich durch Profile außerdem um weitere domänenspezifische Eigenschaften erweitern lässt.

5

Konzeption und Lösungsansatz

Im Rahmen dieses Kapitels wird eine Konzeption des Systemmodells im Hinblick auf die gegebenen Aufgabenstellungen vorgenommen. Zunächst wird der Lösungsansatz erläutert und es werden die ausgewählten Konzepte und Techniken im Hinblick auf Modellierung, Modelltransformation und Testausführung diskutiert und ausgewählt. Nach der Diskussion verwandter Arbeiten erfolgt eine detaillierte Beschreibung der eingesetzten Modellstruktur und der gewählten Unterteilung des SysML-Modells in einen funktionalen und einen produktspezifischen Teil. Die notwendige formale Beschreibung der Zusammenhänge erfolgt durch den Einsatz grafischer QVT-Relationsregeln. Eine Einordnung der vorgestellten Konzepte in einen Modell-basierten Testprozess schließt das Kapitel ab.

Der Ansatz der Modell-getriebenen Architektur (MDA), die Verwendung von domänenspezifischen Sprachen und das Software Factory Konzept (vgl. Abschnitt 4.3, 4.7.7) verfolgen alle gleichermaßen das Ziel, aus domänenspezifischen Modellen mit Hilfe von Modelltransformationen ausführbare Artefakte für den Entwicklungsprozess, zumeist Code, zu generieren. Bereits in mehreren Projekten konnte gezeigt werden, dass diese Ansätze erfolgreich zum Ziel führen können ([Fis05], [Kel05], [HB07]). Dabei sind diese Ansätze so variabel, dass sie auf unterschiedlichste Arten von Produkten anwendbar sind.

Aufgrund dessen liegt es nahe, diese Konzepte im Rahmen dieser Arbeit zu verwenden, um die gegebenen Problemstellungen zu lösen und sie einzusetzen, um aus einem Systemmodell durch einen Generierungsprozess zu ausführbaren Testfällen für den Systemtest zu gelangen.

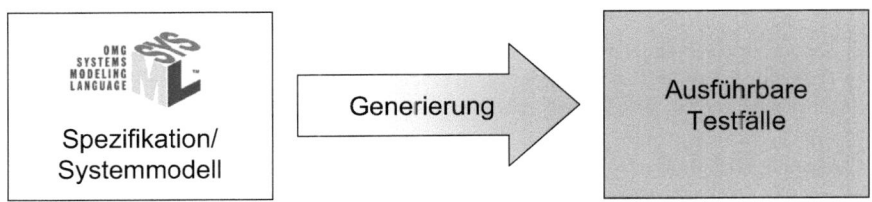

Abbildung 5.1: Konzeption des Lösungsansatzes

Abbildung 5.1 illustriert diesen Lösungsansatz schematisch. Wenn man dieses vereinfachte Konzept auf MDA abbildet, dann bildet das Systemmodell ein plattformunabhängiges und die ausführbaren Testfälle ein plattformspezifisches Modell.

Durch die Auswahl von SysML als Modellierungssprache kommt eine domänenspezifische Sprache für die Domäne Systemmodellierung/Systemspezifikation zum Einsatz. Inwieweit noch weitere domänenspezifische Aspekte in die Modellierung einfließen (z.b. zur Abbildung automotivespezifischer Informationen), wird weiter unten erläutert.

5.1 Rahmenbedingungen

Um einen solchen, auf MDA und der ihr verwandten Technologien basierenden Lösungsansatz umzusetzen, müssen gewisse Rahmenbedingungen erfüllt und festgelegt werden:

1. Konzeption des Systemmodells
   Es muss festgelegt werden, auf welche Art und Weise das System mit seinen strukturellen und dynamischen Aspekten modelliert wird. Dabei müssen die in Abschnitt 3.7 festgelegten Anforderungen entsprechend berücksichtigt werden.

2. Konzeption des Testens
   Da es erklärtes Ziel ist, aus dem Modell Testfälle abzuleiten und diese damit das Zielartefakt bilden, muss festgelegt werden, wie diese genau beschrieben werden. Außerdem muss im Hinblick auf die geforderte automatisierte Testausführung festgelegt werden, wie diese Anforderung erfüllt werden kann.

3. Werkzeugauswahl
   Um den Ansatz zu realisieren, ist außer der bereits erfolgten Auswahl des Modellierungswerkzeuges auch noch fest zu legen, wie die notwendigen Modelltransformationen beschrieben und durchgeführt werden sollen, da diese essenzieller Bestandteil der MDA sind.

In den folgenden Abschnitten werden die durch die Rahmenbedingungen geforderten Festlegungen getroffen und ausführlich erläutert. Dabei wird zunächst auf die Modelltransformation eingegangen, um die dort ausgewählten Werkzeuge anschließend bei der Konzeption des Systemmodells einzusetzen.

5.2 Modelltransformation

Um die gewünschten Ergebnisse aus dem Modell abzuleiten, z.B. Testfälle, werden Modelltransformationen benötigt, die beschreiben, auf welche Art und Weise Modelle in andere Modelle überführt werden. Dies können beispielsweise neue SysML-Modelle, Testfälle oder Code sein.

In Abschnitt 4.6.2 wurde der neue Modelltransformationsstandard QVT ausführlich beschrieben. Die QVT-Relationssprache wird ausgewählt und im Rahmen dieser Arbeit eingesetzt, da sie mehrere der Anforderungen aus Kapitel 3 erfüllt: Es handelt sich um eine standardisierte Modelltransformationssprache und erfüllt damit die Kriterien der Anforderung (Anf. 1). Mit der grafischen Syntax der QVT-Relationen ist es außerdem möglich, die Transformationsregeln selbst als grafische Modelle zu spezifizieren. Da bereits SysML als grafische Modellierungssprache ausgewählt wurde, ist die Verwendung von grafischen Transformationsregeln naheliegend. Dies vermeidet einen Medienbruch im Hinblick auf die Rückkehr zu textueller Syntax und bietet damit eine durchgängige und konsistente Beschreibungsform in der Umsetzung des hier vorgestellten Ansatzes.

Problematisch bei Verwendung der QVT-Relationssprache ist, dass es zum Zeitpunkt der Erstellung dieser Arbeit keine Editoren zur Erstellung der QVT-Regeln und keine Ausführungsumgebung für solche Transformationen gibt. Somit sind die Anforderungen der Werkzeugunterstützung (Anf. 2) und der Automation von Standardaufgaben im Hinblick auf die Erstellung von Transformationsregeln (Anf. 3) so nicht erfüllt.

Um QVT trotzdem verwenden und die Anforderungen erfüllen zu können, wurde daher im Rahmen einer Fallstudie untersucht, inwieweit sich das im Rahmen dieser Arbeit eingesetzte UML/SysML-Werkzeug Enterprise Architect (EA) um eine solche Unterstüzung erweitern lässt (vgl. [Alt07c]). Dabei wurden folgende Punkte untersucht:

1. Es soll ermöglicht werden, Transformationen im grafischen QVT-Relationsstandard mit Enterprise Architect zu erstellen. Dabei sollen nach Möglichkeit Informationen aus dem/den der Transformation zugrunde liegenden Metamodells/Metamodellen für die Benutzerführung genutzt werden (z.B. Nachfrage bei Mehrdeutigkeiten von Assoziationen, etc.).

2. Die Generierung der textuellen Entsprechung der Transformationsregel soll aus dem grafischen Modell ermöglicht werden. Dies dient zum einen dazu, die QVT-Regeln auch in einer textuellen Art zu speichern und zum andern, die erstellten Regeln auch mit anderen (zukünftigen) QVT-Werkzeugen nach einem Import ausführen zu können.

3. Es soll untersucht werden, ob und wenn ja, mit welchem Aufwand, es möglich ist, einen Interpreter für die grafischen QVT Regeln zu realisieren. Wichtig dabei ist es zu untersuchen, ob eine solche Realisierung durch Berücksichtigung werkzeugspezifischer Aspekte erleichtert werden kann - beispielsweise durch Beschränkung auf Transformationen innerhalb von EA unter ausschließlicher Nutzung von dessen Metamodell.

Folgende Erkenntnisse konnten dabei gewonnen werden:

Punkt 1: Editor zur Erstellung grafischer QVT Regeln

Die grafischen QVT-Transformationsregeln basieren auf den UML-Objektdiagrammen. Hinzu kommen einige neue Modellierungselemente, wie z.B. der sechseckige Relationsknoten. Zur Realisierung solcher domänenspezifischer Elemente bietet Enterprise Architect die Möglichkeit, UML-Profile zu definieren und mit der werkzeugeigenen Sprache ShapeScript Einfluss auf das Aussehen der Modellelemente zu nehmen.

Abbildung 5.2 zeigt das definierte Profil zur Realisierung des QVT-Editors und der benötigten Elemente. Für die einzelnen Elemente wurden spezielle Stereotypen verwendet. die die jeweiligen Elemente und Assoziationen für die grafische Syntax der QVT-Relationssprache identifizieren.

Ein weiterer Punkt war die Unterstützung des Benutzers während der Erstellung der Transformationen, beispielsweise speziell angepasste Dialoge zur schnelleren Eingabe der notwendigen Parameter. Enterprise Architect besitzt eine so genannte Addin-Schnittstelle für eigene Erweiterungen. Diese kann mit allen .net-Sprachen programmiert werden und es ist möglich, eigene Dialogelemente, im Kontext der gerade ausgeführten Benutzeraktion in EA, anzuzeigen.

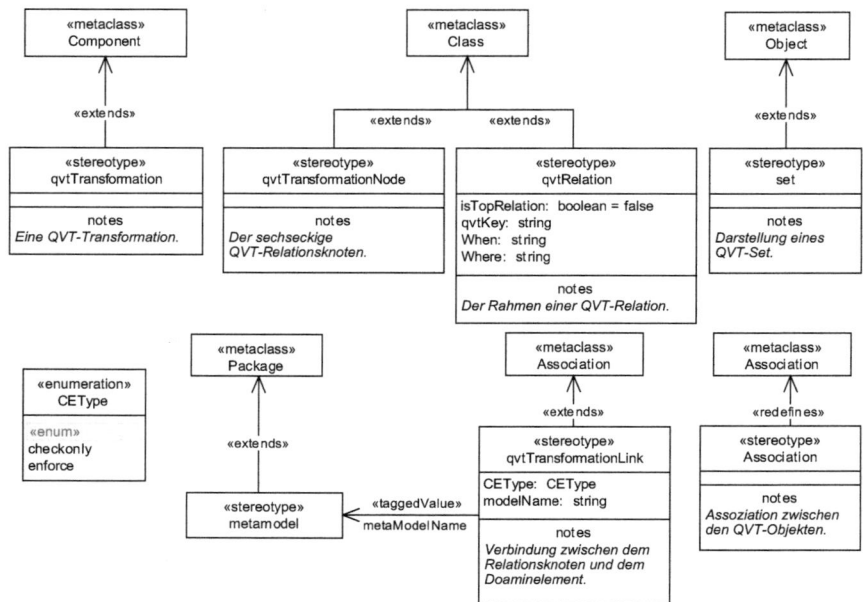

Abbildung 5.2: Profildefinition für den QVT-Editor

Durch die Realisierung eines solchen Addin kann die gewünschte Benutzerführung erreicht werden. Durch die in EA bereits standardmäßig vorhandene Möglichkeit, Metamodelle zu erstellen, lassen sich zudem die für eine Benutzerführung zugrunde liegenden Metamodelle gleichfalls erstellen. Im Rahmen einer Praktikumsarbeit wurde ein solcher benutzerfreundlicher Editor realisiert, der es ermöglicht, QVT-Relationen aufbauend auf dem definierten QVT-Profil effizient zu erstellen.

Punkt 2: Generierung der textuellen Repräsentation

Wie bereits oben erwähnt, lässt sich über die Addin-Schnittstelle auf die EA-Modelldaten zugreifen und diese manipulieren. Damit kann ein Konverter realisiert werden, der die grafischen Modelle analysiert und die textuell-äquivalente QVT-Transformation erzeugt. Ein funktionierender Prototyp eines solchen Umsetzers konnte dann auch auf diese Weise mit geringem Aufwand - innerhalb von 2 Tagen - realisiert werden.

Punkt 3: Realisierung eines QVT-Interpreters

Um die grafischen QVT-Regeln nicht nur für Dokumentationszwecke zu gebrauchen, wurde untersucht, inwieweit und mit welchem Aufwand sich ein Interpreter für die Regeln realisieren lässt. Dabei wurden folgende Erkenntnisse gewonnen: Durch die Beschränkung auf Transformationen innerhalb von EA lässt sich der Aufwand einer solchen Implementierung verringern. Grundlage solcher Transformationen bildet dann das EA-Addin-Metamodell [Spa06b]. Dadurch wird die Universalität von QVT zwar eingeschränkt, jedoch stellen Transformationen von UML nach UML in der Praxis doch den häufigsten Anwendungsfall dar.

Weiterhin lässt sich die Implementierung dadurch vereinfachen, dass die zur Umsetzung der Transformation notwendigen Such- und Erzeugungsoperationen auf dem EA-Modell den .net Reflection-Mechanismus verwenden. Dabei werden Attribute und Methoden nicht mehr direkt angesprochen, sondern stattdessen Attribut- oder Methodennamen zur Laufzeit als String-Parameter an die Reflection-Methoden übergeben. Auf diese Weise können alle zum Zugriff auf die EA-Modelldaten benötigten Informationen direkt und zur Laufzeit aus dem Metamodell gewonnen werden. Eine solche Implementierung hat darüber hinaus den Vorteil, dass sie auch nach Änderungen an der Addin-Schnittstelle unverändert funktioniert, sobald die Änderungen in das Metamodell eingepflegt werden.

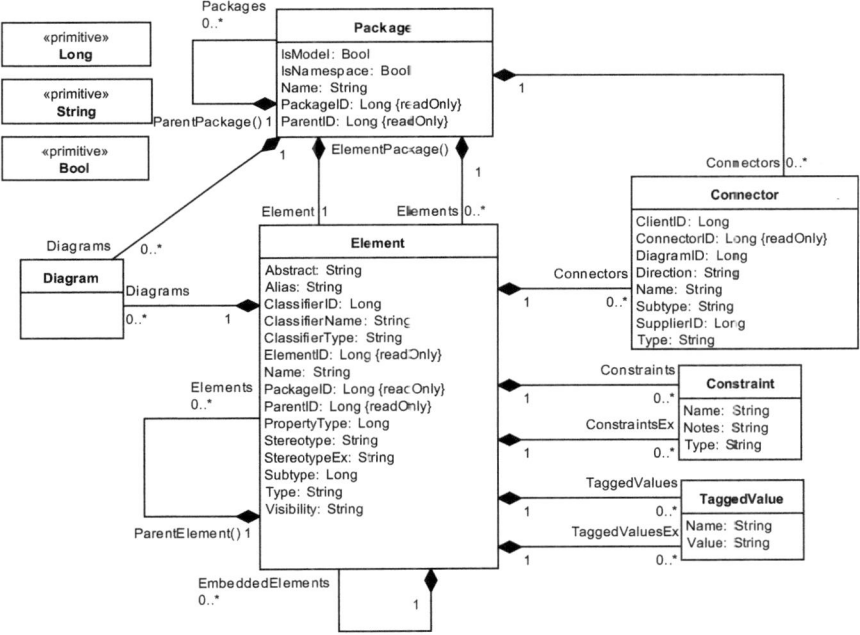

Abbildung 5.3: Essenzieller Teil des EA-Metamodells

Dieser Ansatz ermöglichte innerhalb von drei Wochen die Erstellung eines ersten lauffähigen Prototypen, der in der Lage ist, eine eingeschränke Menge von Transformationen durchzuführen. Diesem Prototypen fehlen allerdings noch wichtige, notwendige Funktionen, deren Realisierung schätzungsweise ein vielfaches der Zeit benötigt, die die Realisierung bis dato benötigte. Zu nennen sind hier beispielsweise die noch unvollständige Unterstützung der WHEN und `WHERE` Bedingungen von QVT[1] oder die Umsetzung der OCL-Konstrukte (*Object Constraint Language* [OMG06a]) zur Unterstützung komplexer Transformationen.

In Anbetracht der in Kürze zu erwartenden QVT Realisierungen aus Forschungs- und Industrieprojekten (z.B. [AKRS06], [L+06]) wurde die Realisierung des Interpreters jedoch zunächst nicht weiter ausgebaut, sondern stattdessen weiterer Aufwand in die Umsetzung des QVT-Editors gesteckt. Damit lassen sich QVT-Regeln nun effizient innerhalb von EA erstellen und damit die benötigten Transformationen beschreiben und dokumentieren.

Da zur Beschreibung der Transformationen das Metamodell von Enterprise Architect verwendet wird, werden die Konzepte an dieser Stelle noch einmal erläutert, damit die weiter unten verwendeten QVT-Regeln leichter verständlich werden.

Das Werkzeug Enterprise Architect verwendet nicht das durch die UML-Superstructure festgelegte UML-Metamodell [OMG04b], sondern ein auf die Bedürfnisse des Werkzeuges zugeschnittenes, einfacheres Modell [Spa06b]. Der essenzielle Teil dieses EA-Metamodells ist in Abbildung 5.3 dargestellt. Alle Daten in EA werden in einer Datenstruktur namens `Repository` gespeichert. Die wichtigsten Daten innerhalb dieses Repositories sind Elemente (Metaklasse `Element`), Pakete (Metaklasse `Package`) und Beziehungen (Verbindungen) zwischen Elementen und/oder Paketen (Metaklasse `Connector`).

Jedes (UML/SysML-)Modellelement in EA ist vom Typ `Element`. Die Unterscheidung, ob es sich dabei z.B. um eine Klasse oder Aktivität handelt, geschieht durch das `Type`-Attribut der `Element`-Metaklasse. Gleiches gilt auch für die `Connector`-Klasse. Mit Hilfe des Typs wird dort angegeben, um welche Art von Verbindung es sich handelt. Im Gegensatz dazu werden im UML-Metamodell dafür explizit Klassen definiert.

Eine Besonderheit im EA-Metamodell stellen die Beziehungen zwischen Paketen und Elementen dar. Pakete können Elemente enthalten (Assoziation `Elements` im Metamodell), und sie haben darüber hinaus auch noch eine weitere Eins-zu-Eins Assoziation zu einem `Element` (Assoziation `Element` im Metamodell). Dieses zum Paket gehörende `Element` beschreibt die Eigenschaften des Paketes selbst (z.B. Stereotyp des Paketes, etc.), da Pakete zusätzlich auch Modellelemente sind.

5.2.1 Erweiterung des Schlüsselkonzeptes von QVT

Die QVT-Relationssprache beschreibt Modelltransformationen deklarativ, d.h. dass eine Transformationsregel mit Hilfe von Instanzen des Metamodells beschreibt, welche Elemente des Zielmodells aufgrund welcher Elemente des Quellmodells erzeugt werden sollen. Die notwendigen Suchoperationen im Modell sind Sache der Transformationsengine und nicht Teil der Regel. Während einer Transformationsausführung werden die deklarierten Muster im Quellmodell gesucht und dann das deklarierte Muster von Elementen im Zielmodell erzeugt.

Nun kann es vorkommen, dass im Zielmodell bereits Teile des deklarierten Musters vorhanden sind und es nicht erwünscht ist, diese für jede gefundene Instanz im Quellmodell erneut anzulegen. Beispielsweise sollen Elemente in einem bestimmten, nur einmal vorkommenden Paket erzeugt werden. Ohne weitere Angaben würde für jedes Element im Zielmodell auch ein entsprechendes zusätzliches Paket angelegt, anstatt das bereits vorhandene zu nutzen. Um dies zu vermeiden definiert der QVT-Standard ein Konzept zur Definition von *Schlüsseln* (engl.

---

[1]Mit Hilfe von `WHEN` und `WHERE` lassen sich Relationen untereinander aufrufen und verknüpfen - ähnlich einem Unterprogrammaufruf in einer Programmiersprache. Komplexe Transformationsregeln lassen sich dadurch in mehrere einfache Regeln zerlegen (vgl. Abschnitt 5.2.2).

Keys). Mit Hilfe dieser Schlüssel kann eine Instanz auf der Zielmodellseite eindeutig identifiziert und damit entschieden werden, ob ein solches Modellelement neu angelegt oder ein
bestehendes Element stattdessen verwendet wird. Für das angeführte Beispiel müsste daher ein
solcher Schlüssel für das Paket definiert werden, z.B. der Paketname oder der Stereotyp, der
eine Identifikation ermöglicht. Dann wird nur bei der ersten Erfüllung der QVT-Relation das
Paket angelegt und bei weiteren dann das vorhandene benutzt.

Leider scheint das Schlüsselkonzept von QVT in der aktuellen Fassung des Standards noch nicht
ausgereift oder unvollständig beschrieben zu sein, da u.a. auf Abschnitte im Standard verwiesen
wird, die nicht existieren. Schlüssel werden im QVT-Standard so definiert, dass sie nur einer
Transformation zugewiesen werden können und damit gleichermaßen für alle Relationen dieser
Transformation gelten.

Beim Einsatz der QVT-Relationssprache im Rahmen dieser Arbeit hat sich jedoch gezeigt, dass
es durchaus Fälle gibt, bei denen die Schlüssel auf Relationsebene oder noch feingranularer
definiert werden müssen. Beispielsweise könnte ein Paket in einer Relation über seinen Namen
und in einer anderen Relation über seinen Stereotyp eindeutig definiert sein und das innerhalb
einer Transformation. Daher wird im Rahmen dieser Anwendung das Schlüsselkonzept so erweitert, dass damit auch feingranularere Schlüssel definiert werden können.

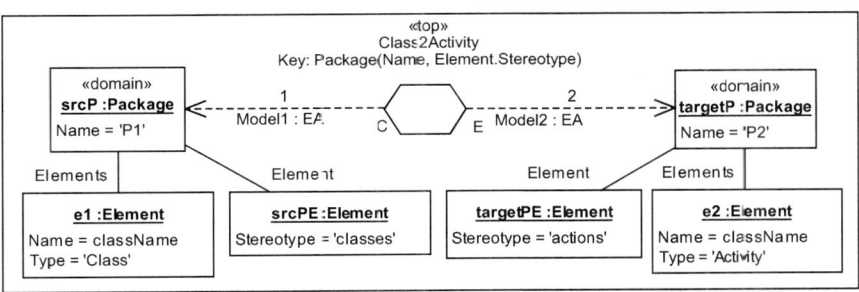

Abbildung 5.4: Beispiel einer QVT-Relation mit Schlüssel

Die Schlüssel werden dazu an den Relationen (Stereotyp «qvtRelation») durch das Tagged-
Value qvtKey angegeben (vgl. Abbildung 5.2) und innerhalb der Relation textuell angezeigt.
Abbildung 5.4 zeigt beispielhaft eine QVT-Relation mit einem Schlüssel, wie er innerhalb dieser Arbeit verwendet wird. Die Relation erzeugt für jede Klasse im Paket mit Namen P1 und
dem Stereotyp classes eine Aktivität gleichen Namens im Paket mit Namen P2 und dem Stereotyp actions. Der Schlüssel Package(Name, Element.Stereotype) sagt aus, dass
ein Paket eindeutig durch die Kombination des Attributs Name und des Attributs Stereotype
des assoziierten Elementes Element identifiziert wird. Um auf zu Assoziationen gehörende
Attribute zu verweisen, wird der Punktoperator verwendet (.).

Der gegebene Schlüssel sorgt dafür, dass bei einem bereits exisitierenden Paket im Zielmodell
(Enforce) dieses Paket nicht neu erzeugt, sondern verwendet wird, um die Aktivitäten anzulegen. Laut QVT-Standard ist es auch möglich mehrere Schlüssel für verschiedene Elemente
anzugeben. Dieses Konzept wird auch hier übernommen und die Schlüssel werden als Liste
durch Semikolon (;) getrennt.

Der Schlüssel aus obigem Beispiel bezieht sich auf alle Pakete in der gegebenen Relation. Sollen nun beispielsweise innerhalb einer Relation Elemente gleichen Types durch verschiedene Schlüssel identifiziert werden, so kann dies dadurch erfolgen, dass der Objektname zusätzlich in der Schlüsseldefinition verwendet wird. Beispielsweise würde eine Schlüsseldefinition wie `targetP:Package(Element.Stereotype)` speziell auf das Paket `targetP` verweisen. Die verwendete Notation lehnt sich dabei an die von UML bekannte Objektnotation an. Je nachdem, ob es sich um eine 1-zu-1 oder 1-zu-n Relation handelt, kann bei Verwendung von Schlüsseln auf assoziierte Elemente auch der Name des assoziierten Elements verwendet werden, beispielsweise `targetP:Package(Elements.e2.Name)`. In diesem Beispiel wird der Name des Elements `e2` der Collection als Schlüssel des Paketes angegeben. Sollen alle Attribute übereinstimmen, entfällt nach dem Elementnamen die Angabe weiterer Attribute, also z.B. `targetP:Package(Elements.e2)`.

Mit der geschilderten Erweiterung des Schlüsselkonzeptes lässt sich die Aussagekräftigkeit der QVT-Relationen im Hinblick auf die Generierung von Elementen im Zielmodell erzielen, die notwendig ist, um die im Rahmen dieses Ansatzes verwendeten Transformationen formal zu beschreiben.

5.2.2 Zuordnung der Domänen für WHEN- und WHERE-Aufrufe

Der QVT-Standard sieht für grafische Transformationsregeln vor, dass innerhalb einer Transformationsregeln weitere Transformationsregeln durch WHEN- und WHERE-Klauseln referenziert werden. Die mit WHEN und WHERE zugeordneten Relationen werden dabei textuell in entsprechend mit WHEN und WHERE bezeichneten Teilen (*compartments*) der Transformationsregeln dargestellt. Die textuelle Darstellung der referenzierten Relationen geschieht auf ähnliche Weise wie in von Programmiersprachen her bekannten Funktions- oder Methodenaufrufen. Dem Namen der Relation folgt eine in Klammern gesetzte Komma-separierte Liste von Parametern, die übergeben werden sollen (z.B. `ReferencedRelation(paramerter1, parameter2)`). Die Parameter werden während der Transformation den Domänenobjekten der referenzierten Relation zugeordnet.

Um diese Zuordnung eindeutig vornehmen zu können, muss den einzelnen Domänenobjekten eine Stelligkeit zugeordnet werden, um von der Position des Parameters in der WHEN/WHERE-Referenz eindeutig die Domäne zuordnen zu können. Der QVT-Standard für grafische Relationsregeln weist hier leider eine Lücke auf. Es wird nicht beschrieben, auf welche Art und Weise eine solche Stelligkeit des Domänenobjektes einer Relation bestimmt werden kann. Daher werden, um diese Lücke zu schließen, im umgesetzten QVT-Editor die Links zwischen dem Relationsknoten und den Domänenobjekten mit einer entsprechenden Nummer ($1..n$) versehen, um eine solche eindeutige Zuordnung zu erreichen.

5.3   Konzeption des Systemmodells

In Abschnitt 3.6 wurden als Ziele der Arbeit formuliert, dass die informellen Spezifikationsformen durch eine formalere Spezifikation ersetzt werden sollen, um daraus Testfälle automatisiert abzuleiten. Weiterhin sollen die heute enthaltenen, produktspezifischen Informationen aus den Testfällen entfernt werden, um die Wiederverwendbarkeit der Testfälle zu erhöhen und damit funktional ähnliche Produkte testen zu können.

Durch die Auswahl von SysML als Modellierungssprache liegen die Spezifikationsmodelle in einer maschinenlesbaren, formaleren Form vor und erfüllen damit die gewünschte Formalität (Anf. 4).

Um das Modell im Hinblick auf die Ableitung von Testinformationen und die bessere Wiederverwendbarkeit der Testfälle hin zu konzeptionieren, wird zunächst herausgearbeitet, welche Informationen im SysML-Modell enthalten sein müssen, um diese Ziele zu erreichen.

Daher wurde der Systemtestprozess analysiert und es wurden folgende essentiellen Prozessartefakte gefunden, die durch das Modell ersetzt oder unterstützt werden müssen:

- **Systemstrukturinformation.** Diese dient unter anderem dazu, den Systemkontext abzugrenzen und notwendige Informationen über Test- und Systemumgebung zu erhalten.

- **Verhaltensspezifikationen der Systeme als Testgrundlage.** Diese sollten durch das Modell komplett und auf eine formale Weise ersetzt werden, um automatisiert Informationen für den Systemtest ableiten zu können. Dabei ist auf eine ausreichende Informationsdichte im Hinblick auf die Ableitung von Testinformationen zu achten (*Design for Testability*).

Durch die Anforderung, Testfälle zum Testen verschiedener gleichartiger Produkte wieder verwenden zu können (Anf. 9), muss außerdem noch eine Möglichkeit gefunden werden, Testfälle in einer produktunabhängigen Weise zu spezifizieren und diese dann gemäß (Anf. 11) automatisiert zum Testen eines konkreten Produktes einzusetzen.

5.3.1 Strukturmodell

Zur Beschreibung der Struktur eines Systems stellt SysML das Blockdefinitionsdiagramm und das interne Blockdiagramm zur Verfügung. Während in der UML noch drei Diagramme existieren, um strukturelle Aspekte zu beschreiben (Klassen-, Komponenten-, Verteilungsdiagramm), verallgemeinert die SysML alle am System beteiligten Dinge und kennt nur noch den allgemeinen Block. Als Notationselement wird das von UML bekannte Klassensymbol verwendet (Klasse mit Stereotyp «block»).

Mit Hilfe des Blockdefinitionsdiagramms werden alle Arten von Blöcken, aus denen das zu modellierende System besteht, und deren strukturelle Abhängigkeiten definiert (Besteht-aus-Beziehungen).

Im internen Blockdiagramm wird dann die interne Struktur eines Blocks für ein konkretes System festgelegt. Dabei werden Instanzen der Blöcke, die so genannten *Block Properties* verwendet. Durch die Verwendung von Instanzen kann ein Block mehrfach instanziiert werden und es lassen sich die konkreten Verwendungen der Blöcke im System darstellen. Beispielsweise kann man so darstellen, dass ein Fahrzeug vier Instanzen des Blockes Rad enthält, etc.

Daher werden diese Konzepte auch hier angewandt und die Blockdiagramme in dieser Weise zur strukturellen Beschreibung des Systems verwendet.

5.3.2 Verhaltensmodell

Den wichtigsten Teil des Modells, auch im Hinblick auf die Testfallgenerierung, bildet sicherlich die Verhaltensbeschreibung des zu modellierenden Systems. Durch die Wahl von SysML als Modellierungssprache ergeben sich drei Arten von Diagrammen, die benutzt werden können,

um Verhaltensaspekte zu beschreiben: Zustandsdiagramme, Aktivitätsdiagramme und Sequenzdiagramme.

Um eine Festlegung treffen zu können, welche Art der Verhaltensmodellierung zum Einsatz
kommt, muss im Hinblick auf die oben genannten Artefakte klar werden, wie diese aufgebaut
sind, speziell die Systemtestfälle als Zielartefakt und die Systemspezifikation als Quelle.

Das Zielartefakt, ein Systemtestfall, beinhaltet folgende Arbeitsschritte:

1. Triggern des Systems von Außen, d.h. Durchführen von Aktionen aus Sicht des Benutzers
   (*Triggeraktion*).

2. Überprüfen der Reaktion des Systems und Beantworten der Frage, ob die Systemreaktion mit dem gewünschten spezifizierten Systemverhalten übereinstimmt (*Validierungs-
   aktion*).

Das Systemmodell sollte daher zumindest genügend Informationen enthalten, um solche Triggeraktionen (Schritt 1) zum Testen des Systems abzuleiten. Informationen für den Validierungs-
schritt (Schritt 2) können dann noch zusätzlich modelliert oder aus dem Modell selbst gewonnen
werden (*Modell als Testorakel*).

Die Testgrundlage für den Systemtest bilden heute informelle Spezifikationen, oftmals in Form
von Anwendungsfällen (vgl. Abschnitt 3.2.1). Diese Anwendungsfälle bestehen im Wesentlichen aus sequentiellen Beschreibungen von Intentionen der Systemumgebung (*Benutzeraktionen*) und Reaktion des Systems (*Systemaktionen*). Weiterhin enthalten Anwendungsfälle Beschreibungen von Vorbedingungen, die erfüllt sein müssen, um den Anwendungsfall aus- bzw.
durchzuführen.

Es zeigt sich, dass sowohl Test- als auch Anwendungsfälle aus Aktivitäten und Aktionen von
System und Benutzer bestehen. Daher bietet sich die Verwendung von Aktivitätsdiagrammen
zur Modellierung des Systemverhaltens an, da die bestehenden Konzepte damit leicht übertrag-
bar sind und formalisiert werden können. Die Aktivitätsmodellierung wurde mit UML2 stark
erweitert und um bewährte Konzepte aus anderen Spezifikationssprachen ergänzt (z.B. Konzepte aus SDL (vgl. Abschnitt 4.7.6)). In SysML wurde die Aktivitätsmodellierung außerdem noch
einmal leicht ergänzt (Einführung des Kontrolloperators), sodass sich nun eine mindestens äquivalente Ausdrucksmächtigkeit im Vergleich zur Verwendung von Zustandsdiagrammen ergibt.
Durch die Verwendung von Aktivitätsdiagrammen ist es weiterhin nicht nötig, die Zustände des
Systems bei Beginn der Modellierung zunächst explizit ermitteln zu müssen, wie es bei der Verwendung von Zustandsdiagrammen der Fall ist. Die Anwendungs- und Testfälle enthalten diese
Zustandsinformationen implizit und können dadurch leichter durch Aktivitätsmodellierung als
durch Zustandsmodellierung beschrieben werden. Sollten Zustandsdiagramme eingesetzt werden, so müssten zunächst die Zustände des Systems ermittelt werden.

Die dritte mögliche Diagrammart zur Verhaltensmodellierung, die verwendet werden könnte,
die Sequenzdiagramme, sind für eine komplette Verhaltensspezifikation nur schlecht geeignet,
da sie immer nur eine begrenzte Sicht auf ein zeitliches Kommunikationsverhalten zwischen
verschiedenen Kommunikationspartnern im System abbilden. Sie stellen dadurch immer nur
eine begrenzte Sicht auf das System dar. Durch die in UML2 neu hinzugekommenen Merkmale zur Beschreibung alternativer und optionaler Abläufe werden die Beschreibungsmittel zwar
weiter ausgebaut, um jedoch das Systemverhalten mit vielen Alternativen zu modellieren, werden sehr große und damit unübersichtliche Diagramme notwendig. Zur besseren Strukturierung
von Sequenzdiagrammen werden in UML2 die Interaktionsübersichtsdiagramme verwendet,

die auf den Aktivitätsdiagrammen basieren. Damit stellt sich die Frage, warum dann nicht gleich durchgängig Aktivitätsdiagramme verwendet werden, die durch die Verwendung von Entscheidungsknoten die Möglichkeit bieten, alternative Abläufe auf eine kompakte Art darzustellen und zu modellieren. Daher werden Sequenzdiagramme zur Verhaltensbeschreibung nicht herangezogen.

Ein weiterer Nachteil, den sowohl Zustands- als auch Sequenzdiagramme haben, ist die fehlende Möglichkeit der expliziten Darstellung von Objekt- bzw. Datenflüssen im System. Dieser Nachteil zeigt sich auch bei der Verwendung von Message Sequence Charts zur Spezifikation des dynamischen MOST Verhaltens. Dabei können Zusammenhänge zwischen Ausgangs- und Eingangsdaten nicht effizient modelliert werden (vgl. Abschnitt 2.4.2).

Aktivitätsdiagramme hingegen bieten seit UML2 erweiterte Möglichkeiten solche Datenflüsse mit Hilfe von Ports und Objektflusskanten zu beschreiben.

Die Gesamtheit aller Vorzüge der Aktivitätsdiagramme im Hinblick auf die gegebene Problemstellung führt daher dazu, dass Aktivitätsdiagramme ausgewählt und verwendet werden, um die Aspekte des dynamischen Systemverhaltens im Modell zu beschreiben.

5.4 Strukturierung des Modells

Neben der Festlegung der Modellierungssprache ist es zwingend erforderlich, auch eine Modellstruktur zu definieren, die vorgibt, welche Systemaspekte wo im Modell zu finden sind. Im Hinblick auf SysML lassen sich die Modelle durch Pakete strukturieren. Die Pakete enthalten die Modellelemente und Diagramme und/oder weitere Unterpakete. Durch den Einsatz von Stereotypen können nicht nur den Modellelementen, sondern auch den Paketen erweiterte Bedeutungen (Semantik) zugeordnet werden. Damit lässt sich das Modell klar strukturieren, da man auf diese Art und Weise festlegen kann, dass ein Paket bestimmte Modellelemente mit festgelegten Bedeutungen enthält, und es erfüllt damit die Anforderung an eine übersichtliche Strukturierung (Anf. 8).

Um die Problematik der Vermischung von produktspezifischen und produktunspezifischen Aspekten in den Testfällen zu vermeiden, wird die Modellstruktur so konzipiert, dass schon im Spezifikationsmodell eine solche klare Trennung dazwischen vorliegt. Beim Modellieren oder Generieren von Testfällen können diese dann in einer funktionalen Art und Weise beschrieben werden und damit zum Testen von diversen Systemen mit gleicher Funktionalität eingesetzt werden.

Auf der obersten Paketebene bekommt das Modell eine dreiteilige Modellarchitektur, bestehend aus einem produktspezifischen Teil, einem produktunspezifischen, funktionalen Teil und dem Modellteil der Mensch-Maschine-Schnittstelle (HMI). Abbildung 5.5 veranschaulicht die gewählte Unterteilung des Systemmodells.

5.4.1 Funktionaler Teil

Im funktionalen Teil des Systemmodells sind alle Informationen des Systems enthalten, welche ausschließlich die funktionalen Aspekte, unabhängig von der konkreten Umsetzung beschreiben. Dabei sind die Informationen in diesem Modellteil für Systeme einer Domäne spezifisch. Das hier als Beispiel verwendete Audiosystem, bestehend aus CD-Player und Verstärker bildet eine solche Domäne. Die Systembeschreibung eines CD-Players auf funktionaler Ebene

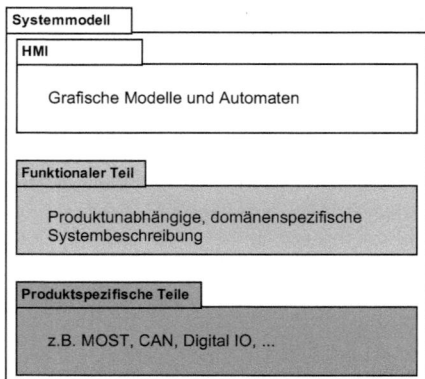

Abbildung 5.5: Dreiteilige Modellarchitektur

ist unabhängig davon, ob es sich um ein Gerät im Automotivebereich oder im Consumerelektronikbereich handelt. Beide Geräte besitzen gleichartige Eigenschaften, wie die Wiedergabe einer CD. Sie gehören damit funktional zur gleichen Domäne und unterscheiden sich in der technischen Realisierung. Diese technischen Aspekte werden im funktionalen Modellteil jedoch nicht betrachtet, sondern erst im produktspezifischen Teil des Modells. In Analogie zu Anwendungsfällen beschreibt der funktionale Modellteil, *WAS* das System an Funktionalität bietet, und der produktspezifische Teil, *WIE* diese Funktionalität technisch umgesetzt wird - analog der Implementierung eines Anwendungsfalles.

Benutzer- und Systemaktivitäten

Um das Verhalten im funktionalen Teil zu beschreiben, werden so genannte *Benutzer-* und *Systemaktivitäten* für das jeweilige System definiert und verwendet. Diese beschreiben das Verhalten, getrennt nach extrener und interner Systemsicht.

Die **Benutzeraktivitäten** entsprechen den Triggeraktionen in Test- und Anwendungsfällen und bilden die nach außen sichtbare Systemfunktionalität aus der Sicht des Systembenutzers ab. Sie beschreiben alle Aktivitäten, die ein Benutzer mit dem System durchführen kann und das System wird dabei als Black-Box betrachtet. Bezogen auf das hier verwendete Anwendungsbeispiel des automobilen Audiosystems aus CD-Player und Verstärker bilden beispielsweise `Wiedergabe starten` oder `Lautstärke einstellen` Benutzeraktivitäten von CD-Player und Verstärker.

Die **Systemaktivitäten** hingegen beschreiben Verhalten des Systems selbst aus dessen Sicht (internes Verhalten). `Wiedergabe durchführen` ist beispielsweise eine Systemaktivität des CD-Players. Systemaktivitäten werden durch die Benutzeraktivitäten zwar beeinflusst, aber vom System eigenständig durchgeführt.

Testfälle als Sequenzen von Benutzeraktionen

Testfälle lassen sich nun als Sequenzen von Benutzeraktionen und nachfolgenden Validierungs-
schritten produktunabhängig auf funktionaler Ebene beschreiben. Abbildung 5.6 zeigt ein Beispiel eines solchen Testfalls für ein System, bestehend aus CD-Player und Verstärker. Zunächst
erfolgt eine Initialisierung der Systems. Danach wird die Wiedergabe am CD-Player gestartet
und die Lautstärke am Verstärker auf 25 Prozent eingestellt.

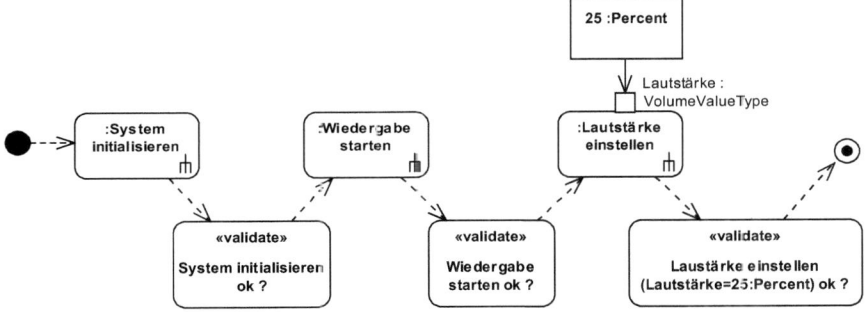

Abbildung 5.6: Beispiel eines Testfalles auf funktionaler Ebene

Ein solcher, auf funktionaler Ebene beschriebener Testfall kann sofort als manueller Testfall
zum Testen eines Systems der Anwendungsdomäne - hier CD-Player/Verstärker-System - eingesetzt werden. Dabei spielt es keine Rolle, ob es sich bei diesem System um ein Car Multimedia System mit MOST-Schnittstelle oder ein System einer Hifi-Anlage handelt, da die funktionalen Aktivitäten für alle Systeme ihrer Anwendungsdomäne gelten - Multimediasysteme
bestehend aus CD-Player und Verstärker. Die einzige Voraussetzung zur Testdurchführung ist,
dass die modellierten Benutzeraktivitäten von dem zu testenden System zur Verfügung gestellt
werden.

Die Triggeraktionen der Testfallsequenz sind dabei Instanzen der zuvor im funktionalen Modellteil spezifizierten Benutzeraktivitäten. Jeder dieser Aktionen ist jeweils eine Aktion nach-
geschaltet, welche die Validierung des Systemverhaltens durchführt (Stereotyp «validate»). Im
Rahmen des hier beschriebenen Ansatzes bestehen diese Validierungsaktionen nur aus einer
textuellen, mit Ja oder Nein zu beantwortenden Nachfrage, ob die vorangegangene Benutzeraktion erfolgreich war.

Dies führt zwangsläufig bestenfalls zu einer halbautomatischen Testausführung, bei der ein
Testingenieur die Validierung manuell durchführt. Dieser Weg wurde gewählt, da es im Bereich
der Telematik sehr aufwändig ist, die Validierung der Systeme voll automatisch durchzuführen.
Der Hauptgrund dafür liegt in den Daten begründet, die validiert werden müssen. Dabei handelt
es sich um Audio- und Videodaten sowie Anzeigen des HMI wie beispielsweise Kartendarstellungen des Navigationssystems. So wird die Validierung zunächst manuell durchgeführt. Das
Modell schließt aber keinesfalls aus, diese Validierungsaktionen zukünftig durch Aktionen zu
ersetzen, die in der Lage sind, die Validierung voll automatisiert durchzuführen.

Der Testfall aus Abbildung 5.6 stellt lediglich ein kleines, von Hand modelliertes Beispiel dar.
Neben der Möglichkeit, Testfälle per Hand zu erstellen, ist es außerdem erklärtes Ziel dieser Ar-

beit, solche Testfälle auch automatisiert aus dem Systemmodell abzuleiten. Eine Beschreibung der Strategien zur automatischen Testfallgenerierung erfolgt in Kapitel 6.

Dabei sollen sowohl manuell erstellte als auch automatisch generierte Testfälle gleichfalls auf der funktionalen Ebene mit Hilfe der Benutzeraktionen beschrieben werden, um die Wiederverwendbarkeit sicherzustellen. Aufgrund dessen wird deutlich, dass es sich bei dem beschriebenen Ansatz um ein hybrides Verfahren handelt, dass beide Möglichkeiten der Testfallerstellung explizit mit einschließt und damit die Möglichkeit bietet automatisch generierte Testfälle um manuell erstellte zu ergänzen. Gründe dafür können sein, dass bei der automatisierten Generierung bestimmte Testbereiche aufgrund fehlender Informationen im Modell nicht abgedeckt werden können, oder beispielsweise vorhandene, manuell erstellte Testfälle auch weiterhin zum Einsatz kommen sollen.

5.4.2 Produktspezifischer Teil

Im zweiten, dem produktspezifischen Teil des Systemmodells werden die produktspezifischen, technischen Aspekte des Systems beschrieben. Hier finden sich Informationen über die konkrete Umsetzung der Funktionalität des zu entwickelnden, bzw. zu testenden Systems. Es wird spezifiziert, was auf technischer Ebene notwendig ist um die gewünschten funktionalen Aktivitäten bzw. Aktionen umzusetzen.

Dies erfolgt unter Verwendung von technischem Detailwissen, das für die konkrete Umsetzungsdomäne gilt. Im Car Multimedia Bereich gehören zu diesem Domänenwissen beispielsweise die Erkenntnisse über die eingesetzten Bussysteme, wie CAN und/oder MOST, als auch Wissen über die eingesetzte Testumgebung und deren konkrete Ansteuerung.

Durch die klare Trennung von produktspezifischen, technischen und funktionalen Aspekten des Systems im Modell kann eine Wiederverwendung der funktionalen Testfälle gewährleistet und gleichzeitig eine Überführung eines funktionalen in einen für ein konkretes Produkt ausführbaren Testfall erreicht werden.

An dieser Stelle soll nur der Kerngedanke der Trennung von funktionalem und produktspezifischen Modellteil erläutert werden. Welche Modellierungskonzepte und Modellelemente entwickelt wurden, um eine durchgängige Transformation eines funktionalen in einen ausführbaren produktspezifischen Testfall zu ermöglichen, ist ausführlich in Kapitel 7 beschrieben.

5.4.3 Mensch-Maschine-Schnittstelle (HMI)

Der dritte Modellteil, der insbesondere bei Car Multimediasystemen und PC-Applikationen mit grafischer Schnittstelle eine Rolle spielt, ist die Mensch-Maschine-Schnittstelle (engl. *Human Machine Interface*, HMI). Zur vollständigen Modell-basierten Beschreibung eines Car Multimedia Systems gehört daher auch die Modellierung dieses Systemteils.

Leider bietet die UML und auch die SysML bislang keine standardisierten Modellelemente an, um HMIs zu modellieren. Hingegen existieren eine Reihe von proprietären Werkzeugen, um ein solches HMI-Modell zu erstellen.

Das Werkzeug GUIDE der Firma Elektrobit (vormals 3Soft) [3SO04], [Fle07a] bietet einen grafischen Editor, mit dem das Aussehen der Menüs des HMI vollständig modelliert werden kann. Die Zusammenhänge und das Verhalten der Menüstrukturen wird mit Hilfe von Zustandsautomaten modelliert.

Ein sehr ähnliches Konzept bietet auch das Werkzeug INSIDES der Firma Princess Interactive [PRI06]. Es benutzt prinzipiell die gleichen Konzepte wie GUIDE, jedoch gehen hier die grafischen Möglichkeiten viel weiter. Mit dem Werkzeug lassen sich nicht nur die grafischen Menüstrukturen, sondern auch die Systemumgebung realitätsnah in 3D modellieren und simulieren. Hauptsächlicher Einsatzzweck dieses Werkzeuges liegt in der frühen Entwicklungsphase von Fahrzeugen. Mit der Simulation des Designs von System und Systemumgebung im Fahrzeug lassen sich Designentscheidungen treffen, ohne entsprechende reale Prototypen aufbauen zu müssen. Auch INSIDES verwendet wie GUIDE Zustandsautomaten, um das Verhalten der Menüstrukturen zu beschreiben.

Im Rahmen dieser Arbeit wird die Modellierung des HMI explizit ausgeklammert und dies hat folgende Gründe: Die beschriebenen Werkzeuge eignen sich sehr viel besser zur Modellierung des HMI als die hier verwendete Modellierungssprache SysML. Weiterhin sind diese Werkzeuge im Stande aus den Modellen entsprechenden Implementierungscode oder einen Export des Modells in ein leicht lesbares Datenformat (z.B. XML) zu erzeugen. Aufgrund dessen werden die Werkzeuge bereits in der Praxis verwendet und es wäre sehr fraglich, ob ein im Rahmen dieser Arbeit entwickelter neuer Ansatz die etablierten Modell-basierten Verfahren ersetzen könnte.

Hinzu kommt, dass im System- und Fahrzeugintegrationstest sehr oft Tests von Teilsystemen gemacht werden, um diese als Fehlerquelle für das Gesamtsystem auszuschließen. Beispielsweise wird bei der Gesamtintegration das komplette Telematiksystem inklusive des HMI getestet und bei einer Fehlfunktion ist dann unklar, welches Teilsystem den Fehler verursacht hat. Daher werden die Teilsysteme dann oder bereits im Vorfeld ohne HMI in einer speziellen Testumgebung getestet und nach und nach wieder integriert.

Dieser Vorgang ist vergleichbar mit dem Integrationstest in einem Softwareprojekt, wo auch einzelne Komponenten oder Bibliotheken zunächst in einer definierten Umgebung getestet werden, bevor dann das integrierte System einem System- bzw. Systemintegrationstest unterzogen wird.

Der hier vorgestellte Ansatz mit Systembeschreibung auf funktionaler Ebene durch Benutzer und Systemaktivitäten schließt jedoch die Kopplung dieses Systemmodells und des mit einem externen Werkzeug erstellten HMI-Modells keinesfalls aus - im Gegenteil: Durch die explizite Beschreibung der funktionalen Aspekte des Systems spielt es zunächst keine Rolle, wie diese Funktion technisch umgesetzt wird. Eine Kopplung zwischen HMI-Modell und funktionalem SysML-Modell wird dadurch erreichbar, dass das HMI als Benutzer des funktionalen Modells die zur Verfügung stehenden Benutzeraktivitäten des Systems nutzt. Dadurch ergibt sich eine Kopplung des HMI an die funktionale Systemebene und nicht an die technikspezifischen Aspekte. Das bedeutet, dass ein HMI-Modell leicht austauschbar wird, da die funktionalen Aspekte unabhängig der technischen Realisierung gültig bleiben und eine Ankopplung der HMI-Funktionen an das konkrete System durch eine Transformation der funktionalen Aspekte zu den technischen, analog zur produktspezifischen Testfallgenerierung möglich ist.

Darüber hinaus enthält das funktionale Modell Informationen über die Reihenfolge der Ausführbarkeit der Benutzeraktivitäten in Form von Vorbedingungen (vgl. Kapitel 6). Diese für die Testfallgenerierung notwendigen und verwendeten Informationen, könnten gleichermaßen auch für eine Überprüfung des HMI-Modells verwendet werden. Beispielsweise könnte damit überprüft werden, ob eine Benutzeraktion durch das HMI verwendet wird, obwohl sie aufgrund des momentanen Systemzustandes nicht ausgeführt werden kann.

Das funktionale Modell könnte damit eine Kopplung zwischen HMI-Modell und Systemver-
haltensmodell in beide Richtungen (Ausführung der Benutzeraktivitäten und Rückmeldung des
Systemzustandes) bilden.

5.5 Modell-basierter Testprozess

Ein Modell-basierter Systemtestprozess, wie er aufgrund des hier vorgestellten Ansatzes aussehen kann, ist in Abbildung 5.7 schematisch dargestellt. Im Gegensatz zu dem in Abschnitt 3.6
beschriebenen und durch Abbildung 3.10 illustrierten heutigen Testprozess bildet hierbei das
Modell des Systems und nicht mehr der Testentwickler den zentralen Bestandteil.

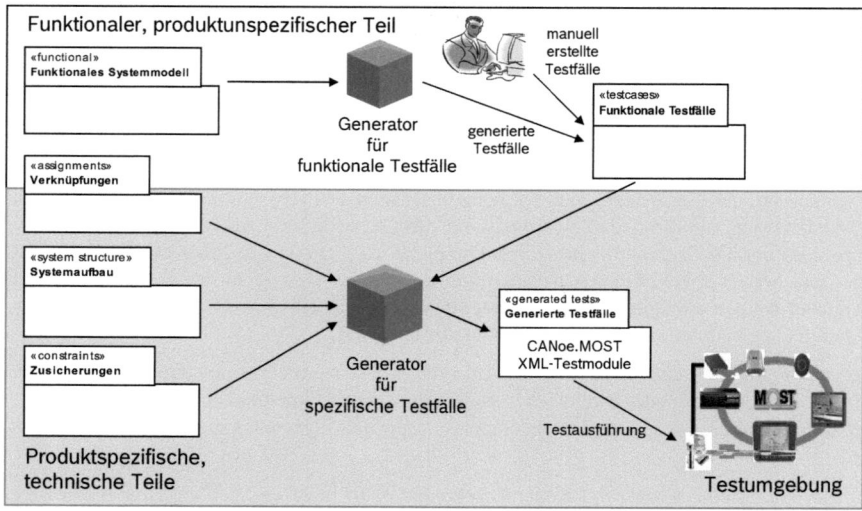

Abbildung 5.7: Modell-basierter Testprozess

Nun ist eine klare Trennung zwischen funktionalen und produktspezifischen Aspekten erfolgt,
so dass die auf funktionaler Ebene beschriebenen Testfälle zum Testen ähnlicher Produkte der
gleichen Anwendungsdomäne verwendet werden können.

Im Mittelpunkt des Modell-basierten Testprozess stehen dabei zwei Generatorschritte. In einem
ersten Generierungsschritt werden Testfälle aus dem funktionalen Modell abgeleitet. In einem
zweiten Schritt diese Testfälle zu produktspezifischen, automatisierbaren Tests transformiert.
Verknüpfungen zwischen beiden Ebenen erlauben eine Zuordnung der beiden Modellteile zueinander, so dass eine Generierung von produktspezifischen Testfällen aus den funktionalen
Tests ermöglicht wird.

Die beiden Generatorschritte und die notwendigen Modelldetails werden in den folgenden beiden Kapiteln 6 und 7 detailliert beschrieben.

Nichtsdestotrotz ist der vorgeschlagene, Modell-basierte Prozess ein hybrider Prozess, bei dem
weiterhin auch Testfälle von Hand durch Testentwickler erstellt werden können. Dabei geschieht dies wiederum als funktionale Testfälle und den damit verbundenen Vorteilen.

Dieser Modell-basierte Testprozess lässt sich außerdem in zwei Stufen realisieren. Zunächst könnte nur eine Modell-basierte Trennung zwischen den funktionalen und projektspezifischen Aspekten der Systeme erfolgen, ohne dabei die Möglichkeit der automatischen Testfallgenerierung auf funktionaler Ebene zu nutzen. Die funktionalen Testfälle werden weiterhin per Hand als SysML-Aktivitätssequenzen erstellt. Erst in einem zweiten Schritt wird das funktionale Modell dann so erweitert, dass eine automatisierte Testfallgenerierung möglich ist. Damit kann sukzessive von der heutigen Praxis, bei der die Testfälle von Hand entwickelt werden, zu einem übergreifenden Modell-basierten Testen übergegangen werden.

5.6 Formale Beschreibung der Modellstruktur

5.6.1 Funktionaler Modellteil

Wie bereits im vorangegangen Abschnitt 5.4 dargelegt wurde, besteht das Modell aus drei Hauptteilen. Bei der Erstellung eines komplett neuen Systemmodells wird mit dem zentralen, funktionalen Teil des Modells begonnen, da die beiden anderen Modellteile, wie sich zeigen wird, darauf aufbauen.

In Abbildung 5.8 ist die für die Erstellung der obersten Paketebene des funktionalen Teils notwendige QVT-Regel gegeben. Auffällig an dieser Regel ist, dass es nur eine Enforce-Domäne gibt. Dies liegt daran, dass die Modellelemente aus einem leeren Modell ohne Vorbedingungen einer Quellregelseite erzeugt werden (neues Modell).

Jedes der Pakete und Unterpakete wird durch einen speziellen Stereotyp gekennzeichnet. Dies erlaubt eine Identifikation des jeweiligen Paketes innerhalb eines Generierungs- bzw. Transformationsprozess und der Modellinhalte bei der Nutzung des Modells durch Benutzer bzw. Modellierer (Navigation). Die Pakete sind eindeutig durch den Stereotypen bestimmt und nicht (nur) durch den Paketnamen. Somit kann der Paketname frei gewählt werden, beispielsweise um die Paketnamen in der Muttersprache der Anwender zu benennen. In der dargestellten Regel werden die Pakete mit deutschen Namen versehen. Genauso gut können sie aber auch in einer anderen Sprache bezeichnet werden (z.B. in Englisch). Durch die Beibehaltung der Stereotypen kann ein darauf basierender Transformationsprozess dann auch mit anderssprachig benannten Teilen auf die gleiche Art und Weise umgehen. Dieses Konzept, mit Hilfe von Stereotypen Modellelemente eindeutig für einen Transformationsprozess identifizierbar zu machen, wird in allen zu definierenden Modellstrukturen so angewandt.

Das zu oberst angelegte Paket *Funktionales Modell* (Stereotyp «functional») ist das Wurzelpaket des funktionalen Modellteiles und beinhaltet diesen mit seinen Unterpaketen. Bei der Modellerstellung werden dabei drei Unterpakete erzeugt:

Zunächst ein Paket, das die strukturellen Informationen des Systems auf funktionaler Ebene aufnimmt (Stereotyp «system structure»). Innerhalb diese Paketes können und werden gemäß der SysML-Spezifikation Blockdiagramme eingesetzt, um die statische Systemstruktur zu spezifizieren. Das zweite angelegte Unterpaket im funktionalen Modellteil nimmt die Testfälle auf (Stereotyp «testcases»). Dabei kann innerhalb dieses Paketes eine beliebige, dem jeweiligen Testprozess angepasste Unterstruktur verwendet werden. Die Testfälle werden gemäß der SysML-Spezifikation als um den Stereotyp «testCase» annotierte Aktivitäten modelliert, welche die eigentliche Testsequenz als Aktionssequenz beinhalten.

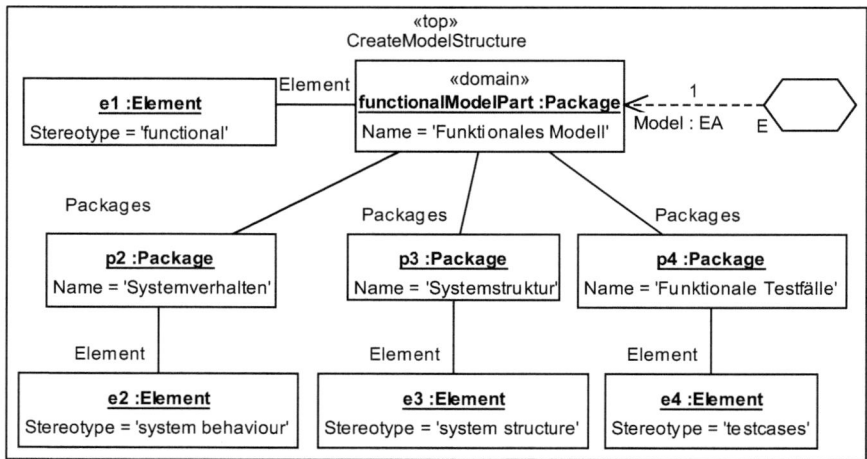

Abbildung 5.8: QVT-Regel zur Erstellung der obersten Paketstruktur des Modells

Als drittes Unterpaket im funktionalen Modell wird ein Paket für alle Elemente, die das System-verhalten beschreiben (Stereotyp «system behaviour»), angelegt. Die Beschreibung des Sys-temverhaltens bildet den wichtigsten und ausführlichsten Teil der funktionalen Modellebene.

Angewendet auf ein leeres Modell ergibt die QVT-Regel aus Abbildung 5.8 das in Abbildung 5.9 dargestellte Resultat.

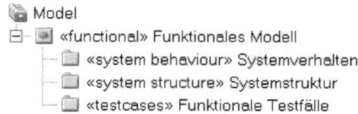

Abbildung 5.9: Ergebnis der Ausführung der obersten QVT-Relation zum Anlegen der Modellstruktur

Das Paket, das im funktionalen Modellteil das Systemverhalten beschreibt, wird durch zusätz-liche definierte Unterpakete weiter strukturiert. Diese ergeben sich zum Teil aufgrund der Sys-temstruktur, die zuvor im Systemstrukturpaket des Modells in Form von SysML-Blöcken er-stellt werden muss.

Die QVT-Regel zum Anlegen dieser Unterpaketstruktur der Verhaltensbeschreibung zeigt Ab-bildung 5.10. Diesmal sind im Gegensatz zu der vorherigen Regel zwei Domänen an der QVT-Relation beteiligt. Bei der zweiten Domäne handelt es sich um eine Checkonly-Domäne, die dazu verwendet wird, die Blöcke im Systemstrukturpaket des funktionalen Modells zu suchen. Der Blockname dient dann auf der Enforce-Seite als Name für das anzulegende Subsystem-Paket.

Für jeden Block wird ein entsprechendes Subsystem-Paket angelegt und unter diesem die dar-gestellte Paketstruktur. Ein **Subsystem** stellt dabei ein System dar, das funktional zusammen hängt. Im verwendeten Beispiel stellen der CD-Player, der Verstärker und das Gesamtsystem solche Subsysteme dar.

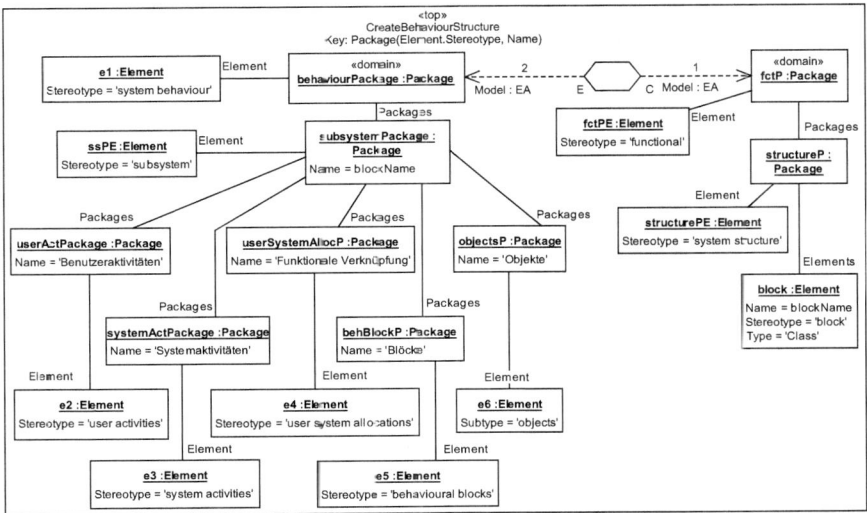

Abbildung 5.10: Struktur der Unterpakete des Systemverhaltens

Jedes Subsystem-Paket enthält Unterpakete zur Aufnahme der Benutzer und Systemaktivitäten
(Stereotypen «user activities» und «system activities») sowie ein Paket für die Beschreibung
der funktionalen Verknüfungen (Stereotyp «user system allocation») zwischen beiden Ak-
tivitätsarten (vgl. Kapitel 6). Hinzu kommen noch zwei weitere Pakete zur Aufnahme von
Blöcken und deren Instanzen (Objekte). die für die Verhaltens- und Testfallbeschreibung notwendig sind (Stereotypen «blocks» und «objects»).

Das Aussehen des Modells nach Ausführung dieser QVT-Regel gibt Abbildung 5.11 wieder.

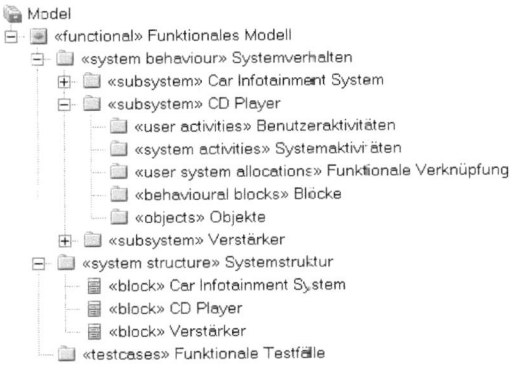

Abbildung 5.11: Modell nach Ausführung der Regel zum Anlegen der Unterpakete im Verhaltensmodell

Auf die genauen Bedeutungen und Notwendigkeit der Pakete und der darin enthaltenen Elemente, wird detailliert in den folgenden Abschnitten und Kapiteln eingegangen.

5.6.2 Produktspezifischer Teil

Der zweite Teil des Modells besteht aus dem Modellteil, der die spezifischen, technologischen Aspekte des Systems beschreibt. Im Gegensatz zum funktionalen Teil, den es nur einmal gibt, gibt es für jedes Produkt einen eigenen produktspezifischen Teil. Da in der Automobilindustrie bei der Entwicklung eines Produktes sehr häufig von einem Projekt gesprochen wird, werden diese beiden Begrifflichkeiten in diesem Sinne teilweise synonym verwendet.

Wie im funktionalen Teil auch, werden im produktspezifischen Teil gleichermaßen definierte Paketstrukturen und Stereotypen verwendet, um das Modell zu strukturieren. Beim Anlegen eines produktspezifischen Teiles werden dabei Informationen aus dem funktionalen Teil verwendet, um eine Kopplung zwischen beiden Modellteilen herzustellen. Abbildung 5.12 zeigt die QVT-Relation zum Anlegen der obersten Paketstruktur eines Projektes. Diese Regel wird nur ausgeführt, wenn im Modell bereits die entsprechende Struktur des funktionalen Teils gefunden wird (linke Regelseite). Eine primitive Domain fragt einen Projekt- bzw. Produktnamen für das anzulegende Projekt ab.

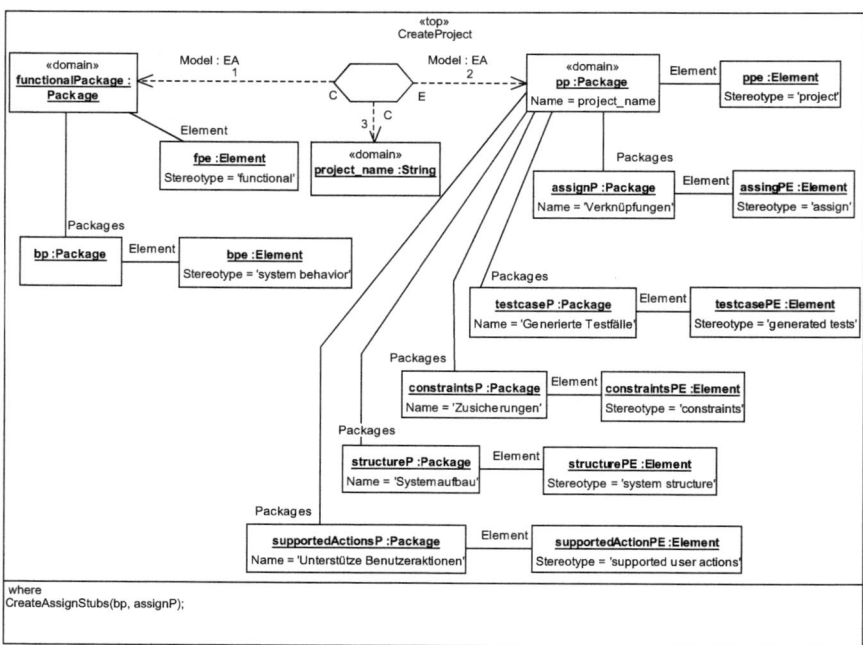

Abbildung 5.12: Oberste Transformationsregel zum Anlegen der Projektpaketstruktur

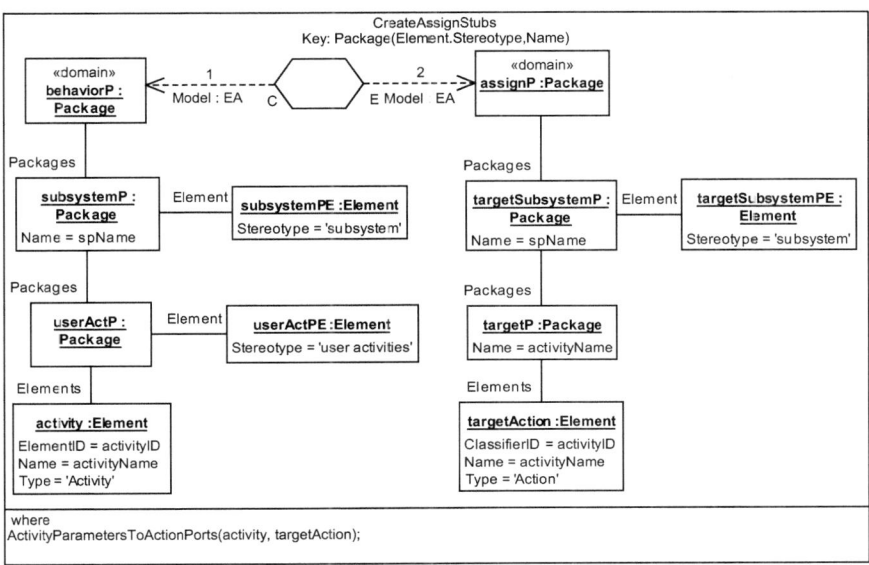

Abbildung 5.13: Anlegen der leeren Verknüpfung zur Benutzeraktivität im projektspezifischen Modellteil

Auf der Zielseite (Enforce) werden dann die produktspezifischen Pakete angelegt. An dieser Stelle wird nur kurz auf die Semantik der Pakete eingegangen. Eine ausführliche Beschreibung dazu findet sich im folgenden Kapitel 7, das die Generierung von produktspezifischen, ausführbaren Testfällen beschreibt.

Das zu äußerst angelegte, und damit das Wurzelpaket des produktspezifischen Modellteils bekommt den Namen des Produktes und den Stereotyp «project» zugewiesen. Darunter befin-

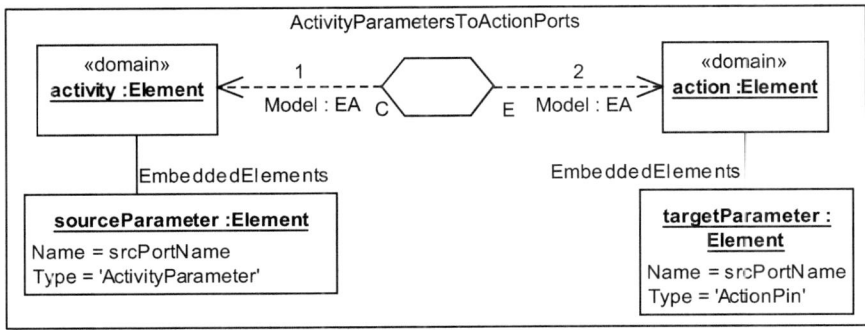

Abbildung 5.14: Transformation der Aktivitätsparameter zu Ports

den sich fünf vordefinierte Pakete. Im Paket *Systemaufbau* (Stereotyp «system structure») ist das Modell der technischen Systemstruktur abgelegt. Dies kann beispielsweise ein MOST-spezifischer Aufbau eines Car Multimedia Systems sein.

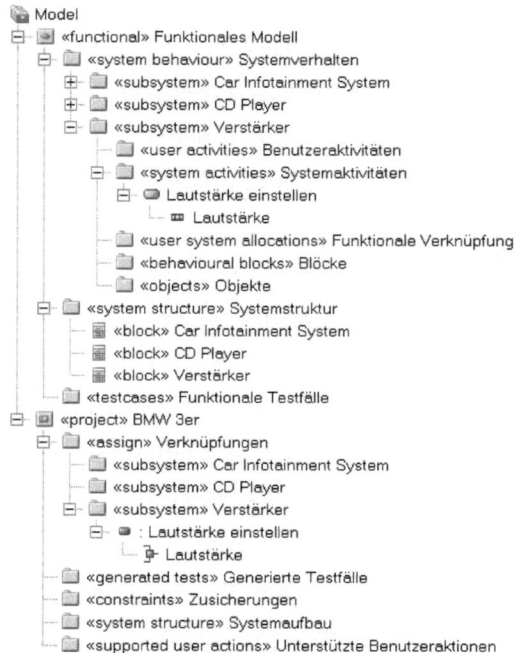

Abbildung 5.15: Beispiel eines Transformationsergebnisses der Regel `CreateProject`

Das Paket *Generierte Testfälle* nimmt die aus den funktionalen Testfällen generierten produktspezifischen Testfälle auf. Die weiteren Pakete beinhalten Informationen, die zur Beschreibung der Zusammenhänge zwischen funktionalen und produktspezifischen Aspekten (Pakete *Verknüpfungen* und *Zusicherungen*) sowie zur Steuerung der Testfallgenerierung (Paket *Unterstützte Benutzeraktivitäten*) benötigt werden.

Die QVT-Relation aus Abbildung 5.12 besitzt des weiteren eine WHERE-Bedingung und ruft damit eine weitere Unterrelation `CreateAssignStubs` auf. Solchen Unterrelationen fehlt im Gegensatz zu so genannten Top-Level Relationen die Kennzeichnung durch den Stereotyp «top».

Die durch `CreateProject` aufgerufene Unterrelation zeigt Abbildung 5.13. Durch sie wird für jede Benutzeraktivität aus dem funktionalen Modellteil im produktspezifischen Paket *Verknüpfungen* eine entsprechende Instanz dieser Benutzeraktivitäten als Aktion angelegt. Die Paket- und Namensstruktur der Subsystempakete aus dem funktionalen Modellteil wird dabei gleichfalls übernommen. Durch diese Instanzen der Benutzeraktivitäten wird die Verknüpfung zwischen dem produktspezifischen und dem funktionalen Modellteil hergestellt (vgl. Kapitel 7).

Auch durch die Relation 5.13 erfolgt in der WHERE-Bedingung ein weiterer Unteraufruf einer Relation. Die Relation `ActivityParametersToActionPorts` (Abbildung 5.14) fügt gleichnamige Ports den angelegten Aktionen im produktspezifischen Teil hinzu für den Fall, dass eine Benutzeraktion auf der funktionalen Ebene einen oder mehrere Parameter (`ActivityParameter`) besitzt. Damit werden die verknüpfenden Aktivitätsinstanzen (Aktionen) auch um die entsprechenden Parameter vervollständigt. Da durch die Relationen kein weiterer Unteraufruf anderer Regeln stattfindet, ist damit die Erstellung der Grundstruktur eines Projektes abgeschlossen.

In Abbildung 5.15 ist beispielhaft das Ergebnis einer solchen Transformation zum Anlegen eines Projektes gezeigt. Als Projektname wurde hier `BMW 3er` gewählt. Für die im funktionalen Modellteil vorhandene Benutzeraktivität `Lautstärke einstellen` wurde im generierten Projekt eine entsprechende Verknüpfung angelegt, die nun detailliert ausmodelliert werden kann.

5.7 Testdurchführung

Neben der Auswahl der Modellierungs- und Transformationssprache muss außerdem noch festgelegt werden, wie Testfälle auf dem konkreten System ausgeführt werden sollen. Dabei muss insbesondere die Testbeschreibungssprache und damit das Zielformat der Testfallbeschreibung festgelegt werden.

In Abschnitt 3.4 wurden das UML2-Testing-Profil sowie die beiden Low-Level Beschreibungssprachen TTCN-3 und Vector XML-Testmodule betrachtet. Prinzipiell können zur Testausführung beide Low-Level Beschreibungssprachen verwendet werden. Vector CANoe.MOST stellt jedoch zur Zeit das Standardentwicklungswerkzeug im Telematikbereich dar. Das Werkzeug und entsprechende Simulationsumgebungen sind vorhanden. Im Gegensatz dazu müsste bei Verwendung von TTCN-3 erst eine entsprechende Adaptierung der Testumgebung vorgenommen werden. Aufgrund dessen wird Vector CANoe.MOST ausgewählt, um als Testtreiber innerhalb der Testumgebung in XML beschriebene Testfälle auszuführen.

Um Testfälle auf Modellebene zu beschreiben, werden, wo immer möglich, Konzepte und Stereotypen des UML2 Testing Profiles (U2TP) verwendet. Einige der Konzepte des U2TP werden durch den SysML-Standard auch bereits übernommen, beispielsweise der Stereotyp «test-Case» zur Markierung von Testfällen oder die Testbewertungen (*Verdicts*) `pass` und `fail` [OMG06b, S.149].

Somit sind alle Sprachen und Formate festgelegt, die benötigt werden, um im Rahmen dieser Arbeit Car Multimedia Systeme Modell-basiert zu testen. SysML dient dabei als Modellierungssprache, um die Systeme zu spezifizieren und damit die Testgrundlage zu bilden. Als Zielformat für die Testausführung wird das Vector CANoe.MOST XML-Testmodul verwendet. Notwendige Modelltransformationen werden mit Hilfe der QVT-Relationssprache grafisch beschrieben.

5.8 Verwandte Arbeiten

Den Einsatz der UML zur Beschreibung von Anwendungen in der Modellierung von Automobilsoftware beschreiben Engels, Gaulke und Sauer in [EGS99]. Mit dieser, in Zusammenarbeit mit DaimlerChrysler entwickelten *Automotive UML* wird die statische Systemstruktur als Klassendiagramm modelliert und das dynamische Verhalten mit Hilfe von Zustandsdiagrammen. Sehr ähnliche Konzepte sind auch in die SysML eingeflossen, die hier in dieser Arbeit Verwendung findet. Dabei ersetzen die Blockdiagramme die Klassendiagramme und erlauben die strukturelle Beschreibung. Neben den rein funktionalen Aspekten wird in [EGS99] auch ein Konzept speziell für die Modellierung von Mulitmediaanwendungen im Fahrzeug vorgestellt. Dabei wird ein domänenspezifischer Diagrammtyp, das Präsentationsdiagramm, zur Modellierung der Mensch-Maschine-Schnittstelle (HMI) eingeführt. Im Rahmen dieser Arbeit wird das HMI nur am Rande betrachtet, da der Fokus auf den funktionalen Aspekten der Systeme liegt und das HMI als Aufsatz dieser funktionalen Bestandteile angesehen wird. Es wird somit austauschbar.

Leider scheint der Ansatz der Automotive UML nicht weiter verfolgt zu werden und wird daher hier auch nicht eingesetzt und weiter betrachtet.

Ein weiterer Ansatz zur Beschreibung des HMI ist die *Infotainment Markup Language* der Firma IAV [IAV06]. Dabei können die Benutzerschnittstellen in einem XML-Format definiert und werkzeuggestützt simuliert werden.

Die Arbeiten von Burton [BBS04] beschäftigen sich ebenfalls mit dem automatisierten Systemtest von Car Multimedia System. Der Fokus liegt hier allerdings auf dem Einsatz von TTCN-3 und dem Aufbau einer entsprechenden Testumgebung. Die Testfälle werden dabei von Hand durch Testentwickler erstellt. Im Rahmen dieser Arbeit sollen die Testfälle allerdings aus einem SysML-Spezifikationsmodell automatisiert gewonnen und danach soweit transformiert werden, dass sie auf dem realen System ausführbar werden. Als Testausführungssprache kommt das Vector XML-Testmodul und nicht TTCN-3 zum Einsatz.

In der Arbeit von Friske wird ein Verfahren beschrieben, wie textuelle Anwendungsfallbeschreibungen werkzeuggestützt in UML-Modelle überführt werden können. Dabei kommen, wie in dieser Arbeit, Konzepte der Modell-getriebenen Architektur zum Einsatz. Gleichermaßen werden Aktivitätsdiagramme verwendet, die die Anwendungsfälle modellieren [FS07]. Im Rahmen dieser Arbeit beginnt die Modellierung direkt mit der Erstellung des Verhaltensmodells als Aktivitätsdiagramme. Eine Kopplung der beiden Verfahren sollte allerdings prinzipiell möglich sein. Dabei müssten die Transformationsregeln zur Überführung der Anwendungsfälle so angepasst werden, dass die hier verwendete Modellstruktur eingehalten wird und sich somit die Konzepte zur Testfallgenerierung darauf anwenden lassen.

5.9 Spezifikation der Testeingabedaten

Das Verhalten des Systems unter Test hängt oftmals von Eingangsparametern ab, die den Benutzeraktivitäten während eines Testlaufes mitgegeben werden. Daher besitzen einige Benutzeraktivitäten Parameter in Form der UML/SysML `ActivityParameter`. Bei der Testfallspezifikation oder Testfallgenerierung müssen daher gemäß Anforderung (Anf. 12) Informationen über diese Parameter vorliegen, da je nachdem, welchen konkreten Wert ein solcher Parameter hat, das Systemverhalten unterschiedlich ausfallen kann.

Eine Methodik, solche Werte zu definieren, ist die Klassifikationsbaummethode (engl. *Classification Tree Method*, CTM) [GG93]. Das Prinzip dieser Methodik besteht darin, Testeingabedaten in Partitionen zu unterteilen, deren Werte im System zu gleichartigen Systemreaktionen führen. Damit lässt sich die Anzahl der Testfälle reduzieren, indem aus jeder Partition ein Wert, und eventuell noch die Randwerte des Übergangs, zu anderen Partitionen in den Testfällen verwendet werden. Um solche Partitionen strukturiert zu bilden, werden in der Klassifikationsbaummethode die Werttypen in einem Baum, dem Klassifikationsbaum, angeordnet und dann die Partitionen gebildet (klassifiziert). Mit Hilfe des vollständigen Klassifikationsbaumes lassen sich dann Testfälle automatisiert ableiten, welche die Kombinationen der verschiedenen Klassen abdecken. Die Klassifikationsbaummethode ist inzwischen zum Standard in der Datenspezifikation für Testfälle geworden. Die ursprünglich entwickelte Methodik wurde dabei für bestimmte Anwendungsbereiche ergänzt und weiterentwickelt. Eine Erweiterung der Methodik für den Einsatz zum Test von eingebetteten Systemen wurde in [Con04] beschrieben. In [CK06] wurde die Methodik darüber hinaus um die Beschreibung von Ereignissen (*Events*) erweitert.

Zur praktischen Umsetzung der CTM wurde im Hause der DaimlerChrysler Forschung in Berlin ein spezieller Editor zur Erstellung solcher Klassifikationsbäume entwickelt, der Klassifikationsbaumeditor (engl. *Classification Tree Editor*, CTE). Dieses Werkzeug wird kostenfrei zum Download zur Verfügung gestellt und kann damit innerhalb eines Testprozesses zum Einsatz kommen.

5.9.1 Kopplung von CTM und SysML

Auch im Rahmen des hier beschriebenen Ansatzes mit SysML ist es notwendig, eine Klassifikation der Eingabeparameter der Benutzeraktivitäten vorzunehmen. SysML bietet erstmals die Möglichkeit (Eingabe-)parameter im Rahmen eines Blockdiagrammes explizit zu definieren und mit physikalischen Einheiten (Stereotyp «unit») und Größen wie z.B. Kraft F, Geschwindigkeit v, etc. zu versehen (Stereotyp «dimension»). Eine komplette Wertedefinition findet mit Hilfe spezieller Blöcke, die mit dem Stereotyp «valueType» versehen werden, statt.

Damit ist es naheliegend, solche «valueType»-Wertedefinitionen auch im hier zu erstellenden Systemmodell für die Parameterdefinition der Benutzeraktivitäten zu verwenden.

Um die Klassifikationen dieser Werte vorzunehmen, bietet sich der Klassifikationsbaumeditor an, da er ein etabliertes Werkzeug für diesen Anwendungsfall darstellt und für die Anwender eine vertraute Umgebung bietet. Daher werden das SysML-Modell und die Klassifikationsbaummethode kombiniert, um die notwendige Klassifikation zu erstellen (vgl. [Alt07b]). Aufgrund der Tatsache, dass der CTE eine XML-Schnittstelle als Datenformat für die Klassifikationsbäume verwendet, konnte mit Hilfe der vorliegenden XML-Document-Type-Definition (DTD) eine solche Kopplung zwischen dem SysML Werkzeug und dem CTE sehr einfach realisiert werden. Mit Hilfe des im verwendeten .net-Frameworks enthaltenen Codegenerators kann aus einer DTD bzw. aus einem gleichwertigen XML-Schema Code zum Zugriff auf die XML-Datenstruktur voll automatisch generiert werden.

Abbildung 5.16 zeigt den sich ergebenden Arbeitsablauf aus der Kopplung des SysML-Modells mit dem CTE. Aus dem erstellten SysML-Modell wird ein Klassifikationsbaum ohne Klassifikationen erzeugt. Dabei bilden die Subsysteme der Verhaltensbeschreibung im funktionalen Modellteil eine Komposition im Klassifikationsbaum nach dem mit Model beschrifteten Wurzelknoten. Die Wertedefinitionen bilden die zu klassifizierenden Blätter des generierten Baumes. Ein Beispiel eines solchen Klassifikationsbaumes ist in Abbildung 5.17 gegeben. Hierbei wurden im CTE bereits die Klassifikationen ergänzt.

Die Einordnung ins SysML-Modell geschieht im Verhaltensbeschreibungsteil des funktionalen Modells. Dabei sind die mit «valueType» stereotypisierten Blöcke der Benutzeraktivitätspara-

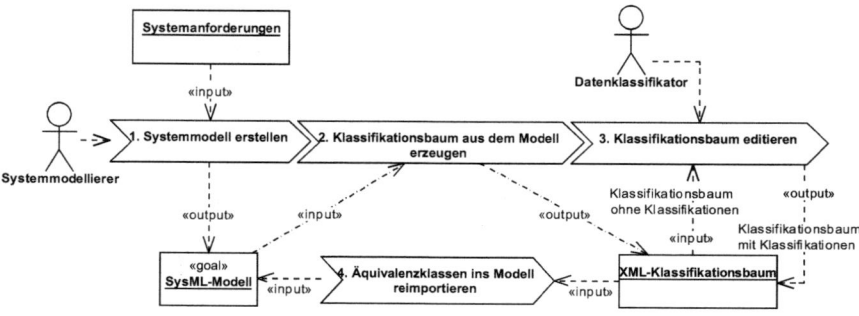

Abbildung 5.16: Prozess zur Kombination des SysML-Modells und der CTM

meter in einem Unterpaket des Blocks-Paketes (Stereotyp «blocks») des jeweiligen Subsytems eingeordnet, welches mit dem Stereotypen «parameter types» gekennzeichnet wird.

Durch ein Add-In für Enterprise Architect lässt sich der CTE-Baum aus dem SysML-Modell generieren und auch wieder reimportieren. Die Klassifikationen werden dabei aus dem CTE-Baum ins SysML-Modell übernommen. Dazu wird für jede Äquivalenzklasse ein SysML `BlockProperty`-Element erzeugt und als Unterelement der «valueType»-Wertdefinition eingeordnet.

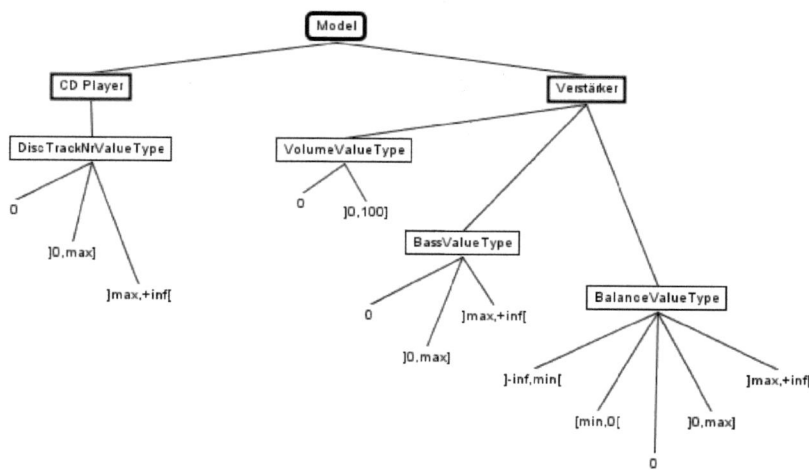

Abbildung 5.17: Klassifikationsbaum nach Hinzufügen der Äquivalenzklassen

Zur Kennzeichnung, dass es sich bei den BlockProperty-Elementen um Partitionierungen handelt, werden die Elemente zusätzlich noch mit dem Stereotyp «dataPartition», in Anlehnung an das UML2-Testing Profile [E$^+$03], versehen.

In Abbildung 5.18 ist eine solche Repräsentation der Datenpartitionen am Beispiel der Wertdefinition des Parameters `DiscTrackNr` gegeben. Diese wurde nach dem Reimport des in Abbildung 5.17 dargestellten, vervollständigten Klassifikationsbaum ins Modell eingefügt. Die Definition bzw. Notation der Äquivalenzklassen lehnt sich an die in [Con04] eingeführte und verwendete Notation an. Die ungebundenen Variablen `min` und `max` müssen selbstverständlich vor der Testgenerierung mit konkreten Werten belegt und entsprechende Testdaten erzeugt werden.

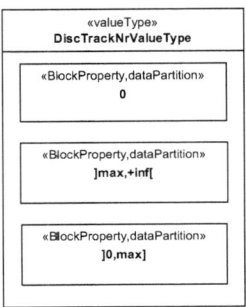

Abbildung 5.18: Repräsentation der Äquivalenzklassen im SysML-Modell

Eine Repräsentation der Äquivalenzklassen im SysML-Modell bietet darüber hinaus noch einen weiteren Vorteil. SysML führt mit den so genannten *Allokationen* (engl. *Allocations*) einen Mechanismus ein, der es erlaubt Querverbindungen und explizite Zusammenhänge zwischen beliebigen Modellteilen herzustellen und zu beschreiben. Dieser Mechanismus kann an dieser Stelle dazu verwendet werden, um zwischen dem Modell der Verhaltensbeschreibung und den Äquivalenzklassen einen Zusammenhang herzustellen. Denkbar ist hier eine Verknüpfung von Objekt- und/oder Datenflüssen in Aktivitäts- oder Zustandsdiagrammen. Dies kann auf unterschiedliche Weise genutzt werden. Ein Testfallgenerator kann dies nutzen, um spezielle Testfälle für die Äquivalenzklassen generieren, die außerhalb des gültigen Wertebereiches liegen. Diese Testfälle werden auch als *Robustheitstestfälle* bezeichnet, da sie die Stabilität des Systems beim Eintreffen von falschen Eingabewerten überprüfen.

Weiterhin kann eine solche Allokation auch dazu genutzt werden, um zu überprüfen, ob das Systemmodell für jede definierte Äquivalenzklasse ein definiertes Systemverhalten beschreibt, beispielsweise Abfangen oder Anzeigen eines Fehlers beim Eintreffen eines ungültigen Eingabewertes aus einer Fehlerwertklasse. Somit könnten Lücken im Spezifikationsmodell des Systemverhaltens im Hinblick auf Fehlerbehandlung frühzeitig entdeckt und geschlossen werden.

5.10 Fazit

Durch eine Aufteilung des Systemmodells in HMI-spezifische, funktionale und produktspezifische Aspekte lassen sich die zur Realisierung eines Modell-basierten Testens notwendigen Modelle klar strukturieren und die notwendige Trennung von funktionalen und produktspezifischen Informationen erzielen. Eine durch Stereotypen mit eindeutiger Semantik versehene

Paketstruktur ermöglicht eine schnelle und einfache Navigation im Modell, sowohl für die Modellierer als auch für die notwendigen Transformationen im Hinblick auf die automatisierte Testfallerstellung.

Die Verhaltensbeschreibung mit Hilfe von Aktivitätsdiagrammen und die Verwendung von Benutzer- und Systemaktivitäten erlaubt nicht nur die Beschreibung der Testfälle auf funktionaler Modellebene, sondern auch eine leichte Übertragbarkeit von (vorhandenen) Anwendungs- und Testfällen in das Systemmodell.

Eine Kombination der Klassifikationsbaummethode und des Klassifikationsbaumeditors mit dem SysML-Modell zur Bildung der Äquivalenzklassen der Testeingabedaten verbindet eine bewährte Methodik im Testbereich mit dem neu konzipierten Systemmodell. Dadurch werden für beide Modellierungstechniken die am besten geeigneten Werkzeuge eingesetzt. Gleichermaßen könnten auch Werkzeuge zur Modellierung des HMI mit dem SysML-Modell verbunden werden.

Das Modell bietet genügend Potenzial, um den heutigen Systemtestprozess, bei dem aufgrund der informellen Spezifikation der menschliche Testentwickler im Mittelpunkt steht, durch einen durchgängigen Modell-basierten Testprozess zu ersetzen. Dabei können auch weiterhin Testfälle per Hand modelliert werden, und dies auf funktionaler Ebene, was eine Wiederverwendung der Testfälle zum Testen von Produkten der gleichen Anwendungsdomäne ermöglicht.

6

Generierung funktionaler Testfälle

Das Kapitel beschreibt das erarbeitete Konzept zur automatischen Generierung von Testfällen aus dem funktionalen Systemmodell. Dabei wird mit Hilfe eines Algorithmus aus dem ereignisbasierten SysML-Aktivitätsmodell ein Zustandsautomat generiert, aus dem wiederum weitere Graphen und letztendlich Testfälle erzeugt werden können. Auf welche Art und Weise ein solches SysML-Aktivitätsmodell konzipiert sein muss, ist ebenfalls Inhalt dieses Kapitels.

6.1 Überblick

Nachdem es erklärtes Ziel dieser Arbeit ist, Testfälle aus einem SysML-Systemmodell automatisiert abzuleiten, wird im Folgenden beschrieben, welche Methodik entwickelt und angewandt wird, um eine Lösung für diesen Punkt zu erreichen. Zunächst erfolgt eine Übersicht über bekannte Ansätze und Arbeiten im Bereich der Testfallgenerierung. Danach wird beschrieben, welche Modellkonzeption und Generierungsstrategie im Rahmen dieser Arbeit entwickelt wurde, um Testfälle aus der Systemspezifikation abzuleiten.

6.2 Ansätze zur Testfallgenerierung

Im Bereich des Modell-basierten Testens gibt es bereits eine Reihe von Verfahren und Ansätzen, um aus formalisierten Spezifikationen automatisiert Testfälle abzuleiten. Dabei lassen sich zwei Kategorien bilden: zustandsbasierte und ereignisbasierte Ansätze.

6.2.1 Zustandsbasierte Ansätze

Zustandsbasierten Ansätzen liegt ein Verhaltensmodell in Form eines endlichen Automaten (engl. *Final State Machine*, FSM) oder den erweiterten endlichen Automaten, den Statecharts, zu Grunde. Die Generierung von Testfällen aus solchen FSM-Modellen wurde bereits 1978 in einer Arbeit von Chow [Cho78] beschrieben. Dabei werden eine Reihe von Überdeckungskriterien genannt, die verwendet werden, um die Anzahl der generierten Testfälle zu begrenzen und dabei sicherzustellen, dass durch die generierten Testfälle eine bestimmte Überdeckung des Systemmodells durch den Testfall gegeben ist.
Gängige Überdeckungsmaße sind (vgl. [Bin00]):

Definition 13 (Zustandüberdeckung) *Jeder Zustand des Systems muss im Test mindestens einmal erreicht werden.*

Definition 14 (Transitionsüberdeckung) *Jede Transition/Zustandsübergang muss mindestens einmal ausgeführt werden.*

Definition 15 (Switch-Überdeckung) *Eine Folge von Transitionen wird Switch genannt. Bei einer Switch-Überdeckung werden alle Sequenzen von Transitionen festgelegter Länge im Test einmal ausgeführt.*

Für die Switch-Überdeckung gibt es unterschiedliche Definitionen in der Literatur. In der urspünglichen Definition von Chow [Cho78] und in [Bin00] wird ein n-switch als eine Sequenz von $n + 1$ Transitionen definiert, während in anderen Arbeiten nur von n Transitionen gesprochen wird (z.B. [WM07]). Hier in dieser Arbeit wird die ursprüngliche Definition von 1978 verwendet, also mit $n + 1$ Transitionen für eine n-Switch-Überdeckung:

Definition 16 (n-Switch-Überdeckung) *Bei einer n-Switch-Überdeckung muss jede Sequenz von $n + 1$ Transitionen mindestens einmal ausgeführt werden.*

Eine 0-Switch-Überdeckung ist damit identisch mit einer Transitionsüberdeckung. Weiterhin schließt eine Transitionsüberdeckung die Zustandsüberdeckung mit ein, da bei einem Durchlauf aller Transitionen implizit auch alle Zustände mindestens einmal durchlaufen werden.

Neben den beschriebenen, deterministischen Überdeckungsmaßen bei der Testfallgenerierung gibt es auch eine Reihe von Ansätzen, die auf statistischen Methoden basieren, um Testfälle auszuwählen. Der Grundgedanke der statistischen Testmethoden ist, dass die Fehlersuche gezielt auf Bereiche des Systems gerichtet wird, die bei der späteren Benutzung besonders häufig verwendet werden. Dadurch soll vermieden werden, dass beispielsweise eine Funktion, die nur sporadisch genutzt wird, mit der gleichen Gründlichkeit untersucht wird wie eine Funktion, die bei der Benutzung häufig aufgerufen wird. Natürlich kann auch der umgekehrte Fall sinnvoll sein, um beispielsweise Fehler zu finden, die in der alltäglichen Benutzung nicht so leicht entdeckt werden.

Außer einer Gewichtung nach der Nutzungsfrequenz kann alternativ auch eine Gewichtung nach dem Risiko vorgenommen werden, welches Fehler in bestimmten Systembereichen darstellen. Um die spätere Nutzung für die Testfallgenerierung vorhersagen zu können, werden so genannte Benutzungsmodelle (engl. *Usage Model*) benötigt. Mit den Informationen dieser Benutzungsmodelle werden die Zustandsmodelle angereichert. Mathematisch entsprechen diese Modelle endlichen Markov-Ketten [WP93], [WT94], [WPT95], [Pro05].

In der zustandsbasierten Testfallgenerierung wurde der ursprüngliche Ansatz von Chow vielfach erweitert und auf spezielle Umgebungen angepasst. Die Testfallgenerierung aus Zustandsdiagrammen ist schon sehr weit erforscht und es existieren auch Werkzeuge und Algorithmen, die es erlauben, aus zustandsbasierten Modellen automatisiert Testfälle abzuleiten (z.B. [HN04]). Grundlage der Testfallgenerierung bildet zumeist die Umwandlung des Zustandsgraphen in einen Baum, den so genannten *Transitionsbaum* [SL04]. Ein Weg vom Startknoten zu einem Blatt im Transitionsbaum bedeutet eine Transitionssequenz im Zustandsgraphen. Eine Methodik, die Testfallgenerierung mit der Methode der Äquivalenzklassenbildung zu verknüpfen und damit die Zustandsauswahl in der Testfallgenerierung zu steuern, beschreibt die Arbeit von Schmid [Sch03a]. Dadurch kann die Menge der Testfälle gezielt weiter eingeschränkt werden. In die gleiche Richtung geht auch die Arbeit von Schmitt [Sch03b]. Eine relativ neue Arbeit im Bereich der zustandsbasierten Testfallgenerierung bildet die Arbeit von Utting und Legard aus dem Jahr 2007 [UL07]. Hierbei werden UML Statechartmodelle als Grundlage der Testfallgenerierung verwendet. Das statische Strukturmodell wird mit Hilfe von Klassendiagrammen beschrieben. Weiterhin werden OCL-Constraints [OMG06a] verwendet, um Zusicherungen an das Modell zu beschreiben.

6.2.2 Ereignisbasierte Ansätze

Im Gegensatz zu den zustandsbasierten Ansätzen wird in den ereignisbasierten auf eine explizite Definition der Zustände innerhalb des Modells verzichtet.

Einen Ansatz zur Erzeugung von Testfällen aus Message Sequence Charts (MSC) beschreibt Grabowski in [Gra94]. Viele Konzepte dieser Arbeit sind zwischenzeitlich in die grafische Notation der Testbeschreibungssprache TTCN-3 eingeflossen [ETS03b]. Da MSCs und Testfälle sich sehr ähneln, handelt es sich bei diesen Verfahren aber eher um Testmodellierung als um Testfallgenerierung im Sinne von Modell-basiertem Testen.

Einen ereignisbasierten Ansatz zur Systemspezifikation und Testfallgenerierung auf Basis von UML beschreiben Briand und Labiche in [BL02]. Dabei werden Anwendungsfälle mit Hilfe von Sequenzdiagrammen beschrieben. Weiterhin werden die Abhängigkeiten der Ausführungsreihenfolge dieser Anwendungsfälle (*Sequential Constraints*) mit Hilfe von UML-Aktivitätsdiagrammen modelliert. Testfälle sind dann Pfade dieses Aktivitätsdiagrammes.

Einen vergleichbaren Ansatz, der auf Konzepten der Graphentheorie basiert, stellen die Ereignis-Sequenz-Graphen (ESG) von Belli et al. dar [BNBM05]. Dieser Ansatz wurde und wird an der Universität Paderborn entwickelt. Er beruht darauf, dass ein System über seine Ereignisse definiert wird, die von Außen durch den Benutzer ausgelöst oder vom System verursacht werden:

Definition 17 (Ereignis-Sequenz-Graph [WM07]) *Ein Ereignis-Sequenz-Graph $ESG = (V, E)$ ist definiert durch eine endliche Menge von Knoten $V = (I \cup \{]\}) \cup (R \cup \{[\})$, wobei I die Menge aller Eingangssequenzen (inputs) und R die Menge aller Ausgabesequenzen (respose events), $[$ und $]$ als Start- und Endknoten sowie einer endlichen Menge von gerichteten Kanten E zwischen den Knoten.*

Ein ESG, der beispielhaft das Verhalten eines CD-Players modelliert, ist in Abbildung 6.1 dargestellt. Der Graph besteht allerdings nur aus Knoten, die Eingangssequenzen beschreiben, und bildet damit das ab, was im Ansatz von Briand und Labiche [BL02] mit Hilfe von Aktivitätsdiagrammen beschrieben wurde.

Die Methodik der ESGs wurde zwischenzeitlich um Konzepte erweitert, um eine kompaktere Darstellung der Graphen zu erzielen. Da in einem ESG für jedes Ereignis anderer Historie ein neuer Knoten eingefügt werden muss, kann es schnell zu einer erheblichen Anzahl von Ereignisknoten kommen, die die Übersichtlichkeit des Modells beeinträchtigen. In [BBLS06] wurde daher ein Konzept vorgestellt, um eine hierarchische Struktur für die ESGs zu erzielen. Dazu wird ein Graph in einem anderen durch einen einfachen Knoten repräsentiert, ähnlich zu strukturierten Aktivitäten in der Aktivitätsmodellierung der UML. Weiterhin wurden in diesem Ansatz Wahrheitstabellen verwendet, um die Knoten mit Bedingungen für Eingabedaten zu versehen. Dies ermöglicht eine kompaktere Darstellung der Graphen, auch für komplexere Zusammenhänge.

In einer Arbeit von Wuest und Mathur [WM07] wurden die Testfallgenerierung basierend auf der Zustandsmethode nach Chow und die ESG-Methode von Belli miteinander verglichen. Als

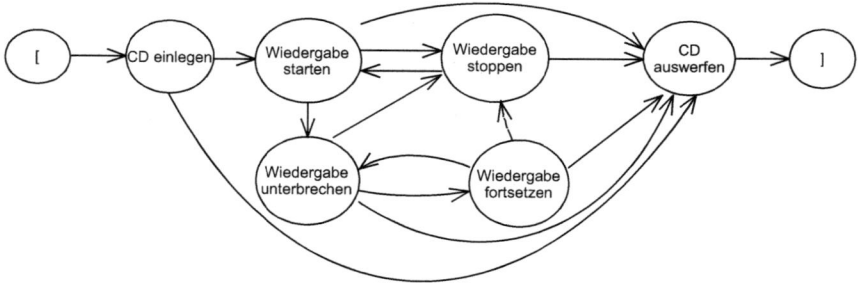

Abbildung 6.1: Beispiel eines Ereignis-Sequenz-Graphen

Resultat ergibt sich, dass beide Verfahren zueinander äquivalent sind, und es sind Algorithmen angegeben, die in der Lage sind, beide Modelle ineinander zu transferieren.

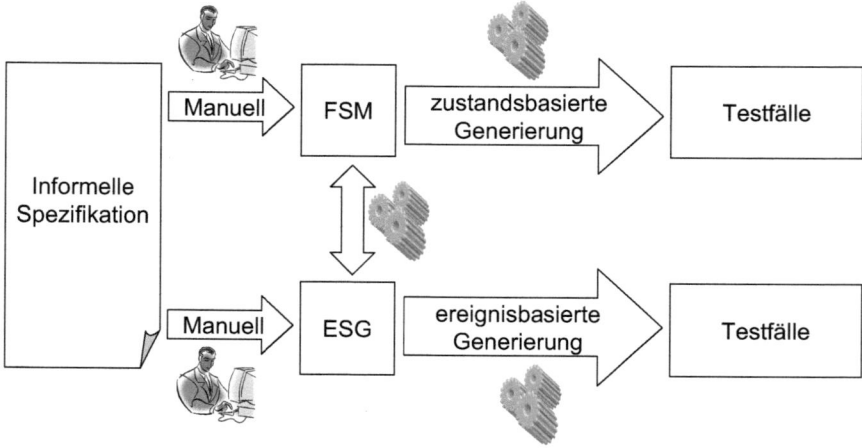

Abbildung 6.2: Wahlmöglichkeiten beim Modell-basierten Test mit FSM oder ESG nach [WM07]

Abbildung 6.2 gibt die dadurch gegebenen Möglichkeiten für die Testfallgenerierung wieder. Das Papier nennt als Hauptvorteil der ereignisbasierten Modellierung mit ESGs die intuitive Vorgehensweise bei der Erstellung, im Gegensatz zu endlichen Automaten. Dort müssen zunächst die Zustände ermittelt werden, bevor mit der Modellierung begonnen werden kann.

In [BBLS06] wurden anhand einer Fallstudie die Ansätze der ESGs und der FSMs im Hinblick auf Erstellungsaufwand und Fehlerfindung untersucht. Dabei hatten die von Hand erstellten ESGs im Vergleich zu ebenfalls von Hand erstellten FSM-Graphen einen Vorteil, sowohl was den Zeitaufwand als auch die Zahl der gefundenen Systemfehler betrifft.

6.3 Generierung funktionaler Testfälle

Ein Ziel dieser Arbeit ist es, die informelle Systemspezifikation durch eine formalere in Form eines SysML-Modells zu ersetzen. Die formalen Formen, nämlich ESGs und FSM sind formale Spezifikationen, die durch einen manuellen Erstellungsprozess aus der informellen Spezifikation erzeugt werden.

Die Idee besteht nun darin zu untersuchen, ob es möglich ist, genau solche Graphen aus einem speziellen SysML-Systemmodell automatisiert abzuleiten, um dann die bekannten Verfahren zur Testfallgenerierung darauf anzuwenden (vgl. [SA07], [Alt07a], [Sch07]).

Die Konzeption dieser Idee zeigt Abbildung 6.3. Das informelle Systemmodell wird dabei durch ein formales SysML-Modell ersetzt, das eine automatisierte Erzeugung der gewünschten Graphen erlaubt.

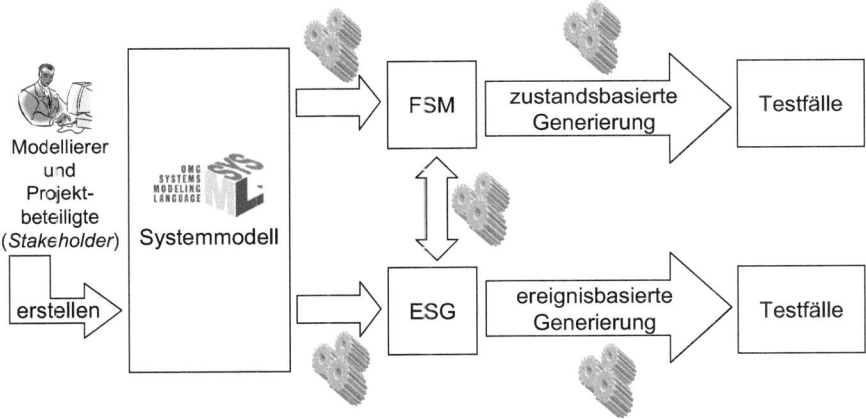

Abbildung 6.3: Konzeption der automatisierten Generierung von ESG oder FSM aus dem SysML-Modell

Um die Idee umzusetzen, muss zunächst geklärt werden, welche Information im Modell vorhanden sein müssen, um beispielsweise einen ESG daraus zu erzeugen. Dabei sollten die Modellelemente berücksichtigt werden, die bereits im SysML-Modell durch die schon in den vorigen Kapiteln beschriebenen Konzepte vorhanden sind.

6.3.1 Modellierung des Systemverhaltens

Bereits in Kapitel 5 wurden Aktivitätsdiagramme ausgewählt, um das Systemverhalten zu beschreiben. Prinzipiell können die Ereignis-Sequenz-Graphen als eine Analogie zu den Aktivitätsdiagrammen betrachtet werden. Dabei entsprechen die Knoten [und] den Start- und Endknoten der Aktivitätsmodellierung. Alle weiteren Knoten werden zu Instanzen der Benutzer- und Systemaktivitäten, wie sie im Rahmen dieser Arbeit bereits definiert wurden. Dadurch kann die hier verwendete Unterteilung zwischen Benutzer- und Systemaktivitäten übertragen werden.

Neben den Knoten stecken aber noch weitere Informationen im ESG, die demnach auch im Modell verfügbar sein müssen. Die Kanten im ESG, wie auch im Ansatz von Briand und Labiche, beschreiben sequentielle Abhängigkeiten zwischen den Ereignissen. Eine Kante zwischen dem Ereignis CD einlegen und Wiedergabe starten besagt, dass es erst dann sinnvoll ist, die Aktion Wiedergabe starten durchzuführen, nachdem eine CD eingelegt wurde.

Dies entspricht einer Vorbedingung, wie sie im Rahmen einer Anwendungsfallspezifikation angegeben wird, und ist damit die Voraussetzung für die Durchführung des Anwendungsfalles (vgl. [HR02]). Daraus folgt, dass solche Vorbedingungen zu den Benutzeraktivitäten im Modell vorhanden sein müssen, um diese sequenziellen Abhängigkeiten zu beschreiben.

Aktivitätsdiagramme bieten Kontrollflüsse und Entscheidungsknoten, um Bedingungen darzustellen. Diese Konzepte werden daher hier verwendet, um für jede Benutzeraktivität eine entsprechende Vorbedingung zu spezifizieren. Um zu erläutern, welche Art von Bedingungen in einer solchen Vorbedingung verwendet werden, zunächst ein Beispiel einer Vorbedingung für die Benutzeraktivität als informeller Text:

> *Die Wiedergabe kann gestartet werden, nachdem eine CD eingelegt wurde und wenn die Wiedergabe nicht bereits aktiv ist.*

Um diese Bedingung in ein Aktivitätsdiagramm umsetzen zu können, müssen folgende Informationen und Möglichkeiten im Modell vorliegen:

1. Es muss möglich sein abzufragen, ob eine CD eingelegt ist.

2. Es muss möglich sein abzufragen, ob die Wiedergabe bereits aktiv ist.

3. Bei Erfüllung der Vorbedingung muss die Benutzeraktion Wiedergabe starten ausgeführt werden.

Modellierung der CD als Objekt

Um die CD im Modell abzubilden, wird ein Objekt verwendet, das die CD im Modell repräsentiert. Diese Abbildung ermöglicht es, weitere Eigenschaften durch Attribute und Assoziationen zuzuordnen. Im Falle der CD könnten das beispielsweise Informationen über die Titel der CD, die Laufzeit, etc. sein. Um festzulegen, dass eine CD eingelegt ist, wird das Objekt initialisiert. Im Fall, dass die CD ausgeworfen ist, ist das entsprechende Objekt nicht initialisiert und bekommt den Wert null zugewiesen, wie es in der objektorientierten Programmierung üblich ist.

Die Informationen aus dem CD-Objekt können bei der späteren Testfallgenerierung verwendet werden. Beispielsweise wird durch das Objekt festgelegt, dass sich fünf Titel auf der CD befinden. Daher kann die Benutzeraktion Nächster Titel, vom ersten Titel beginnend, genau vier mal ausgeführt werden.

Modellierung der Wiedergabe als Systemaktivität

Die Benutzeraktion Wiedergabe starten bildet als solche einen Trigger, der aus Benutzersicht das System ansteuert (externe Sicht auf das System). Neben dieser externen Sicht existieren aber auch Verhaltensaspekte, die durch das System selbst ausgeführt werden (interne

Sicht). Die Wiedergabe einer CD durch den CD-Player gehört zu dieser internen Sicht des
Systems. Solche internen Systemabläufe werden durch die so genannten Systemaktionen abgebildet. Daher wird eine entsprechende Systemaktion Wiedergabe ins Modell eingefügt. Um
nun in der Vorbedingung zu überprüfen, ob die Wiedergabe bereits aktiv ist, muss überprüft
werden können, ob die Systemaktivität Wiedergabe gerade durchgeführt wird.

In UML können Aktionen innerhalb eines Aktivitätsdiagrammes nur durch einen Kontrollfluss
gestartet werden. Nachdem sie gestartet sind, laufen die Aktionen bis zum Ende, es sei denn, es
ist ein unterbrechbarer Bereich (*interruptable region*) definiert. Es besteht keine Möglichkeit,
den aktuellen Laufzeitzustand abzufragen, oder die Ausführung durch ein externes Ereignis zu
beeinflussen.

Um dieses Manko der UML-Aktivitätsdiagramme zu beheben, wurde im SysML-Standard der
so genannte **Kontrolloperator** für die Aktivitätsmodellierung eingeführt. Mit Hilfe dieses Kontrolloperators lassen sich die Laufzeitzustände von Aktivitäten von Außen beeinflussen. Das
Prinzip beruht darauf, dass durch Kontrolloperator-Aktionen spezielle Objekttoken, die *Kontrollwerte* (engl. *control value*), an die zu steuernde Aktion geschickt werden und sich dement-
sprechend deren Laufzeitzustand ändert.

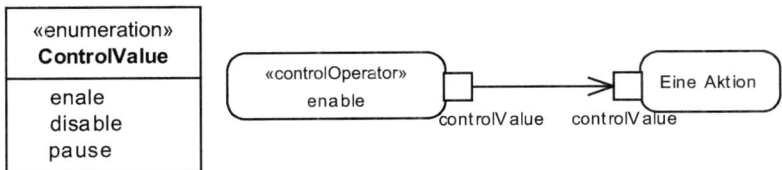

Abbildung 6.4: Definition der Kontrollwerte und Anwendung des Kontrolloperators

Abbildung 6.4 zeigt die Definition der Kontrollwerte und ein Anwendungsbeispiel des Kontrolloperators. Im SysML-Standard sind bereits die Kontrollwerte enable und disable zum
Aktivieren und Deaktivieren von Aktivitäten definiert. In dieser Arbeit wird ein weiterer Kontrollwert pause definiert. Dieser Wert dient dazu Aktionen anzuhalten. Durch neuerliches Senden eines enable-Kontrollwertes kann dann die Ausführung der Aktion an der gleichen Stelle
fortgesetzt werden. Der SysML-Standard erlaubt diese Erweiterung der Kontrollwerte explizit
[OMG06b].

Die Semantik der Kontrollwerte ist in Abbildung 6.5 in Form eines endlichen Automaten gegeben. Aktionen lassen sich durch die Kontrolloperatoren aktivieren, deaktivieren, anhalten und
fortsetzen.

Auch ein Neustart (Reset) einer Aktivität ist durch die Kontrolloperatoren möglich. Dazu
braucht allerdings kein neuer Kontrollwert definiert werden, sondern es genügt eine Hinter-
einanderausführung der Kontrolloperatoren disable und enable.

Da die Kontrollwerte das Laufzeitverhalten von Aktivitäten und Aktionen beeinflussen können,
braucht jede Aktion auch eine entsprechende Zustandsvariable, die angibt, in welchem Laufzeitzustand sie sich gerade befindet. Diese Information kann abgefragt und z.B. in der Definition
der Vorbedingung für Benutzeraktionen verwendet werden.

Im Beispiel kann man dadurch den Laufzeitzustand der Systemaktion Wiedergabe durchführen für die Spezifikation der Vorbedingung im Modell verwenden. Ist die Systemaktivität
im Zustand enabled, ist die Wiedergabe aktiv, ansonsten nicht.

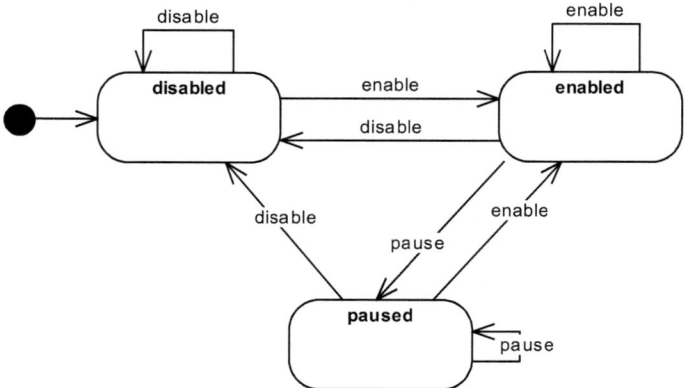

Abbildung 6.5: Semantik der Kontrollwerte

Starten der Benutzeraktion

Um anzuzeigen, dass bei erfüllter Vorbedingung die Benutzeraktion zu starten ist, wird dies durch das Versenden eines entsprechenden Startsignals der Benutzeraktion modelliert. Als Modellelement wird eine SendSignal-Aktion der Aktivitätsmodellierung eingesetzt, die eine Instanz der Benutzeraktivität, die gestartet wird, bildet.

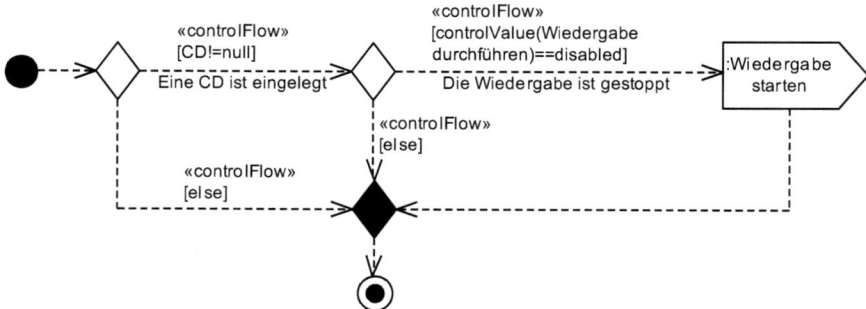

Abbildung 6.6: Vorbedingung der Benutzeraktivität Wiedergabe starten

Abbildung 6.6 zeigt die in ein Aktivitätsdiagamm umgesetzte Vorbedingung der Benutzeraktivität Wiedergabe starten[1]. Die beschriebenen Konzepte werden verwendet und entsprechende Bedingungen an die ausgehenden Kontrollflusskanten der Entscheidungsknoten angefügt.

---

[1]Zur besseren Unterscheidung von den Entscheidungsknoten wurde der Zusammenführungsknoten schwarz eingefärbt.

Zunächst wird durch die Bedingung `CD!=null` überprüft, ob das CD-Objekt initialisiert ist, was einer eingelegten CD entspricht. Dann wird durch die Abfrage des Kontrollwertes der Systemaktivität `Wiedergabe durchführen` geprüft, ob die Wiedergabe nicht bereits aktiv ist (`controlValue(Wiedergabe durchführen)==disabled`). Wenn dies der Fall ist, ist die Vorbedingung erfüllt und das Signal zur Ausführung der Benutzeraktivität wird ausgelöst. Andernfalls laufen die Kontrollflüsse direkt in den Endknoten.

Zum besseren Verständnis wurden neben der formalen Definition an den Kontrollflusskanten die Bedeutungen der Bedingungen außerdem noch in verständlicher Prosa als Name der Kontrollflusskante angefügt. Dies ermöglicht nicht nur ein besseres Verständnis der Diagramme, sondern auch solche Bedingungen im Modell abzuspeichern und mit Hilfe dieses Textes zu identifizieren, um sie mehrfach in Diagrammen und Verhaltensbeschreibungen verwenden zu können.

Damit können die Vorbedingungen für die Benutzeraktivitäten modelliert werden. Diese Vorbedingungen werden als Unterelemente den Benutzeraktivitäten im Modell zugeordnet, damit klar ist, welche Vorbedingung zu welcher Aktivität gehört.

Verknüpfen von Benutzer- und Systemaktivitäten

Die Ausführung einer Benutzeraktivität beeinflusst natürlich das interne Verhalten des Systems, also die Objekte und die Systemaktivitäten. Daher muss eine Verknüpfung zwischen externer Sicht, in Form der Benutzeraktivitäten, und der internen Sicht, in Form der Systemaktivitäten und Objekte, hergestellt werden.

Da im Rahmen der Vorbedingungen eine `SendSignal`-Aktion verwendet wird, um anzuzeigen, dass eine Benutzeraktivität ausgeführt wird, kann in gleicher Weise das Gegenstück dazu, die `AcceptEvent`-Aktion, eingesetzt werden, um auf ein solches Ereignis zu reagieren. Da durch den Empfang eines Ereignisses ein Kontrollfluss ausgelöst wird, können dann die notwendigen Veränderungen an der internen Systemsicht vorgenommen werden.

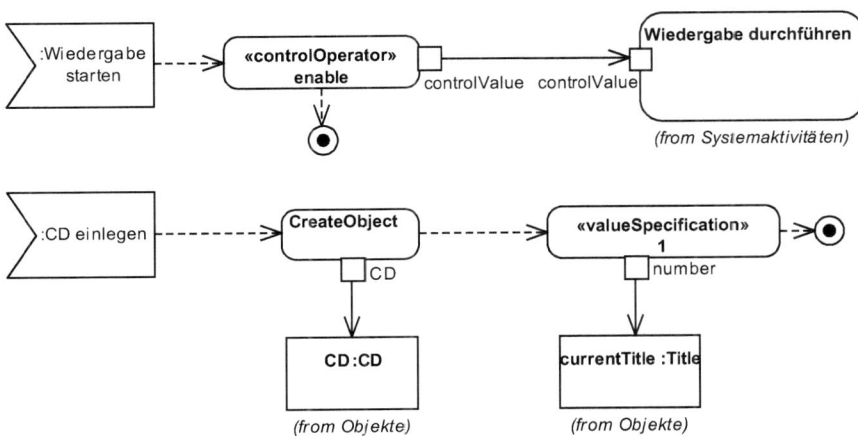

Abbildung 6.7: Beispiele von Verknüpfungen zwischen Benutzer- und Systemaktivitäten

Zwei Beispiele, wie solche Verknüpfungen zwischen externer und interner Systemsicht aussehen können, zeigt Abbildung 6.7 für die Benutzeraktivitäten CD einlegen und Wiedergabe starten.

Die Signalempfänger lösen beim Eintreffen eines entsprechenden Signals einen Kontrollfluss
aus, der die nachgeschalteten Aktionen zur Ausführung bringt. Bei Ausführung der Benutzeraktivität Wiedergabe starten wird durch den Kontrolloperator die Systemaktivität
Wiedergabe durchführen aktiviert. Man beachte, dass die Systemaktivität Wiedergabe durchführen durch den Kontrolloperator ein Objekt- und kein Kontrolltoken erhält
(controlValue). Daher sind hier kein Start- oder Endkonoten bzw. die Darstellung von Kontrollflüssen für die Systemaktivität notwendig.

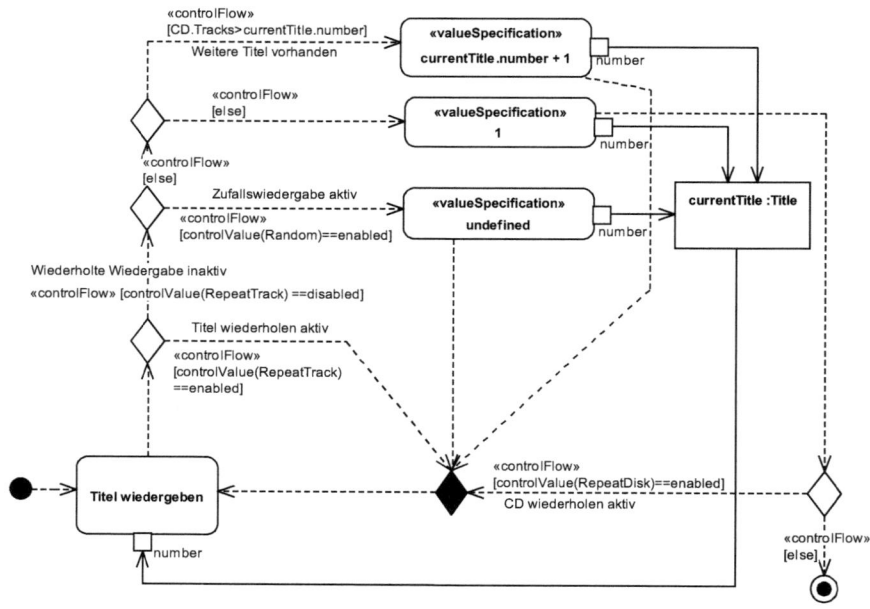

Abbildung 6.8: Internes Verhalten der Systemaktivität Wiedergabe durchführen

Im Beispiel ist die Systemaktion Wiedergabe als strukturierte Aktivität gekennzeichnet. Dies
bedeutet, dass es außer dem Kontrollwert der Aktion noch weitere, das Verhalten beschreibende
Elemente im Inneren dieser Aktivität gibt. Dies liegt daran, dass ein CD-Player auch noch
eigenständiges Verhalten bei der Wiedergabe aufweist, das nicht durch den Benutzer, sondern
durch das System selbst verursacht wird. Beispielsweise wird ein Titel wiedergegeben und nach
dessen Ende zum nächsten Titel übergegangen, sofern weitere Titel auf der CD vorhanden sind.
Durch Ausführung der Benutzeraktivität CD einlegen werden zwei Objekte, die intern verwendet werden, um die Funktionalität des Systems abzubilden, beeinflusst. Zum einen wird
das CD-Objekt durch die vordefinierte Aktion CreateObject initialisiert. Dadurch ändert
sich der Objektzustand von null zu einem mit den Initialwerten versehenen Objekt (Objekt
im Initialzustand). Auf die gleiche Weise kann durch Einsatz der DestroyObject-Aktion

ein Objekt auch vom initialisierten in den nichtinitialisierten Zustand versetzt werden. Danach wird im Beispiel eine Aktion vom Typ valueSpecification verwendet, um den Zähler des Objektes, das den aktuell wiedergegebenen Titel repräsentiert, auf eins zu setzen.

Abbildung 6.8 zeigt das interne Verhalten für die Systemaktivität Wiedergabe durchführen. Auch hier werden wieder Aktivitätsdiagramme verwendet, die das Verhalten mit Hilfe von Aktionen und Kontrollflüssen modellieren und die Objekt- und Laufzeitzustände mit Hilfe der valueSpecification-Aktionen und der Kontrollwerte abfragen und beeinflussen.

Modellelement	Verwendung als
Benutzer- und Systemaktivitäten (Wiedergabe starten) (Wiedergabe durchführen)	Verhaltensdefinition des Systems (extern/intern)
Start und Endknoten ● ◉	Start und Ende eines Ablaufes
SendSignal-Aktionen :Wiedergabe starten	Starten von Benutzeraktivitäten in deren modellierten Vorbedingungen
AcceptEvent-Aktionen :Wiedergabe starten	Reaktion auf SendSignal in den Verknüpfungen von Benutzer- und Systemaktivitäten
Strukturierte Aktivitäten und normale Aktionen	Beschreibung des internen Verhaltens der Systemaktivitäten
Entscheidungs- und Zusammenführungsknoten ◇ ◆	Modellierung von Bedingungen und Zusammenführung von Kontrollflüssen.
CreateObject- und DestroyObject-Aktionen CreateObject DestroyObject ObjectName ObjectName	Initialisierung und Destruktion von Objekten
ValueSpecification-Aktion «valueSpecification» a value specification value	Beeinflussung von Objektwerten
ControlOperator-Aktion «controlOperator» enable controlValue	Beeinflussung des Laufzeitzustandes der Systemaktivitäten
Objekte CD :CD	Zustandsspeicher des Systems
Kontroll- und Objektflüsse ------------> ------------> «controlFlow»	Verbindung der Elemente

Abbildung 6.9: Übersicht der verwendeten Modellelemente zur Verhaltensbeschreibung

Damit sind alle notwendigen Modellelemente beschrieben, die benötigt und eingesetzt werden, um das Verhaltensmodell mit Hilfe von Aktivitätsmodellierung auf funktionaler Ebene zu erstellen. Noch einmal zusammengefasst kommen folgende Elemente zum Einsatz:

Benutzer- und Systemaktivitäten definieren Funktionen aus externer und interner Sicht auf das System.

Vorbedingungen der Benutzeraktionen legen fest, wann eine Benutzeraktion ausgeführt werden kann. Dazu werden die Objektzustände der internen Systemobjekte und die Laufzeitzustände der Systemaktivitäten als Bedingungen verwendet. Bei erfüllter Vorbedingung wird ein Signal geschickt, das die Ausführung der Benutzeraktivität anzeigt.

Verknüpfungen zwischen Benutzer- und Systemaktivitäten reagieren auf die Signale der Benutzeraktivitäten und ändern durch Einsatz der Kontrolloperatoren, `CreateObject`-, `DestroyObject`- und der `valueSpecification`-Aktionen den internen Systemzustand entsprechend.

Strukturierte Systemaktivitäten kommen dort zum Einsatz, wo das System eigenständiges Verhalten hat, das zu einer Zustandsänderung im System ohne Ausführung einer Benutzeraktivität führt.

Eine Übersicht über die bei der Modellierung verwendeten Elemente inklusive einer Kurzbeschreibung, an welcher Stelle im Modell diese zum Einsatz kommen, zeigt die Tabelle in Abbildung 6.9.

6.3.2 Simulation des Systemmodells

Die Verwendung von Aktivitätsmodellierung in der Verhaltensbeschreibung bedeutet nicht, dass das System keine Zustände hat, sondern nur, dass diese Zustände nicht explizit, wie bei Zustandsdiagrammen, sondern implizit modelliert werden.

Die Zustände des (Gesamt-)Systems setzen sich zusammen aus den Zuständen der Objekte, die in der Verhaltensbeschreibung Verwendung finden (z.B. CD oder aktueller Titel) und den Laufzeitzuständen der Systemaktivitäten (z.B. enabled oder disabled).

Die Idee, aus dem Verhaltensmodell für den Systemtest verwertbare Informationen, wie beispielsweise ESGs, zu erzeugen, besteht nun darin, das Systemmodell mit Hilfe einer Simulation sukzessive auszuführen und dabei die Systemzustände zu ermitteln. Aus den gefundenen Zuständen werden dann entsprechende Graphen aufgebaut.

Dadurch, dass die Laufzeitzustände der Aktivitäten durch die Kontrollwerte eindeutig festgelegt sind und dies gleichfalls für die Objektwerte gilt, kann durch Vergleich dieser Werte festgestellt werden, ob durch Ausführung einer Benutzeraktivität ein Zustandswechsel im System hervorgerufen wurde oder nicht. Hat sich durch die Ausführung einer Benutzeraktivität ein Objektwert und/oder ein Kontrollwert (Laufzeitzustand) einer Systemaktivität geändert, so hat sich der Zustand des Systems verändert.

Der Grundgedanke zum Starten der Simulation ist zunächst, das System in seinen Grundzustand zu versetzen. Dabei werden alle Kontrollwerte auf `disabled` und die Objekte auf nicht initialisiert, also den Wert `null` gesetzt. Danach wird von diesem, initialen Zustand aus jede Benutzeraktivität ausgeführt und der Zustände vor und nach der Ausführung verglichen.

Die Ausführung einer Benutzeraktivität erfolgt dabei schrittweise. Zunächst wird die modellierte Vorbedingung der Benutzeraktivität überprüft. Ist diese erfüllt, werden die durch die `SendSignal`-Aktionen definierten Signale entsprechend verschickt und danach die Aktionen ausgeführt, die durch den/die Signalempfänger (`AcceptEvent`) des ausgelösten Signals definiert sind. Die Signalempfänger aktivieren den angeschlossenen Kontrollfluss und dadurch die nachfolgenden Aktionen (Kontrolloperatoren oder Objektänderung). Diese Änderungen an den Objekt- und/oder Laufzeitzuständen der Systemaktivitäten werden dann ins Modell übernommen und können zu einem entsprechenden neuen Systemzustand führen. Durch einen Vorher/Nachher-Vergleich in Form eines Wertevergleiches der Objekt- und Kontrollwerte kann dies überprüft werden.

Hat sich ein neuer Systemzustand ergeben, kann durch weitere Ausführung der Benutzeraktivitäten in diesem neuen Systemzustand dann neuerlich festgestellt werden, welche Benutzeraktivitäten von diesem neuen Zustand aus ausgeführt werden können und so fort. Die Ergebnisse, also die Systemzustände einer solchen, relativ einfach zu realisierenden Simulation können dabei in Form eines Zustandsautomaten (FSM) gespeichert werden.

Ein weiterer Vorteil des beschriebenen Ansatzes ergibt sich daraus, dass die Zustände des Systems nur durch die Objekte und die Kontrollwerte der Systemaktivitäten bestimmt werden. Ein bestimmter Zustand im Modell lässt sich durch einfaches Setzen dieser Werte wieder herstellen. Damit ist es möglich eine Simulation bei Bedarf auch an einem bestimmten, bekannten Zustand beginnen zu lassen und von dort aus die Simulation fortzuführen.

Algorithmus 6.3.1: GENERIEREFSMREKURSIV()

FSM: der zu generierende Automat,
A_{user}: die Menge aller Benutzeraktivitäten,
ST: die Menge aller Zustände,
$S_{known} \subseteq ST$: die Menge der bekannten Zustände,
$S_{start} \in ST$: der Startzustand,
$S_{act} \in ST$: der aktuelle Zustand,
$S_{res} \in ST$: der resultierende Zustand nach Ausführung
einer Aktivität.

procedure AUFBAUZUSTANDSRAUM(S_{act})
  for each Benutzeraktivität $A \in A_{user}$
  do
    Führe A aus.
    if $S_{res} \in S_{known} \land S_{res} \neq S_{act}$
      then
        Füge Transition vom S_{act} zu S_{res} ein.
        Setze $S_{act} = S_{res}$.
      else
        Füge S_{res} zu S_{known} hinzu.
        Füge S_{res} zu FSM hinzu.
        Füge Transition von S_{act} zu S_{res} ein.
        AUFBAUZUSTANDSRAUM(S_{res}).

main
  Bringe Systemmodell in den Initialzustand.
  Setze S_{start} auf den Initialzustand.
  Füge S_{start} zu S_{known} hinzu.
  Füge S_{start} als Startknoten zu FSM hinzu.
  AUFBAUZUSTANDSRAUM(S_{start}).

Der im Rahmen dieser Arbeit entwickelte Algorithmus zur Erzeugung eines solchen Zustandsautomaten ist durch Algorithmus 6.3.1 gegeben. Beginnend mit dem Initialzustand des Systems werden die Benutzeraktivitäten wie oben beschrieben ausgeführt. Im Falle, dass ein neuer Zustand erreicht wird, wird ein neuer Zustandsknoten oder eine Transition zu einem bereits bekannten Zustand, dem Automaten hinzugefügt. Dazu werden die während der Durchführung des Algorithmus gefundenen Zustände zur Menge der bekannten Zusrtände S_{known} hinzugefügt. Diese Zustandsmenge dient als Vergleichsreferenz nach Ausführung einer Benutzeraktivität. Ist der resultierende Zustand bereits darin enthalten und ungleich dem vorherigen Zustand, wird nur eine Transition dort hin eingefügt. Andernfalls ein neuer Zustand und eine Transition.

Schlingen, also Übergänge, die durchlaufen werden, wenn ein Zustand nicht verlassen wird, werden durch den Algorithmus absichtlich nicht erzeugt. Diese ergeben sich implizit: Wenn die Ausführung einer Benutzeraktion das System in keinen neuen Zustand bringt, müsste diese als Schlingentransition an den Zustand angefügt werden. Alle Benutzeraktionen, die einen Zustandswechsel im System verursachen, sind als ausgehende Transition vorhanden. Daher ergeben sich automatisch alle nicht dargestellten Benutzeraktionen als Schlingen bzw. Schlingenbedingung.

Mit Hilfe von Algorithmus 6.3.1 kann damit der Zustandsgraph des Systemmodells durch Ausführung der Benutzeraktivitäten von den gefundenen Systemzuständen aus sukzessive erzeugt werden.

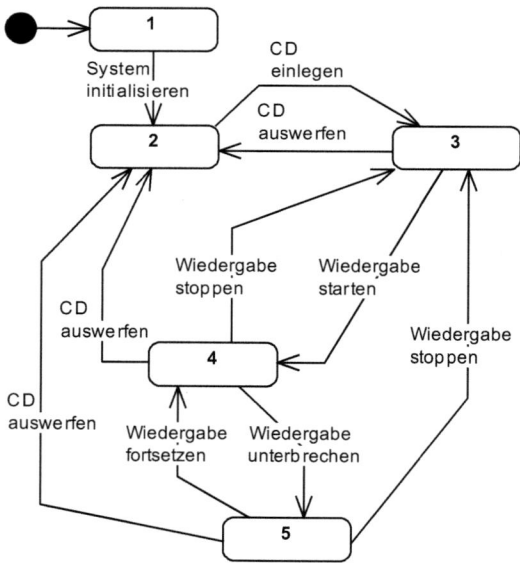

Abbildung 6.10: Generierter Zustandsgraph für die Wiedergabefunktionen des CD-Players

Ein solcher Zustandsgraph, der aus dem Systemmodell für das Beispielsystem gewonnen wurde, ist in Abbildung 6.10 dargestellt. Die Zustände werden beim Generieren durchnummeriert, da es nicht möglich ist, automatisiert aus dem Systemmodell aussagekräftige Zustandsnamen abzuleiten. Für die Testfallgenerierung ist dies auch nicht von Belang, da hier insbesondere die Zustandsübergänge (Benutzeraktionen) interessieren.

Erzeugung des Dualgraphen

Um den aus [BL02] bekannten Graphen zu erhalten, der die sequenziellen Abhängigkeiten der Benutzeraktivitäten darstellt, kann man den so genannten **Dualgraph** oder **Kantengraph des FSM** erzeugen. Dabei werden Knoten und Kanten des Graphen vertauscht, so dass aus dem FSM ein Graph bestehend aus Knoten der Benutzeraktivitäten entsteht, die im FSM die Zustandsübergänge waren. Ein solcher Dualgraph entspricht dann auch einem ESG mit leerer Menge der Systemreaktionen. Für den in dieser Arbeit eingesetzten halbautomatischen Test reicht ein solcher Graph jedoch aus. Das Verfahren, einen solchen Dualgraphen zu erzeugen, ist durch Algorithmus 6.3.2 angegeben.

Algorithmus 6.3.2: GENERIEREDUALGRAPH()

Gegeben: Graph $G_1 = (V_1, E_1)$.
Gesucht: Dualgraph $G_2 = (V_2, E_2)$.

procedure GENERIEREDUALGRAPH()
  for each $v_1 \in V_1$
  do
    for each Kante $e_1 \in E_1$ die mit v_1 verbunden ist
    do
      if e_1 nicht als Knoten $v_2 \in V_2$ in G_2.
      then Füge Knoten v_2 mit Namen von e_1 zu V_2 hinzu.
    for each eingehende Kante e_i verbunden mit v_1
    do
      for each ausgehende Kante e_o verbunden mit v_1
      do Füge Kante e_2 in G_2 zwischen den Knoten, die e_i und e_o repräsentieren ein.

Der aus dem Zustandsgraph in Abbildung 6.10 generierte Dualgraph ist in Abbildung 6.11 dargestellt. Dass manche Benutzeraktionen darin mehrfach vorkommen, liegt an dem unterschiedlichen historischen Kontext der Benutzeraktionen, die bereits davor ausgeführt wurden. Dadurch wurde das System in unterschiedliche Zustände gebracht, was dazu führt, dass entsprechend ein neuer Knoten, bzw. Zustand eingefügt werden musste.

Es ist auch, möglich den Dualgraphen direkt bei der Modellsimulation zu gewinnen. Dazu müssen nur die beiden Algorithmen kombiniert werden. An der Modellsimulation bzw. der sukkzessiven Ausführung der Benutzeraktivitäten ändert sich nichts. Nur die Erzeugung des Ausgangsgraphen muss entsprechend angepasst werden.

Zum besseren Verständnis wurde hier zunächst die Generierung des Zustandsgraphen und die nachträgliche Erzeugung des Dualgraphen dargestellt. Im Rahmen der praktischen Umsetzung wurde zusätzlich zu den oben beschriebenen Algorithmen auch die direkte Generierung des Dualgraphen implementiert. Die dabei generierten Graphen sind äquivalent.

6.3.3 Gewinnung von Testfällen

Nachdem nun Graphen aus dem Modell gewonnen werden konnten, welche die sequenziellen Abläufe im System darstellen, können die bereits bekannten Verfahren zur Testfallgenerierung aus zustands- oder ereignisbasierten Modellen eingesetzt werden.

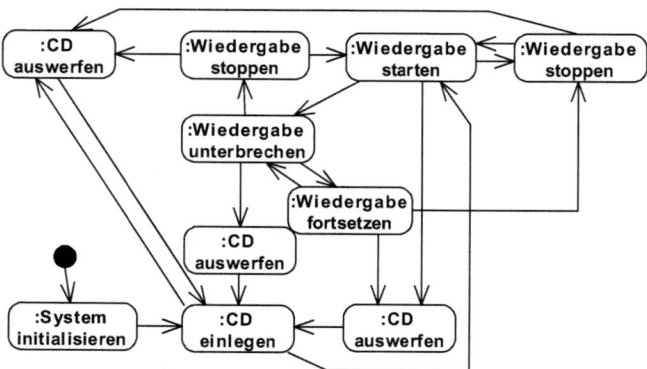

Abbildung 6.11: Beipiel eines generierten Dualgraphen

Jeder Pfad im generierten Dualgraph entspricht einem potentiellen Testfall, um den normalen Ablauf der Systemfunktionen zu testen. Da die Graphen nicht zyklenfrei sind, ist die Menge der generierten Testfälle nicht endlich. Daher müssen gewisse Überdeckungskriterien verwendet werden, um die Anzahl der Testfälle einzuschränken (vgl. Abschnitt 6.4).

Die generierten Graphen beschreiben das Standardverhalten des Systems so, wie es durch das Modell beschrieben wurde. Die daraus generierten Testsequenzen führen daher immer nur die Benutzeraktivitäten aus, die durch das Modell explizit ausgeführt werden dürfen. Was passiert aber, wenn eine gerade nicht zulässige Benutzeraktion ausgeführt wird? Dies herauszufinden ist die Aufgabe von **Robustheitstests** oder **Negativ-Tests**. Das System sollte in einem solchen Fall keinen Zustandswechsel ausführen und sollte weiter stabil funktionieren.

In [BNBM05] und [BLZH07] wurde genau dieser Fall für die Ereignis-Sequenz-Graphen diskutiert. Durch einfache graphentheoretische Verfahren lassen sich aus den ESGs und damit auch aus dem erzeugten Dualgraphen solche Robustheitstests durch Bildung des komplementären Graphen ableiten. Dazu zunächst die Definition des **komplementären Graphen**:

Definition 18 (Vollständiger Graph) *Ein vollständiger Graph $G_c = (V, E)$ ist ein Graph, in dem jeder Knoten mit jedem anderen und sich selbst durch eine Kante verbunden ist. Daher gilt für die Kantenmenge E von G_c*

$$E = \{(v, w) | v, w \in V \text{ und } (v, w) \in E\}.$$

Definition 19 (Komplementärer Graph) *Der komplementäre Graph $\overline{G}$ zu einem Graphen G ist der Graph, in dem alle Kanten existieren, die in G fehlen, damit G ein vollständiger Graph G_c ist.*
Daher gilt

$$\overline{G} = G_c \setminus G.$$

Bildet man einen solchen komplementären Graphen, so enthält dieser genau die Übergangskanten, die laut Modell im generierten Graphen nicht existieren, da diese Übergänge nicht zulässig

sind. Der komplementäre Graph zu dem in Abbildung 6.11 gegebenen Dualgraphen hätte beispielsweise von der Aktion System initialisieren Übergänge zu allen anderen Aktionen und zu sich selbst, mit Ausnahme der Aktion CD einlegen, da hierzu eine Kante im
Dualgraph besteht. Durch Kombination des Dualgraphen und des komplementären Graphen
und entsprechender Markierung der Kanten, kann damit ein vollständiger Graph erzeugt werden, der Informationen über erlaubte und unerlaubte Aufrufe der Benutzeraktivitäten enthält.
Aus einem solchen Graphen lassen sich dann sowohl Positiv- als auch Negativ-Tests erzeugen.

6.4 Überdeckungskriterien

Um die Anzahl der Testfälle zu begrenzen, können verschiedene Überdeckungskriterien angewandt werden, die eine gewisse Mindestabdeckung garantieren. Da es sich bei den generierten
Graphen um FSM und ESGs handelt, können die dafür entwickelten Überdeckungskriterien
auch hier Anwendung finden.

Beispielsweise kann im Dualgraph zunächst eine Kantenüberdeckung verwendet werden. Weiterhin lässt sich diese zu einer n-Switch-Überdeckung verallgemeinern. In [Sch07] wurde der
Chinese-Postman-Algorithmus verwendet, um eine Kantenüberdeckung zu errechnen. Dabei
wurden Testsequenzen errechnet, die einer 1-switch-Überdeckung im äqialenten endlichen
Automaten des Dualgraphen entsprechen.

Ein Beispiel für Testfälle, die aufgrund dieser 1-switch-Überdeckung aus dem Dualgraphen in
Abbildung 6.11 erzeugt wurden, zeigt Abbildung 6.12.

In [BNBM05] wird für dieses Überdeckungmaß anhand eines Beispiels gezeigt, dass es das
beste Verhältnis von Testaufwand und gefundenen Fehlern aufweist. Daher wurde es hier auch
verwendet.

6.5 Diskussion des Verfahrens

Um die Machbarkeit des beschriebenen Verfahrens zu zeigen, wurde im Rahmen dieser Arbeit
und in [Sch07] eine prototypische Implementierung als Addin für das Werkzeug Enterprise Architect erstellt. Diese beinhaltet entsprechende Mechanismen und Parser, um die modellierten
Aktivitätsdiagramme und die Bedingungen darin auszuwerten und eine Simulation zum Zwecke der Graphgenerierung durchzuführen. Eine detaillierte Beschreibung der unterstützten Semantik von Bedingungen an Kanten der Entscheidungsknoten und valueSpecification-
Aktionen findet sich in [Sch07]. Durch die Implementierung konnte die Machbarkeit des Ansatzes auch in der Praxis gezeigt werden.

6.5.1 Auswahl der Benutzeraktivitäten zur Simulation

Die Implementierung wurde dabei so gestaltet, dass für die Simulation festgelegt werden kann,
welche Benutzeraktivitäten einbezogen werden sollen. Daraus ergeben sich zwei Vorteile: Ers-
tens kann es vorkommen, dass gewisse Benutzeraktivitäten im zu testenden System nicht zur
Verfügung stehen. Beispielsweise hat ein zu testender CD-Player keine Repeat-Funktion. Durch
die Auswahl der Benutzeraktivitäten kann dann ein Graph erzeugt werden, der diese Funktion
nicht berücksichtigt. Der zweite Vorteil der Auswahlmöglichkeit besteht darin, dass beispielsweise nur ein Test der Wiedergabefunktionen des CD-Players generiert werden soll. Im Modell

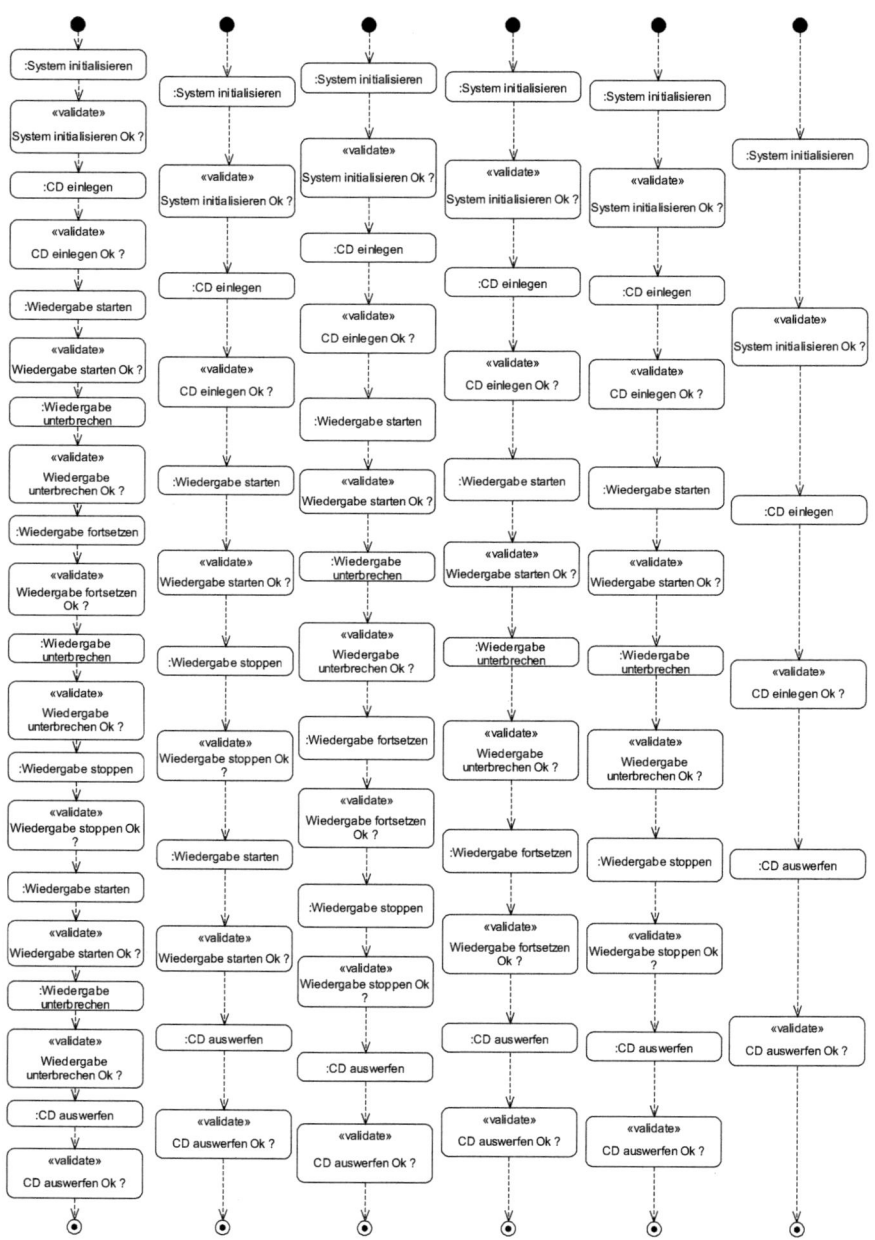

Abbildung 6.12: Beispiel für generierte Testfälle mit einer 1-switch-Überdeckung

befinden sich aber auch noch andere Subsysteme, die ebenfalls Benutzeraktionen haben. Durch die Auswahl ist es möglich, die generierten Testfälle speziell auf den Problembereich einzuschränken, der gerade benötigt wird.

6.5.2 Problematik der großen Zustandsmenge

Da das funktionale SysML-Modell immer das gesamte System betrachtet, kann es schnell geschehen, dass der durch das Modell aufgespannte Zustandsraum eine enorme Größe erreicht und die generierten Automaten entsprechend viele Zustände haben.

Dieses Problem der Zustandsexplosion (engl. *state explosion*) besteht bei allen Verfahren die Zustandsautomaten automatisiert erzeugen. Ein Ausweg ist die oben beschriebene Auswahl der in die Simulation einbezogenen Benutzeraktivitäten. Diese Auswahl könnte auch noch weiter verfeinert und parametrisiert werden, so dass nur die Teile des Modells simuliert werden, die für die jeweilige Testanforderung des Testingenieurs von Interesse sind.

Die Zustandsautomaten werden bei dem beschriebenen Verfahren voll automatisiert aus dem SysML-Modell erzeugt. Daher brauchen diese Graphen nicht weiter manuell bearbeitet zu werden. Die Grenze der Simulation ist daher nur durch die Speicherkapazität und die Rechenleistung des Rechners beschränkt, der die Simulation durchführt. Da diese beiden Faktoren in der Vergangenheit stetig angestiegen sind, und dies auch für die mittelfristige Zukunft zu erwarten ist (Gesetz von Moore), sollte auch die Simulation eines größeren Systems mit dem vorgestellten Ansatz möglich sein. Ein System im Telematikbereich kann diverse Funktionen parallel anbieten und dies führt in der Simulation zu sehr vielen Zuständen. Hier ist es auch Aufgabe des Testingenieurs, entsprechende Auswahlen der Benutzeraktivitäten durchzuführen, um die Simulation so zu beeinflussen, dass parallele Abläufe, die keinen gegenseitigen Einfluss aufeinander haben, identifiziert werden.

Des weiteren könnten solche Abhängigkeiten zukünftig - zumindest teilweise - auch aus dem Modell gewonnen werden. Durch die klare Strukturierung des Modells lassen sich zusammengehörige Modellelemente wie Objekte und Systemaktivitäten eindeutig durch die Pakete identifizieren und zuordnen. Benutzeraktivitäten, deren Ausführung keinerlei Einfluss auf das Verhalten von anderen Systemteilen hat, könnten dann bei der Simulation dieser anderen Systemteile ausgenommen werden.

6.5.3 Verwendung des Modells als Testorakel

Bislang werden mit dem vorgestellten Ansatz, auch aufgrund der hier angestrebten halbautomatischen Testfälle, nur Informationen über die Zusammenhänge der Benutzeraktivitäten extrahiert. Im Modell liegen während der Simulation aber auch Informationen über den internen Zustand des Systems in Form von Objektzuständen und Laufzeitzuständen der Systemaktivitäten vor. Diese sind so ohne weiteres im Systemtest nicht als Testorakel zu verwenden, da sie Kenntnisse des Modells und seiner Konzeption erfordern, um die Bedeutung der Werte zu verstehen. Beispielsweise bedeutet, dass keine CD eingelegt ist, wenn das CD-Objekt den Wert null besitzt. Der beschriebene Ansatz könnte mit einer Festlegung von Rollen zu solchen Systemzuständen so erweitert werden, um diese Problematik lösen und dadurch die Extraktion von Validierungsinformationen während der Simulation zu ermöglichen (z.B. Rolle: CD!=null entspricht *CD ist eingelegt*, etc.). Da im Rahmen dieser Arbeit für das Car Multimedia Umfeld nur halbautomatische Testfälle erzeugt werden sollen, wird davon zunächst kein Gebrauch gemacht.

6.5.4 Zeitliches Verhalten

Was dem Modell bisher noch fehlt, ist die Beschreibung von zeitlichem Verhalten der Systemaktivitäten. Aufgrund dessen wird dieses zeitliche Verhalten bisher weder im Modell noch bei der Simulation zur Graphgenerierung berücksichtigt. Ein Beispiel für einen solchen zeitlichen Aspekt ist die Laufzeit der Systemaktivität `Titel wiedergaben`, die von der Länge des aktuellen Titels abhängt.

Das Modell und die Implementierung, um solche zeitlichen Aspekte zu erweitern, ist sicherlich durch den Einsatz von Profilen, Stereotypen und Tagged Values möglich, zumal beispielsweise im UML Testing Profile [E+03] bereits Zeit und Dauer (`time` und `duration`) definiert wurden.

In dieser Arbeit wurde bewusst zunächst darauf verzichtet, die zeitlichen Aspekte der internen Systemstruktur zu berücksichtigen. Dies hängt damit zusammen, dass dies auch in der heutigen Testpraxis zumeist so gehandhabt wird. Die Systeme werden zu Testbeginn durch ein Reset in einen definierten Ausgangszustand versetzt, für den der Testfall entsprechend entwickelt wurde. Typisches Beispiel ist der Test der Funktion `Nächster Titel` eines CD Players. Dieser Test funktioniert nur so lange, bis der letzte Titel erreicht wurde. Daher wird meist ein Testfall konzipiert, der als Ausgangstitel den letzten, und ein weiterer Testfall, der einmal den nicht letzten Titel anwählt und dann den Testschritt `Nächster Titel` ausführt. Falls der CD-Player aber nach Ende des Titels automatisch den nächsten Titel anwählt, kann der Testschritt, der vorher funktionierte, nun fehlschlagen, da beispielsweise der letzte Titel automatisch angewählt wurde. Dies zu erkennen liegt im Aufgabengebiet des Testers, der den Test durchführt oder die Ergebnisse bewertet.

Da im Rahmen dieser Arbeit halbautomatische Testfälle erzeugt werden, die die Mitarbeit eines (erfahrenen) menschlichen Testers erfordern, werden daher diese zeitlich bedingten Spezialfälle bewusst außer Acht gelassen.

6.5.5 Strukturiertes Vorgehen bei der Modellerstellung

Im beschriebenen Ansatz wurde das Verhaltensmodell des Systems ausschließlich unter Verwendung von SysML-Aktivitätsmodellierung beschrieben.

Zentraler Punkt dabei sind die Benutzer- und Systemaktivitäten, die das System aus Sicht der Benutzer und des Systems (externe und interne Sicht) beschreiben. Zur Verknüpfung beider Sichten werden klar festgelegte Modellierungselemente verwendet. Im Modell kann genau nachvollzogen werden, was zur inneren und zur äußeren Systemsicht gehört.

Durch diese klare Festlegung, welche Modellelemente an welcher Stelle wie eingesetzt werden, lassen sich bestimmte Entwurfsschritte für das Verhaltensmodell ableiten, um die Erstellung des Modells transparent und strukturiert zu ermöglichen:

1. Teilautomatische Erzeugung der definierten Paketstruktur des Modells (vgl. Abschnitt 5.4.1).

2. Identifizieren und Anlegen der im System beteiligten Benutzeraktionen.

3. Identifizieren und Anlegen der vom System ausgeführten Systemaktionen.

4. Modellierung der Vorbedingungen der Benutzeraktionen als Aktivitätsdiagramm bei jeder Benutzeraktion. Dabei werden Entscheidungsknoten und eine `SendSignal`-Aktion als Instanz der jeweiligen Benutzeraktion verwendet.

5. Modellierung des internen Verhaltens auf Seiten der Systemaktionen durch normale und `valueSpecification`-Aktionen, Entscheidungsflüsse und Objekte.

6. Erstellung der Verknüpfung zwischen Benutzer- und Systemaktionen durch Ereignisempfänger, Kontrolloperatoren und Beeinflussung der internen Objekte mit Hilfe von `valueSpecification`-Aktionen bzw. `CreateObject` und `DestroyObject`.

Die einzelnen Schritte müssen nicht in genau dieser Reihenfolge ausgeführt werden, sondern können je nach Bedarf im Rahmen eines iterativen Prozesses auch getauscht werden.

Trotzdem bleibt klar definiert, wo und mit Hilfe welcher Modellelemente welche Aspekte der Systembeschreibung umgesetzt wird. Durch die Nutzung der Benutzeraktivitäten als zentrales Modellelement und eine durchgängige Verwendung von Aktionen, die Instanzen dieser Benutzeraktivitäten sind, lässt sich außerdem eine Nachverfolgbarkeit der Systemfunktionalität im Modell gewährleisten.

Ähnlich zu Entwurfsmustern (engl. *Design Pattern*), wie sie in der objektorientierten Softwareentwicklung eingesetzt werden, können auch hier die oben aufgeführten Modellelemente und deren Verwendung als solche Muster angesehen werden, welche im Modell immer wieder in ähnlicher Weise vorkommen.

Im Hinblick auf die sonst übliche Verwendung von Zustandsmodellen in der Verhaltensmodellierung hat der hier vorgestellte Ansatz den Vorteil, dass es für den Modellierer nicht notwendig ist, zunächst die einzelnen Systemzustände explizit herauszufinden und eine entsprechende, zustandsbasierte Denkweise anzuwenden. In der in [BBLS06] vorgestellten Fallstudie wurden zustandsbasierte Modellierung und ereignisbasierte ESGs direkt verglichen. Dabei zeigte sich ein geringerer Einarbeitungsaufwand und eine intuitivere Verwendung der ereignisbasierten Konzepte, was sich anhand des Zeitaufwandes bei der Modellierung direkt niederschlug. Die Ergebnisse lassen sich in sofern auch auf die hier vorgestellte Modellierung übertragen, da mit der Erstellung des ereignisorientierten Modells iterativ, mit Hilfe der oben genannten Prozessschritte, strukturiert und direkt begonnen werden kann.

6.6 Fazit

Ein strukturiertes SysML-Aktivitätsmodell zur Verhaltensbeschreibung auf funktionaler Ebene ermöglicht die automatische Generierung von Testfällen durch sukzessiven Aufbau des Zustandsraumes des Systems durch eine simulierte Ausführung der Benutzeraktivitäten.

Im Rahmen einer Implementierung konnte die Machbarkeit der erarbeiteten Konzepte gezeigt werden. Da es möglich ist, aus dem Systemmodell vollautomatisch endliche Automaten und Ereignis-Sequenz-Graphen zu generieren, können die in diesem Bereich etablierten Überdeckungskriterien und Verfahren zur Testfallgenerierung angewandt werden.

Eine klare Festlegung, welche Modellteile welche Aufgaben erfüllen und wo diese im Modell zu finden sind, erleichtert dem Modellierer die Arbeit bei der Erstellung des Systemmodells und zusätzlich den Modellbenutzern später die Navigation im Modell.

Aufgrund ereignisorientierter Modellierung mit Hilfe von SysML-Aktivitätsdiagrammen erfordert die Modellierung darüber hinaus keine speziellen Kenntnisse über Zustandsautomaten oder die im System vorhandenen Zustände zu Beginn der Modellerstellung.

7

Generierung produktspezifischer Testfälle

Dieses Kapitel stellt den Ansatz vor, der verwendet wird, um die produktspezifischen Eigenschaften der Systeme zu modellieren. Zum Einsatz kommen dabei domänenspezifische Modellierung und Konzepte, die auf automobile Systeme im Telematikbereich zugeschnitten sind. Es wird gezeigt, wie die funktionalen Systemaspekte mit den produktspezifischen verknüpft werden können, um zu erreichen, dass auf der funktionalen Systemebene beschriebene Testfälle vollautomatisch in ausführbare CANoe.MOST Testmodule transformiert werden können. Die Beschreibung der Transformationsschritte erfolgt informell und formal durch QVT-Relationen.

7.1 Überblick

In Kapitel 5 wurde die Struktur des SysML-Modells sowie die Konzeption der Verhaltensmodellierung mit Benutzer- und Systemaktivitäten festgelegt. Testfälle werden als Aktionssequenzen auf funktionaler Ebene beschrieben bzw. mit dem in Kapitel 6 vorgestellten Ansatz generiert.

Um solche Testfälle nicht nur manuell für ein konkretes Produkt ausführen zu können, sondern dies automatisiert zu tun, muss ein Weg gefunden werden, die produktspezifischen Informationen mit den funktionalen Aspekten so zu verknüpfen, dass produktspezifische, ausführbare Testfälle im Rahmen eines Generierungsprozesses erzeugt werden können.

Die folgenden Abschnitte beschreiben den Lösungsansatz, der erarbeitet wurde, um die produktspezifischen Aspekte, also z.B. MOST- und CAN-Spezifika der Produkte zu modellieren und eine Verknüpfung zum funktionalen Modellteil herzustellen. Des Weiteren werden die entwickelten Transformationen beschrieben, um aus den funktionalen und produktspezifischen Modellinformationen automatisch zu ausführbaren Testmodulen im CANoe.MOST XML-Format zu gelangen.

7.2 Verwandte Arbeiten

Das UML2 Testing Profile (U2TP) [E+03] definiert eine domänenspezifische Erweiterung der UML zum Einsatz in der Testfall- und Testinfrastrukturmodellierung. Dabei können die Testfälle mit Hilfe der UML2-Verhaltensdiagramme beschrieben werden. Im Rahmen dieser Arbeit werden die Testfälle als Aktionssequenzen mit Aktivitätsdiagrammen beschrieben. Die eigentliche Testfallmodellierung geschieht dabei produktunabhängig auf funktionaler Ebene. Diese funktionalen Testfälle werden dann durch einen Generierungsprozess zu ausführbaren Testmodulen transformiert. Im U2TP werden ebenfalls Umwandlungen der UML-Testbeschreibungen in andere Formate wie TTCN-3 oder JUnit beschrieben. Jedoch erfolgt die Testfallbeschreibung durch das U2TP, anders als im hier gemachten Ansatz, nicht produktunabhängig.

Ein Konzept zur Generierung von Systemtestfällen aus Aktivitätsdiagrammen beschreiben Hartmann, Viera, et. al. in [HVFR03]. Dort werden speziell auf PC-Applikationen zugeschnittene Tests generiert. Mit der hier angewandten Trennung von funktionalem und spezifischem Verhaltensmodell können mit ein und dem selben Generator Testfälle zum Test aller Systeme erzeugt werden, für die entsprechende Verknüpfungen zwischen beiden Modellteilen vorhanden sind.

Eine Fallstudie des TT-Medal Consortium [SHB05] untersucht und demonstriert die Automatisierbarkeit von System- und Systemintegrationstests mit Hilfe von TTCN-3 am Beispiel eines MOST Car Multimedia Systems. Die dort evaluierten Konzepte zur Testautomation könnten auch mit dem hier beschriebenen Ansatz angewandt werden, jedoch wurde aufgrund der besseren Verfügbarkeit im Telematikumfeld nicht TTCN-3, sondern CANoe.MOST als Testumgebung ausgewählt. In der Studie werden die Testfälle außerdem per Hand implementiert, während hier die Testfälle durchgängig aus dem SysML-Systemmodell generiert werden.

7.3   Produktspezifische Modellierung

Um die funktionalen Testfälle zu automatisieren, muss auf der produktspezifischen Ebene beschrieben werden können, wie die Benutzeraktionen am konkreten Produkt umgesetzt werden. Beispielsweise muss an einen MOST-basierten CD-Player eine MOST-Bostschaft gesendet werden, um die Wiedergabe zu starten.

Im Systemtest werden die zu testenden Geräte als Black-Box angesehen und nur über die nach außen hin sichtbaren Schnittstellen angesteuert. In Abschnitt 2.4 wurden die im Automobilbereich vorkommenden Schnittstellen beschrieben. Die wichtigsten im Telematikumfeld sind CAN und MOST. Daher müssen im produktspezifischen Modellteil Beschreibungsmittel bereitgestellt werden, die es erlauben, diese automotivespezifischen Schnittstellen abzubilden.

Im Rahmen des heutigen Testprozesses, bei dem in der Testfallbeschreibung funktionale und produktspezifische Aspekte vermischt werden, bestehen die Testfälle auch genau aus Kommandos, die diese Schnittstellen bedienen (z.B. Sende CAN Nachricht XYZ, Sende MOST Kommando ABC, etc.). Solche Testfälle bestehen wiederum aus Sequenzen von produktspezifischen Aktionen zum Triggern und Validieren des Systemverhaltens. Daher bietet es sich an, auch auf produktspezifischer Ebene auf Aktivitätsmodellierung zurückzugreifen, um diese produktspezifischen Eigenschaften zu beschrieben.

Zur Darstellung der im Automobilbereich spezifischen Informationen im SysML-Modell wird daher von domänenspezifischer Modellierung Gebrauch gemacht und ein entsprechendes SysML-Profil definiert, das Verhaltensbeschreibungen für den Bereich Automotive/Telematik ermöglicht.

Abbildung 7.1 zeigt das definierte Profil. Dabei werden von der UML/SysML-Metaklasse Action für die Testbeschreibung notwendige, domänenspezifische Aktionen mit spezieller Semantik (Stereotypen) abgeleitet. Außerdem werden zwei spezielle ActionPins zur Übergabe der MOST-Ein- und Ausgangsdaten definiert (Stereotypen «InParameterMOST» und «OutParameterMOST»).

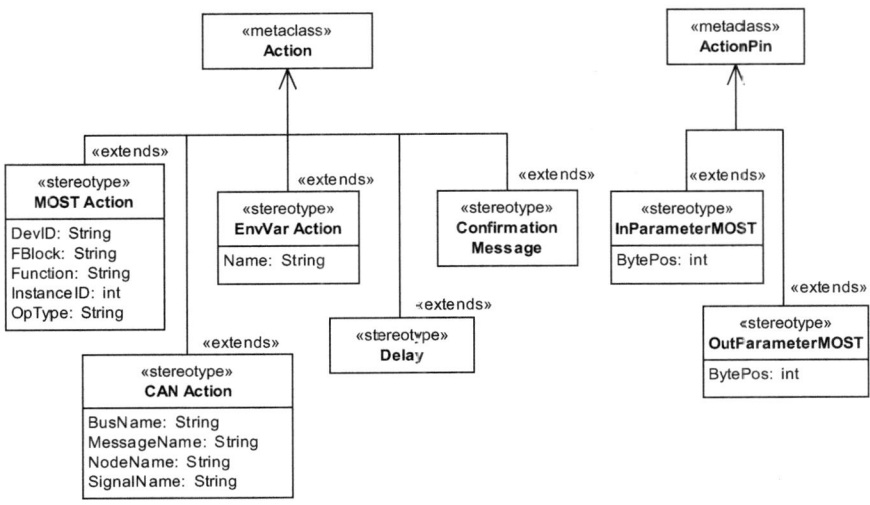

Abbildung 7.1: Profildefinition zur Verhaltensmodellierung im Automobilbereich

Das Profil definiert zunächst Aktionen, um das Verhalten des MOST- und CAN-Systems zu modellieren (Stereotypen «MOST Action» und «CAN Action»). Hinzu kommt eine Aktion zum Beeinflussen von Umgebungsvariablen (Stereotyp «EnvVar Action»), wie sie im eingesetzten Werkzeug CANoe.MOST vorkommen. Diese Umgebungsvariablen steuern die Simulationsumgebung im Rahmen von CANoe.MOST. Eine solche Simulationsumgebung wird benötigt, um das System im Rahmen eines Laboraufbaus zu testen (Restbussimulation).

Die Aktion mit dem Stereotyp «Confirmation Message» dient dazu während des Testlaufes binäre Informationen vom Tester abzufragen (Ja/Nein-Abfrage). Dies wird für die manuelle Validierung des Systems unter Test (SUT) genutzt. Eine Delay-Aktion vervollständigt das Profil um die Möglichkeit, Wartezeiten in den Testlauf zu integrieren, um beispielsweise nach einer Aktion auf deren Fertigstellung durch das System zu warten.

Abbildung 7.2 zeigt die Anwendung der Profildefinition für jeden definierten Stereotyp anhand eines Beispiels. Bei der Modellierung des MOST-Verhaltens wird eine spezielle Notation mit eckigen Klammern ([ ]) verwendet. Diese Notation definiert Variablen, die später durch konkrete Werte ersetzt werden. Genaue Details dieses Verfahrens werden weiter unten in Abschnitt 7.5 erläutert.

Mit der Anwendung der im Profil definierten Aktionen in Form von Aktionssequenzen lassen sich bereits Testfälle in der Form abbilden, wie sie heute noch im Systemtestprozess verwendet werden. Ziel des hier vorgestellten Ansatzes ist es jedoch, die Testfälle auf funktionaler Ebene zu beschreiben und dann durch einen Generierungsschritt mit Hilfe der Informationen aus dem produktspezifischen Modellteil solche produktspezifischen Testfälle voll automatisch zu erzeugen.

Um dies zu erreichen, ist die Idee, für jede im funktionalen Modellteil definierte Benutzeraktivität im produktspezifischen Teil zu beschreiben, wie diese für ein konkretes zu testendes Sys-

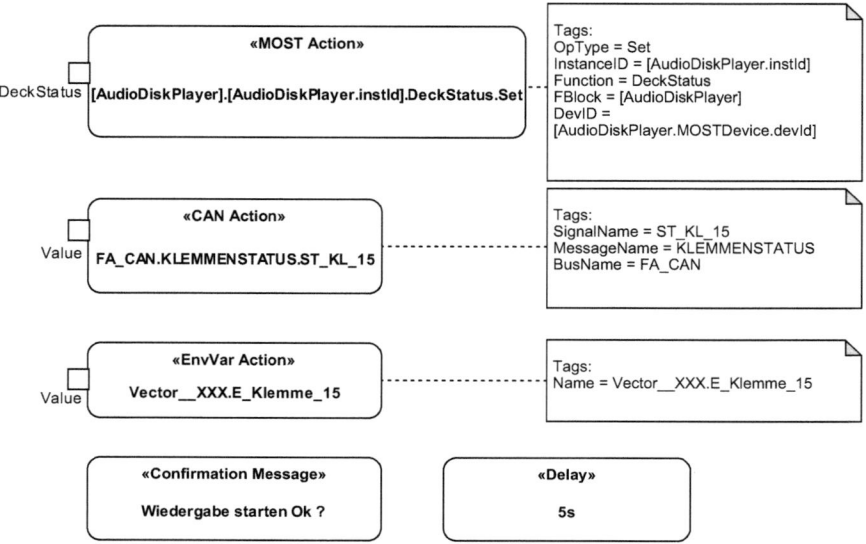

Abbildung 7.2: Anwendung des Profils

tem auf technischer Ebene ausgeführt werden kann, d.h. welche produktspezifischen Aktionen ausgeführt werden müssen.

Um diese Verknüpfung beider Modellteile herzustellen, werden dazu in den produktspezifischen Modellteilen Instanzen der funktionalen Benutzeraktivitäten in einem speziellen Verzeichnis des produktspezifischen Modellteils (Stereotyp «assignments») angelegt. Die technischen Abläufe für das konkrete System werden dann in diese Aktivitätsinstanz als Aktivitätsdiagramm unter Benutzung der spezifischen Aktionen hineinmodelliert.

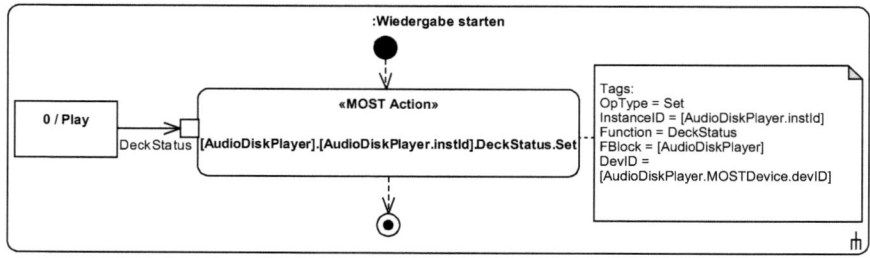

Abbildung 7.3: Verknüpfung der Benutzeraktivität Wiedergabe starten mit dem produktspezifischen Verhalten

Abbildung 7.3 zeigt beispielhaft eine Definition einer solchen Verknüpfung für die Benutzeraktivität Wiedergabe starten. Wie man erkennt, muss man, um diese Funktion mit dem konkreten Produkt durchzuführen, auf produktspezifischer Ebene mit Hilfe der Aktion des Typs

MOST Action die MOST-Funktion DeckStatus am Funktionsblock AudioDiskPlayer auf den Wert Play setzen. Der Wert Play ist dabei nur eine symbolische Darstellung des technischen Wertes (0). Diese symbolische Darstellung ist im MOST-Bereich gebräuchlich und kann im SysML-Modell durch Verwendung der Rolle (engl. *Role*) abgebildet werden. Die Eingabeparameter der Aktionen werden durch Objekte im Modell repräsentiert.

Dass hier im Beispiel nur eine einzige produktspezifische Aktion verwendet werden muss, liegt daran, dass es sich beim MOST-System selbst um ein domänenspezifisches System handelt. Daher ist die Abbildung der funktionalen Teile oftmals sehr einfach möglich. Der Ansatz ist im Hinblick auf die Länge der Aktionssequenzen aber keinesfalls beschränkt. Es können beliebig lange Aktionssequenzen, bestehend aus produktspezifischen Aktionen, verwendet werden, um das Verhalten der Benutzeraktivitäten umzusetzen.

7.3.1 Verwendung der Funktionskataloge bei der Modellerstellung

Für MOST, CAN und die CANoe.MOST-Umgebungsvariablen liegen im Rahmen des Entwicklungs- und Testprozesses formale Nachrichtenkataloge in Form von XML-Dateien vor. Um die Erstellung der Verknüpfungen für die Modellierer zu erleichtern, lassen sich diese Informationen nutzen und über ein entsprechendes Addin für das Modellierungswerkezeug zugänglich machen. In Abbildung 7.4 ist eine Dialogbox gegeben, die im Rahmen einer solchen Einbindung der Katalogdaten entstanden ist und beim Einfügen einer CAN Action automatisch erscheint. Gleiches gilt für die Umgebungsvariablen und die MOST-Funktionen. Durch Auswahlboxen können die gewünschten Funktionen ausgewählt werden und werden danach automatisch den entsprechenden Tagged Values, also den im Profil definierten Attributen der Aktion zugewiesen.

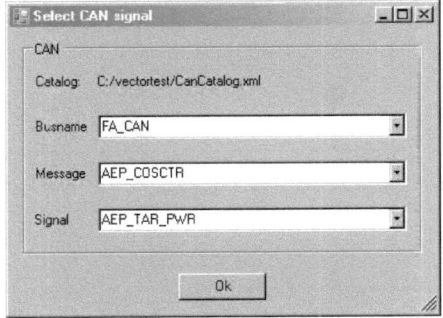

Abbildung 7.4: Dialog bei Einfügen einer CAN Action

Neben der Datenhaltung in den durch das Profil definierten Tagged Values werden bestimmte Informationen auch im Namen der Aktion angegeben. Die Delay-Aktion und die Tester Confirmation-Aktion benutzen das Namensfeld, um die Wartezeit bzw. die Textausgabe für den Tester zu speichern. Diese Vorgehensweise hat den Vorteil, dass die Informationen im Modellierungswerkzeug direkt sichtbar sind und nicht erst explizit durch Anzeige der Tagged Values sichtbar gemacht werden müssen. Für die CAN-, MOST- und Umgebungsvariablen-Aktionen werden daher auch Informationen aus den Tagged Values redundant zusätzlich im Namen der Aktion gespeichert und damit angezeigt.

7.3.2 Parameter

Neben den Botschaftsnamen besitzen die MOST-, CAN- und Umgebungsvariablen-Aktionen
natürlich noch Parameter zur Übergabe von Werten, die als Daten dieser Botschaft gesendet
werden müssen. Diese Parameter werden im SysML-Modell als `ActionPin` an die Aktion
angefügt. Die CAN-Nachrichten und Umgebungsvariablen besitzen nur einen einzigen möglichen Parameter, der den Wert des CAN-Signals oder der Variable festlegt. Daher wird für diese
Aktionen ein `ActionPin` standardmäßig mit angelegt.

MOST-Botschaften hingegen können mehr als einen Parameter besitzen und diese Parameter sind durch den MOST-Funktionskatalog eindeutig mit Name und Typ definiert. Weiterhin
können nach Senden einer MOST-Botschaft, die eine Anfrage stellt, Rückgabewerte von einer
Antwortbotschaft geliefert werden (Request/Response-Verhalten).

Typische Beispiele solcher MOST-Kommunikationen sind Nachrichten vom Operationstyp
`SetGet` und `StartResult`, die immer von einer `Status`-, bzw. `Result`-Botschaft beantwortet werden. Im Modell wurde daher eine Vereinfachung der Modellierung für MOST-
Aktionen verwendet, um dieses Verhalten zu berücksichtigen: Für ein MOST-Kommando wird
jeweils nur eine Aktion verwendet - gleichgültig, ob diese Nachricht durch eine Antwortnachricht beantwortet wird oder nicht. Um die Daten der Antwortnachricht trotzdem berücksichtigen zu können, werden die Parameter der Antwortbotschaft noch zusätzlich an die MOST-
Aktion angefügt. Damit beschreibt eine dargestellte MOST-Aktion implizit den vollständigen
Kommunikationsablauf einer MOST-Kommunikation und versteckt dabei Informationen, die
nicht notwendigerweise dargestellt werden müssen. Abbildung 7.5 illustriert das Verfahren
anhand einer Gegenüberstellung eines MOST-Kommunikationsablaufes als Sequenzdiagramm
und der gewählten Aktivitätsmodellierung. In dem dargestellten Sequenzdiagramm werden die
im MOST-Bereich von den dort verwendeten Message Sequence Charts her üblichen Notatio-
nen verwendet (vgl. Abschnitt 2.4.2).

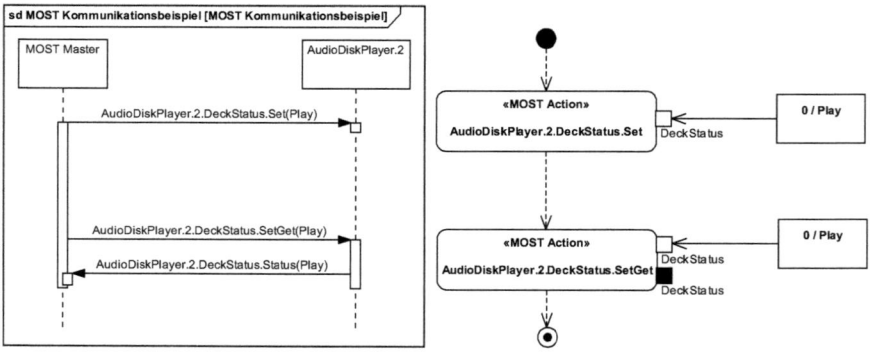

Abbildung 7.5: Gegenüberstellung MOST-Kommunikation und abkürzende Schreibweise durch die Aktivitätsdiagramme

Um Eingangs- und Ausgangsparameter, die oftmals, aber nicht zwangsläufig, gleiche Namen
besitzen, unterscheiden zu können, werden die ActionPins mit speziellen Stereotypen versehen.
Die Eingangsparameter bekommen den Stereotyp «InParameterMOST», die Ausgangsparameter entsprechend «OutParameterMOST». Da die Stereotypen von ActionPins im Modellie-

rungswerkzeug nicht angezeigt werden können, werden die Eingangsparameter zusätzlich weiß und die Ausgangsparameter schwarz eingefärbt.

Durch die Darstellung der Parameter im Aktivitätsdiagramm ist es im Gegensatz zum Sequenzdiagramm außerdem möglich, Datenflüsse von Parametern zwischen den einzelnen Aktionen explizit als Objektfluss darzustellen, um damit beispielsweise Ausgangsparameter einer MOST-Botschaft als Eingang einer weiteren, folgenden zu verwenden.

7.4 Parameteranpassung

Nicht nur die produktspezifischen Aktionen besitzen Eingangsparameter, auch die Benutzeraktivitäten können Parameter besitzen (z.B. Lautstärke, Titelnummer, etc.). Bei der Abbildung der funktionalen Aktivitäten auf die technische Ebene muss dies selbstverständlich berücksichtigt werden.

Da die technische Umsetzung in Instanzen der Benutzeraktivitäten hinein modelliert wird, kann diese Instanz mit dem entsprechenden Parameter der Benutzeraktivität versehen werden und durch Objektflüsse Verbindung zu dem Eingangsparametern der produktspezifischen Aktionen hergestellt werden.

Es kann durchaus vorkommen, dass sich die Formate der Parameter auf funktionaler und technischer Ebene unterscheiden. Beispielsweise ist der Parameter der Lautstärke auf funktionaler Ebene als Prozentwert zwischen 0 und 100% definiert, um in der Modellierung von den technischen Systemen unabhängig zu sein.

Auf technischer Ebene dagegen wird die Lautstärke z.B. als Bytewert im Bereich 0-255 definiert. Daher ist eine Anpassung der Eingangsparameter zwischen funktionaler und produktspezifischer Ebene notwendig.

Innerhalb der SysML wurde ein neuer Diagrammtyp definiert, der es erlaubt, die Zusammenhänge zwischen verschiedenen Ein- und Ausgangsgrößen explizit im Modell darzustellen, das *Zusicherungsdiagramm*. Es ermöglicht die Definition von parametrischen Beziehungen zwischen den Systembausteinen. In der Literatur zu SysML werden oftmals physikalische Gleichungen als Beispiele für Zusicherungen (*Constraints*) verwendet. Eine Zusicherung im Rahmen einer Gleichung wird innerhalb eines mit dem Stereotyp «constraintBlock» versehenen Blocks definiert und dann durch Instanzen, so genannte «constraintProperty»-Elemente, verwendet.

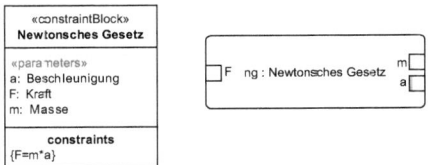

Abbildung 7.6: Definition und Anwendung einer parametrischen Zusicherung

In Abbildung 7.6 sind die Definition und die Instanz am Beispiel des Gesetzes von Newton $F = m \cdot a$ dargestellt. Das ConstraintProperty-Element wird dabei als Box mit abgerundeten Ecken und innenliegenden Parametern, gemäß der Definition im Standard, dargestellt.

Auf die gleiche Weise, wie der Zusammenhang zwischen den Eingangsgrößen Masse m und Beschleunigung a und der Ausgangsgröße Kraft F definiert werden kann, lassen sich die Elemente des Zusicherungsdiagramms nutzen, um das Problem der unterschiedlichen Eingangsparameter auf funktionaler und produktspezifischer Ebene zu lösen (vgl. [Alt06]).

Dazu werden durch ConstraintBlock-Elemente die notwendigen Umrechnungsformeln definiert und dann im Rahmen der Verknüpfung zwischen Benutzeraktivität und technischem Verhalten ConstraintProperty-Instanzen innerhalb des Aktivitätsdiagrames verwendet.

Abbildung 7.7 zeigt die Anwendung einer solchen Parameteranpassung am Beispiel der Benutzeraktivität Lautstärke einstellen des Verstärkers. Der von der Benutzeraktivität kommende Eingangswert in Prozent wird durch die Zusicherungsgleichung *Volume=Lautstärke * (255/100)* in den benötigten Bytewert umgerechnet. Selbstverständlich können auch mehrere solche Zusicherungen zusammengeschaltet werden, um komplexere Umrechnungen vorzunehmen. Die klare Trennung in SysML von Definition und Anwendung (Block und Instanz) der Zusicherungen ermöglicht zudem die Wiederverwendung bereits definierter Zusicherungen an mehreren Stellen im Modell. Ins Modell eingeordnet werden alle ConstraintBlock-Elemente im produktspezifischen Teil, in dem Paket, das mit dem Stereotyp «constraints» versehen ist.

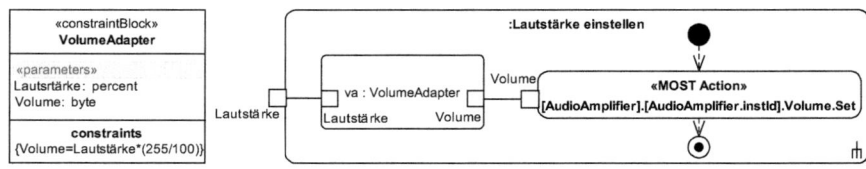

Abbildung 7.7: Parameteranpassung durch Anwendung einer SysML-Zusicherung

7.5 Gewinnung MOST-spezifischer Informationen aus dem Strukturmodell

Im Gegensatz zu Kommunikationssystemen im Fahrzeug wie CAN, LIN und FlexRay, bei denen das Format der Kommunikationsbotschaften frei definiert werden kann, hebt sich das MOST-System durch eine strukturiertere, verhaltensorientierte Struktur ab und benutzt Konzepte, die von der Objektorientierung her bekannt sind. Zusammengehörige Funktionalität wird in MOST-Geräten durch die so genannten Funktionsblöcke definiert und zusammengefasst (z.B. AudioDiskPlayer, AudioAmplifier, etc.), vgl. Abschnitt 2.4.2.

Innerhalb der Funktionsblöcke gibt es Funktionen, die über die durch den Funktionsblock abgegrenzte, eigentliche Funktionalität hinaus gehen. Beispielsweise gibt es Funktionen, die in allen Funktionsblöcken enthalten sind, die als Audioquelle im System auftreten können. Gleichermaßen gilt dies auch für Funktionen, die in Audiosenken vorhanden sind. Solche übergreifenden Funktionen dienen administrativen Aufgaben (z.B. Kanalverwaltung im System) und haben damit mit der eigentlichen Gerätefunktion nichts zu tun, obgleich sie in den Funktionsblöcken vorhanden sind. Darüber hinaus gibt es auch noch weitere administrative Funktionen, die in sämtlichen Funktionsblöcken enthalten sind (z.B. Abfragen der Funktions-IDs eines Funktionsblockes) und die damit einen noch allgemeingültigeren Charakter haben.

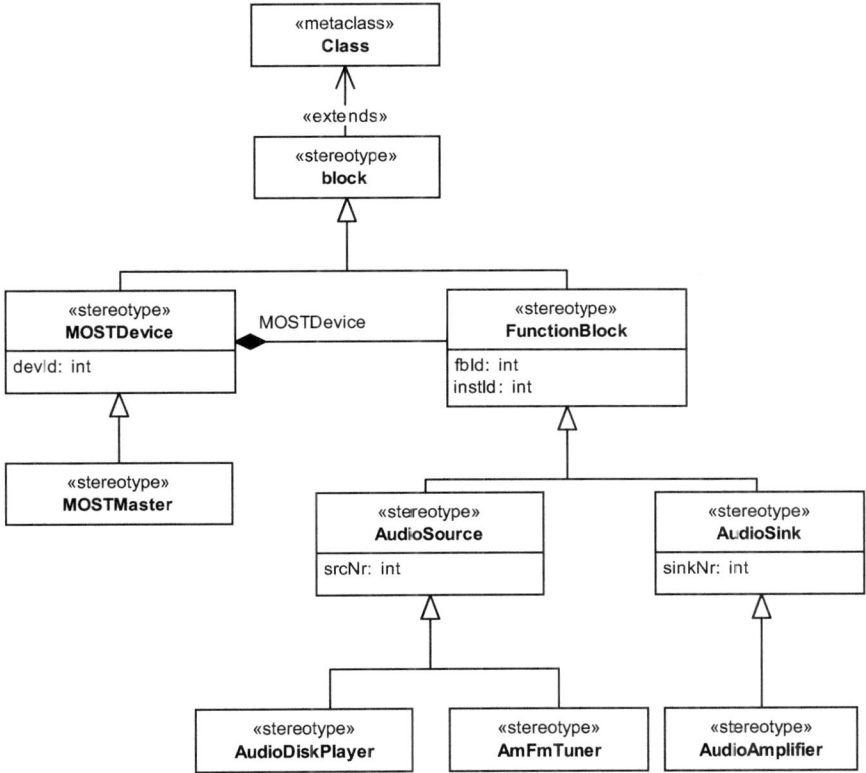

Abbildung 7.8: Profil zur Beschreibung der MOST-Systemstruktur

Aus dem MOST-Funktionskatalog ist nicht ersichtlich, ob eine Funktion im Funktionsblock allgemein für jeden Funktionsblock, für alle Quellen oder Senken, oder spezifisch für die Funktionalität des Funktionsblockes verantwortlich ist.

Im Hinblick auf die Verhaltensbeschreibung der MOST-Systeme bedeutet dies, dass auch allgemein gültige Funktionen für jeden einzelnen Funktionsblock neuerlich beschrieben werden, obwohl diese Funktionen generische, übergreifende Eigenschaften haben.

Um dieses Problem zu lösen, wird hier ein Ansatz vorgestellt, der unter Nutzung von SysML-Profilen die Zugehörigkeit der Funktionen in den Funktionsblöcken klar strukturiert (vgl. [AS06]). Innerhalb der Verhaltensbeschreibung des Systems werden die im Profil definierten Strukturen verwendet, um die Zugehörigkeit der Funktionen zu beschreiben und anzuzeigen. Dabei werden funktionsblockübergreifende Funktionen durch eine generische Verhaltensbeschreibung klar als solche gekennzeichnet. Durch die Applikation des Profiles in der Beschreibung der Systemstruktur können dann in einem Transformationsvorgang die generischen Beschreibungen durch konkrete, auf das beschriebene System zugeschnittene ersetzt werden.

Die Profildefinition zur Beschreibung der Systemstruktur eines MOST-Systems, unter Einbeziehung der oben beschriebenen funktionalen Zusammenhänge zeigt Abbildung 7.8. Durch die Stereotypen MOSTDevice und MOSTMaster, auf der linken Seite, können die MOST-Geräte selbst, also die Hardwaregeräte spezifiziert werden. Dabei kann zwischen Slave- und Mastergeräten unterschieden werden.

Die im Profil auf der rechten Seite definierten Stereotypen beschreiben die Zusammenhänge der Funktionsblöcke, die in solchen Geräten enthalten sein können. Das Profil definiert dazu abstrakte und konkrete Stereotypen für Funktionsblöcke.

Durch Vererbung werden die durch Attribute definierten spezifischen Eigenschaften weitergegeben. Der abstrakte Stereotyp FunctionBlock bildet die allgemeinste Definition eines MOST-Funktionsblockes. Dieser wird weiter unterteilt durch zwei weitere abstrakte Stereotypen AudioSink und AudioSource. Die davon abgeleiteten konkreten Stereotypen stimmen in ihren Benennungen mit den Namen der MOST-Funktionsblöcke überein.

Durch diese Vererbungshierarchie wird die im MOST-Funktionskatalog nicht beschriebene, jedoch vorhandene funktionale Zuordnung von MOST-Funktionen durch das Profil abgebildet. Funktionen, die für alle Funktionsblöcke gültig sind, können nun dem Stereotyp FunctionBlock zugeordnet werden. Gleiches gilt für Funktionen, die für alle Audioquellen bzw. -senken verfügbar sind. Spezielle Funktionen, die nur die Funktionalität der Funktionsblöcke betreffen, werden den konkreten Stereotypen (z.B. AudioDiskPlayer) zugeordnet.

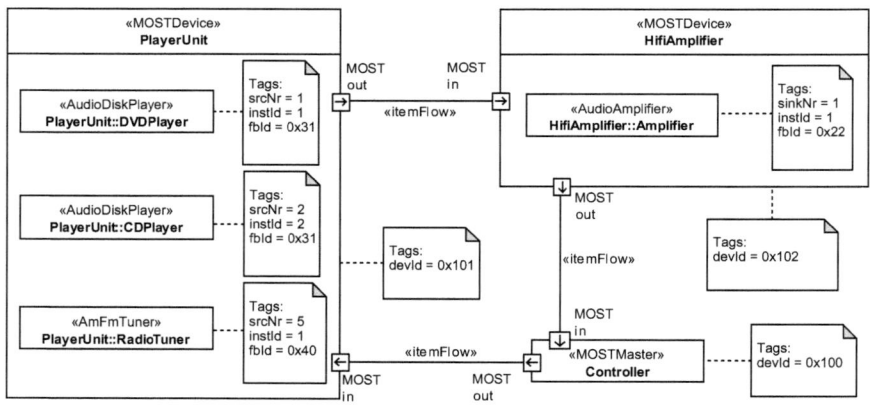

Abbildung 7.9: Anwendungsbeispiel des MOST-Profils

Um eine solche Zuordnung zwischen der Beschreibung des Systemverhaltens und der Profildefinition zu erreichen, ist es notwendig zu kennzeichnen, dass ein entsprechender Verweis auf das Profil erwünscht ist. Dazu werden eckige Klammern ([und]) und der Punktoperator (.) als kennzeichnende Schreibweise im Modell verwendet. Beispielsweise verweist [FunctionBlock.fbId] auf das Attribut fbId im Stereotyp FunctionBlock. Durch diesen Template-Mechanismus lässt sich das Verhalten nun generisch beschreiben.

Abbildung 7.10 zeigt die Verwendung dieses Mechanismus am konkreten Beispiel dreier Aktionen, die MOST-Verhalten beschreiben. In der obersten MOST-Aktion werden die IDs der im Funktionsblock enthaltenen Funktionen abgefragt. Diese Funktion ist in allen MOST-

Gewinnung MOST-spezifischer Informationen aus dem Strukturmodell

Funktionsblöcken verfügbar und dient dazu Plug-and-Play Funktionalität zu realisieren. Daher wird durch die Templates auf den abstrakten, in der Vererbungshierarchie am weitesten oben stehenden Stereotyp `FunctionBlock` verwiesen. Im Beispiel bedeutet weiterhin `[FunctionBlock.MOSTDevice.devId]`, dass dieses über die im Profil befindliche Assoziationsrolle `MOSTDevice` auf den Wert des Attributes `devId` im Stereotyp `MOSTDevice` verweist. Der hier verwendete Punktoperator verweist dabei entweder auf Assoziationsenden oder TaggedValues der Stereotypen.

Die beiden verbleibenden MOST-Aktionen im Beispiel verdeutlichen die Definition von Verhalten, welches nur für alle Audioquellen `AudioSource` bzw. nur für einen bestimmten Funktionsblock, hier `AudioDiskPlayer`, gültig ist.

Somit lässt sich mit Hilfe der Profildefinition und der Verwendung des Template-Mechanismus innerhalb der Verhaltensbeschreibung eindeutig festlegen, wie allgemeingültig eine MOST-Funktion ist.

Eine Anwendung des Profils zeigt Abbildung 7.9. Das Beispiel beschreibt die Struktur eines MOST-Systems mit drei Geräten, in denen unterschiedliche Funktionsblöcke enthalten sind. Bei der Profilanwendung können natürlich nur die konkreten, als nicht-abstrakt definierten Stereotypen angewendet werden. Dadurch ergibt sich automatisch die Bezeichnung der SysML-Blöcke mit den im MOST-Bereich üblicherweise verwendeten Funktionsblocknamen.

Im Rahmen einer Generierung können nun die generischen Verhaltensbeschreibungen durch konkrete Werte aus dem Systemstrukturmodell ersetzt werden. Dazu muss zunächst festgelegt werden, welche im Strukturmodell vorhandenen Geräte und Funktionsblöcke für die Verhaltensbeschreibung in Frage kommen und eventuell eine entsprechende Auswahl der Blöcke erfolgen.

Kommt in der Verhaltensbeschreibung beispielsweise ein Template vor, welches auf eine Audioquelle verweist (z.B. `[AudioSource.Allocate]`), und im Strukturmodell sind mehrere solcher Quellen vorhanden, so muss bei der Generierung eine Entscheidung getroffen werden, welche Quelle verwendet werden soll. Mit dieser Auswahl wird die vorher noch freie Variable des Templateausdrucks gebunden und ist somit auch für nachfolgende Verweise festgelegt. Die Auswahl wird natürlich dadurch weiter eingeschränkt, dass Templates auf Stereotypen verweisen, die im Profil Erben der Audioquelle sind (z.B. `AudioDiskPlayer` und `AmFmTuner`). Wird ein solcher Verweis verwendet, bindet sich damit auch die Variable des Vaterstereotyps und so weiter.

Im Strukturmodell in Abbildung 7.9 sind zum Beispiel drei mögliche Audioquellen gegeben, die verwendet werden könnten (`DVDPlayer`, `CDPlayer` und `RadioTuner`). Damit können aufgrund der generischen Verhaltensbeschreibung mehrere konkrete Verhaltensbeschreibungen durch Auswahl unterschiedlicher Instanzen erzeugt werden. Durch Belegung der Audioquelle, einmal mit `CDPlayer` und einmal mit `DVDPlayer`, kann aus ein und der selben generischen Verhaltensbeschreibung eine konkrete für beide Instanzen erzeugt werden.

Ein weiterer Fall ist der, dass in einer Verhaltensbeschreibung mehrere gleichartige Typen beteiligt sind, diese aber zu unterschiedlichen Geräten bzw. Funktionsblöcken gehören. Beispielsweise beschreibt eine Verhaltensbeschreibung ein System, in dem eine Audioquelle mit zwei Audiosenken verbunden werden soll. Damit ergeben sich zwei verschiedene Audiosenken, die als solche kenntlich gemacht werden müssen. Um eine Unterscheidung zu treffen, wird dazu im Template eine entsprechende Nummer an den Namen des Stereotypen hinzugefügt (z.B. `[AudioSink1]`, `[AudioSink2]`, etc.).

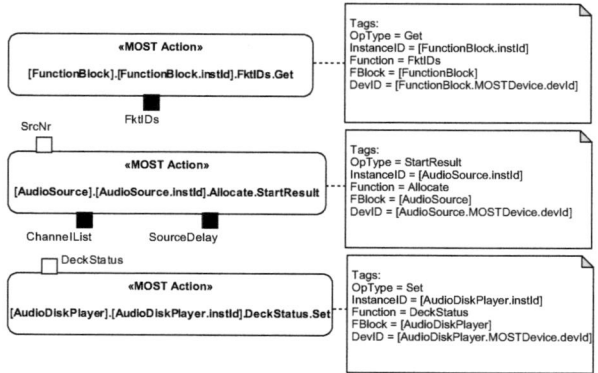

Abbildung 7.10: Verwendung des Stereotyp-Template Mechanismus

Ein Beispiel für Aktionen, bei denen das Template durch konkrete Werte ersetzt ist, zeigt Abbildung 7.11. Die erzeugten Aktionen ergeben sich aufgrund des in Abbildung 7.9 dargestellten Systems aus der in Abbildung 7.10 dargestellten Aktion
[AudioSource].[AudioSource.instId].Allocate.StartResult.
Mit dem vorgestellten Ansatz der Verwendung von Profilinformationen in generischen Verhaltensbeschreibungen und der Kopplung durch einen Stereotyp-Template-Mechanismus kann das Verhalten für MOSTbasierte Systeme auf eine allgemein gültige Art und Weise beschrieben werden. Durch eine Generierung wird dann die Information der Systemstruktur genutzt, um eine Verhaltensbeschreibung für das konkrete System zu erzeugen. In einem System mit mehreren gleichen Instanzen ist es somit möglich, aus der generischen Verhaltensbeschreibung - im Falle, dass nur eine Instanz beteiligt ist - jeweils eine passende konkrete Beschreibung zu generieren. Im Zuge der Testfallgenerierung lässt sich damit außerdem die Testabdeckung erhöhen, da **ein Testfall**, der diese generische Verhaltensbeschreibung nutzt, **zum Test mehrerer Systeme** verwendet werden kann.

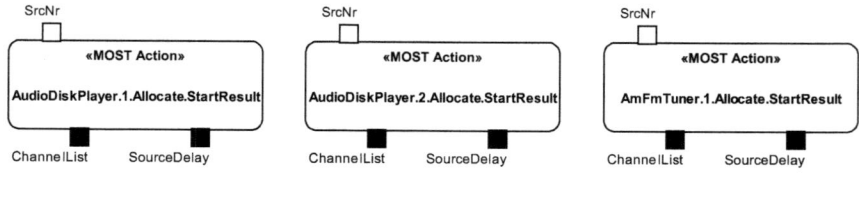

Abbildung 7.11: MOST-Aktionen nach Ersetzung der Templates durch konkrete Werte

Der beschriebene Ansatz lässt sich auch über den Einsatz zur Beschreibung von MOST-Systemen hinaus überall dort anwenden, wo eine Strukturierung von Funktionalität in allgemeingültige und spezialisierte Funktionen erforderlich ist. Durch den vorgestellten Stereotyp-

Template-Mechanismus kann dann eine Kopplung des Systemstruktur- und Systemverhaltens-
modells erfolgen. Die eigentliche Generierung wird dadurch vereinfacht, dass die Verhaltensmuster nur kopiert werden müssen und für die Templates eine simple Textersetzung durchgeführt werden muss.

7.6 Äquivalentes Verhalten

Besonders im Umfeld MOST-basierter Geräte, aber nicht nur dort, kommt es vor, dass eine
Benutzeraktivität auf technischer Ebene auf verschiedene Weise umgesetzt werden kann. Im
MOST-Bereich gibt es beispielsweise für eine Set-Nachricht in den meisten Fällen auch eine
SetGet-Nachricht. Diese unterscheiden sich nur dadurch, dass die SetGet-Nachricht durch eine
Statusmeldung den aktuellen Wert zurück liefert. Funktional passiert aber bei beiden das gleiche
- der Wert wird gesetzt und damit das Verhalten des angesprochenen Geräts beeinflusst.

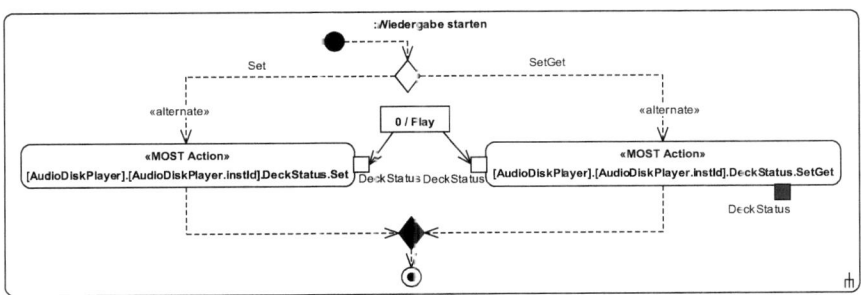

Abbildung 7.12: Modellierung von Alternativen am Beispiel von Wiedergabe starten

Die Umsetzung der funktionalen Aktivitäten auf technischer Ebene kann somit auf verschiedene
Weise erfolgen. Um dieses im Modell abzubilden, wird daher vorgeschlagen, solche alternati-
ven Abläufe mit Hilfe von Verzweigungen des Kontrollflusses (Decision-Node) im Aktivitätsdiagramm abzubilden. Um die entsprechenden Alternativen unterscheiden zu können, wird der
Kontrollfluss mit dem Stereotyp «alternate» gekennzeichnet und die Alternative im Namen der
Kontrollflusskante benannt (z.B. Set oder SetGet). Bei der Generierung der Testfälle kann dann
im Vorfeld festgelegt werden, welche alternativen Abläufe im Test verwendet werden sollen.
Dabei können unterschiedliche Auswahlkriterien verwendet werden, um diese Festlegung zu
treffen. Beispiele dafür sind: *Alle einer Sorte, zu gleichen Teilen gemischt* oder *zufällige Auswahl* etc.

Die Modellierung der alternativen. äquivalenten Abläufe hat neben der Möglichkeit, eine höhere Testabdeckung zu erreichen, auch noch den Vorteil, dass aus dem Modell klar ersichtlich
wird, auf welche Art und Weise eine funktionale Aktivität technisch umgesetzt werden kann.
Dies entspricht den alternativen Abläufen, die auch von den Anwendungsfallbeschreibungen im
Bereich der informellen Systemspezifikation Anwendung finden.

Abbildung 7.12 zeigt ein Beispiel der Modellierung von Alternativen am Beispiel der Benutzeraktivität Wiedergabe starten. Die Set- und SetGet-MOST-Nachrichten beeinflussen das
System auf äquivalente Weise.

7.7 Transformation zu spezifischen SysML-Testfällen

Mit den beschriebenen Konzepten zur Verknüpfung der funktionalen Benutzeraktivitäten mit den produktspezifischen Aspekten lassen sich nun auch funktionale Testfälle zu produktspezifischen, ausführbaren Testfällen umwandeln. Dies erfolgt in zwei Schritten. Zunächst werden die funktionalen Testfälle in produktspezifische Testfälle in Form von Aktionssequenzen umgewandelt. Diese produktspezifischen Testsequenzen werden dann in einem zweiten Schritt in das CANoe.MOST XML-Format transformiert, um sie mit Hilfe der Testumgebung automatisiert ausführen zu können.

7.7.1 Informelle Beschreibung

Bevor mit Hilfe von QVT die Transformation der funktionalen Testfälle in produktspezifische beschrieben wird, werden an dieser Stelle zunächst die Transformationsschritte noch einmal informell beschrieben. Dies gibt zunächst einen Überblick und hilft, die QVT-Relationen schneller zu verstehen.

Ein Testfall auf funktionaler Ebene besteht aus einer Sequenz von Instanzen der Benutzeraktivitäten, den Benutzeraktionen und nachgeschalteten Validierungsaktionen. Für die Benutzeraktivitäten existieren in den produktspezifischen Modellteilen für jedes zu testende Produkt die Verknüpfungen, die beschreiben, welche Sequenz von produktspezifischen Aktionen ausgeführt werden muss, um das durch die Benutzeraktion definierte Verhalten zu erzielen.

Im Rahmen des Transformationsprozesses eines funktionalen Testfalles werden daher die funktionalen, produktunspezifischen Benutzeraktionen durch die im produktspezifischen Teil definierten produktspezifischen Aktionssequenzen ersetzt. Die Validierungsaktionen werden unverändert kopiert. Dadurch entsteht eine Sequenz von ausschließlich produktspezifischen Aktionen, die den Testfall repräsentieren (Abbildung 7.13). Im Einzelnen werden folgende Schritte durchgeführt:

1. Suchen der passenden Verknüpfung zur jeweiligen funktionalen Benutzeraktion im ausgewählten Produktmodellteil, für das ein spezifischer Testfall generiert werden soll.

2. Ersetzen der Benutzeraktion durch die definierte Sequenz der spezifischen Aktionen unter Einhaltung der Reihenfolge sowohl der funktionalen als auch der produktspezifischen Aktionssequenz.

3. Anpassung der Parameter zwischen funktionalem und produktspezifischem Modellteil durch Auswertung der parametrischen Zusicherungsgleichungen.

4. Übernahme der Validierungsaktionen durch kopieren.

5. Ersetzen möglicher Stereotype-Templates durch Informationen aus dem Systemstrukturmodell.

Als Resultat ergibt sich eine Aktivitätssequenz, die ausschließlich aus domänenspezifischen Aktionen des konkreten Produktes besteht und bei der sämtliche generischen Beschreibungen und Eingabeparameter durch konkrete Objektwerte ersetzt worden sind.

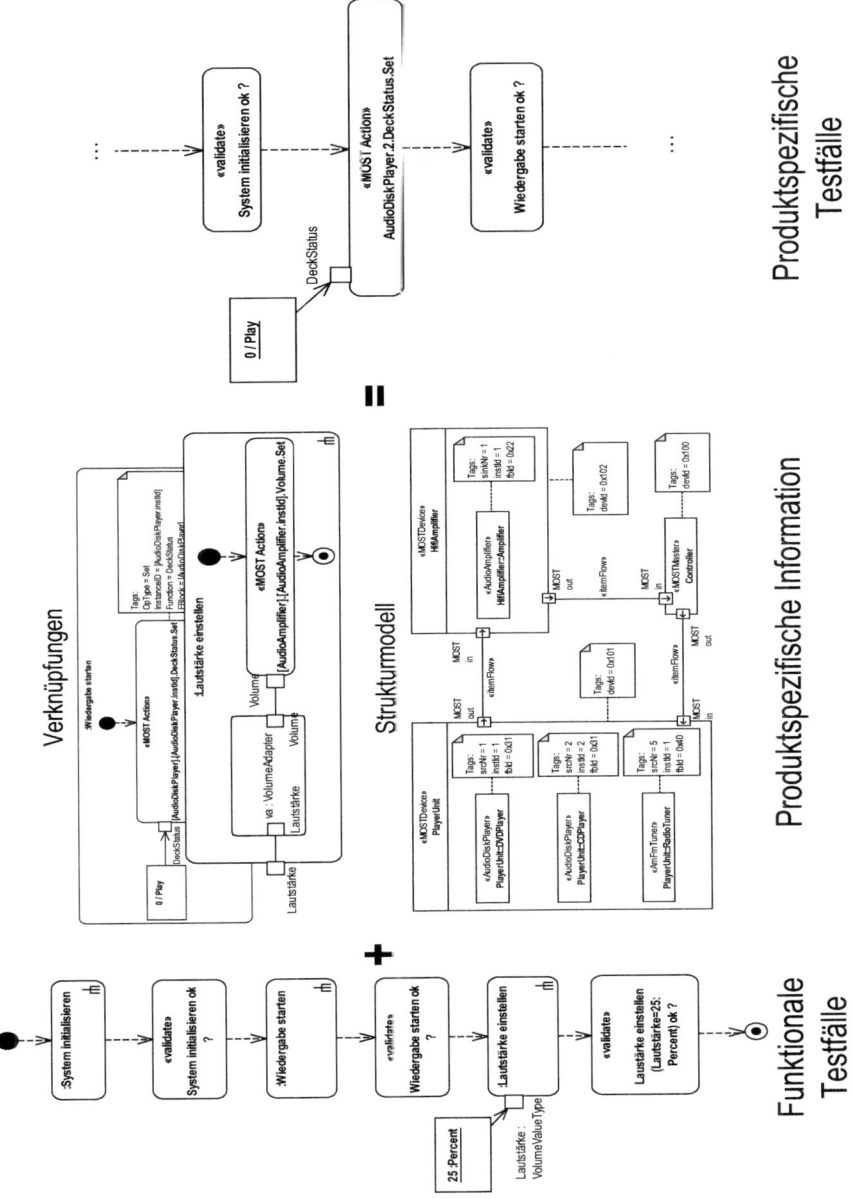

Abbildung 7.13: Generierung von produktspezifischen Testfällen

7.7.2 Formale Beschreibung

Die gesamte QVT-Transformationregel `Functional2SpecificTestcase` zur Beschreibung der Testfalltransformation weg von funktionalen, hin zu produktspezifischen Testfällen, umfasst acht Relationen und zwei Aufrufe von Black-Box Transformationen.[1]

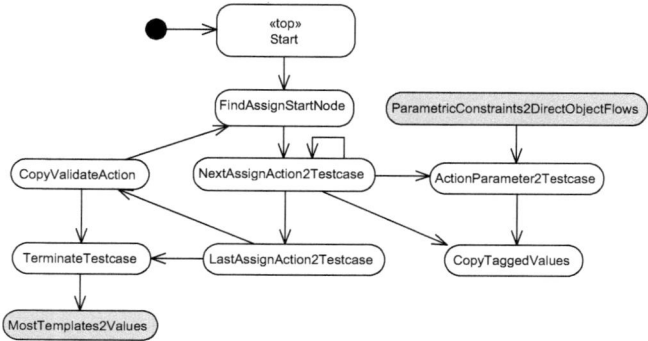

Abbildung 7.14: Abhängigkeiten der Relationen in der Transformation `Functional2Specific-Testcase`

Diese Black-Box Transformationen repräsentieren zwei durch QVT schlecht oder gar nicht zu beschreibende Transformationsschritte. Zum einen die Auswertung der parametrischen Gleichungen zur Parameteranpassung und zum anderen die Ersetzung der in Abschnitt 7.5 beschriebenen Stereotyp-Template-Verweise durch die Informationen im Systemstrukturmodell.

Einen Überblick über die in der Transformation enthaltenen Relationen gibt das Diagramm in Abbildung 7.14. In diesem Diagramm sind die Abhängigkeiten der Relationen untereinander in Form eines Aktivitätsdiagramms dargestellt, die durch den Aufruf der WHEN- und WHERE-Bedingungen innerhalb der QVT-Relationen entstehen.

Die Abhängigkeiten ergeben sich in der Weise, wie es im QVT-Standard und in [L+06] beschrieben wurde: Für jede Relation (B), die in einer Relation (A) durch WHERE referenziert wird, wird eine gerichtete Kante von der referenzierenden zu der referenzierten gezogen $(A \rightarrow B)$. Für jede durch WHEN referenzierte Relation (B) wird eine gerichtete Kante von der referenzierten Relation (A) zur referenzierenden Relation gezogen $(B \rightarrow A)$.

Die als Black-Box-Transformation dargestellten Relationen `ParametricConstraints2-DirectObjectFlows` und `MostTemplates2Values` sind durch graue Hintergrundfarbe gekennzeichnet. Die Transformationskonzepte der beiden Black-Box-Transformationen wurden oben ausführlich dargestellt.

Daher werden im Folgenden die acht Relationen beschrieben, die als grafische QVT-Transformation und somit als White-Box Transformation vorliegen.

Die beiden Black-Box-Transformationen werden, genau wie die QVT-Relationen auch, mit Hilfe der WHEN- und WHERE-Bedingungen aufgerufen. Bei Aufruf einer solchen Transformation

---

[1]Im Rahmen der Transformationsbeschreibung werden die in Abschnitt 7.6 beschriebenen alternativen Abläufe aus Gründen des besseren Verständnisses nicht berücksichtigt, sondern es wird von einem Pfad in der beschriebenen Verknüpfung ausgegangen.

wird dann aber keine QVT-Relation bearbeitet, sondern ein Programm ausgeführt, dass die notwendigen Transformationsschritte durchführt. Dies kann prinzipiell beliebiger Programmcode sein, der auf der Rechnerplattform ausgeführt werden kann, auf der auch die Transformationsengine läuft.

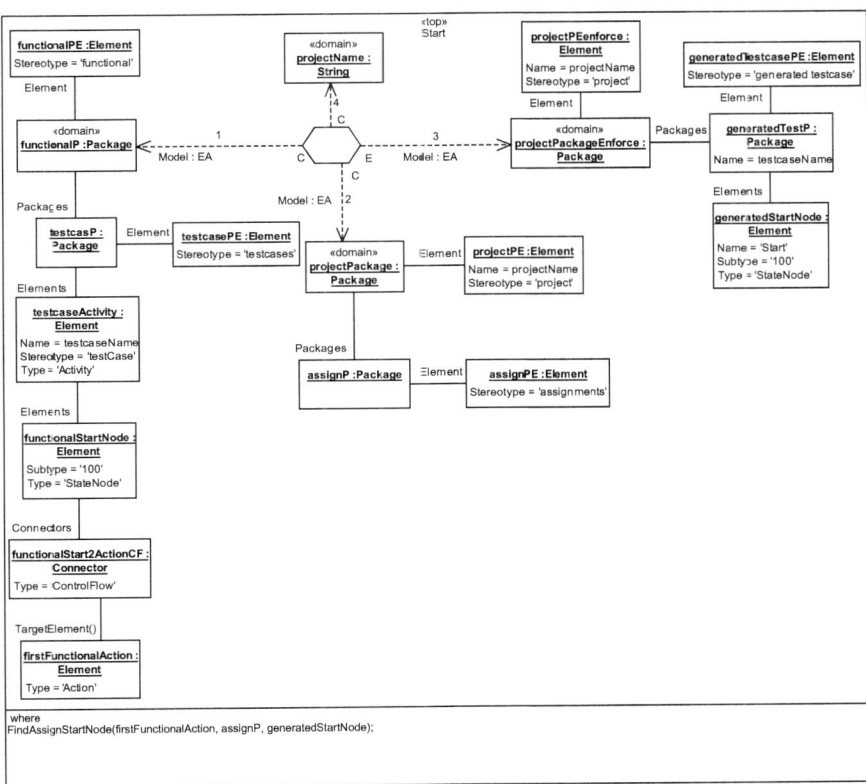

Abbildung 7.15: Top-Level Relation `Start` der Transformation `Functional2SpecificTestcase`

Start

Die Relation `Start` (Abbildung 7.15) bildet die einzige Top-Level-Relation innerhalb der Transformationsregel und ist daher auch der Einstiegspunkt für die Transformation. Auffällig an dieser Relation sind die vier beteiligten Domänen. Diese werden notwendig, da der funktionale Testfall im funktionalen Modellteil referenziert werden (Domäne 1), eine Referenz zu der definierten Verknüpfung der Benutzeraktivität im produktspezifischen Modellteil (Domäne 2) hergestellt und das Zielmodell (Enforce) spezifiziert werden muss (Domäne 3). Die vierte Domäne der Relation ist eine primitive Domäne vom Typ `String`, die verwendet wird, um das Projekt bzw. Produkt, für welches der Testfall generiert werden soll, durch dessen Namen zu identifizieren.

Die Relation Start sucht im funktionalen Modellteil nach funktionalen Testfällen und stellt die Verknüfungen in die produktspezifischen Modellteile («asignments»-Paket und generierter Testfall) her. Dabei wird ein Startknoten für den generierten Testfall angelegt. Zum besseren Verständnis sei hier noch erwähnt, dass Start- und Endknoten von Aktivitätsdiagrammen in Enterprise Architect Elemente vom Typ StateNode sind. Ob es sich dabei um einen Start- oder Endknoten handelt, wird durch Festlegung des Attributes *Subtype* definiert. Ein Startknoten hat den Subtype 100, ein Endknoten 101.

FindAssignStartNode

Die Relation FindAssignStartNode legt selbst keine neuen Elemente an, sondern dient dazu, die richtige Verknüpfung zur aktuellen Benutzeraktivität im funktionalen Testfall zu suchen. Das Ergebnis der Suche wird dann als Parameter innerhalb des Relationsaufrufes in der WHERE-Bedingung verwendet.

Die Verknüpfung zwischen funktionalem und produktspezifischem Teil wird dabei über die Element-ID des Classifiers hergestellt. Diese ID entspricht der Element-ID der Benutzeraktivität und sie wird sowohl im funktionalen Teil im Testfall als auch im produktspezifischen Teil innerhalb der Verknüpfungsdefinition durch die jeweilige Aktionsinstanz referenziert. Dies ermöglicht eine eindeutige Zuordnung.

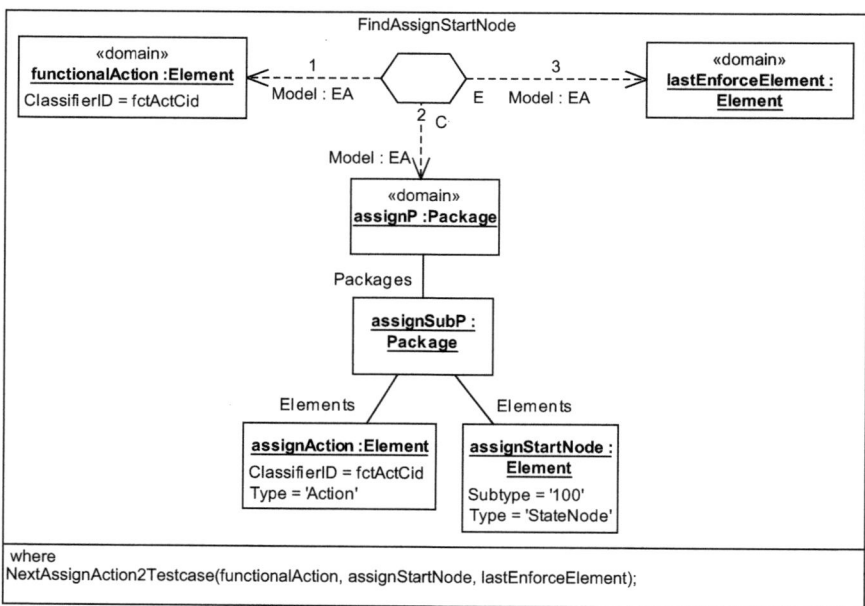

Abbildung 7.16: Die Relation FindAssignStartNode sucht die passende Verknüpfung

NextAssignAction2Testcase

Die Relation `NextAssignAction2Testcase` führt den eigentlichen Kopiervorgang der produktspezifischen Aktion durch. Innerhalb der `WHERE`-Bedingung ruft sich diese Relation wiederum selbst auf, da möglicherweise weitere, nachfolgende Aktionen aus der Verknüpfungs-definition kopiert werden müssen.

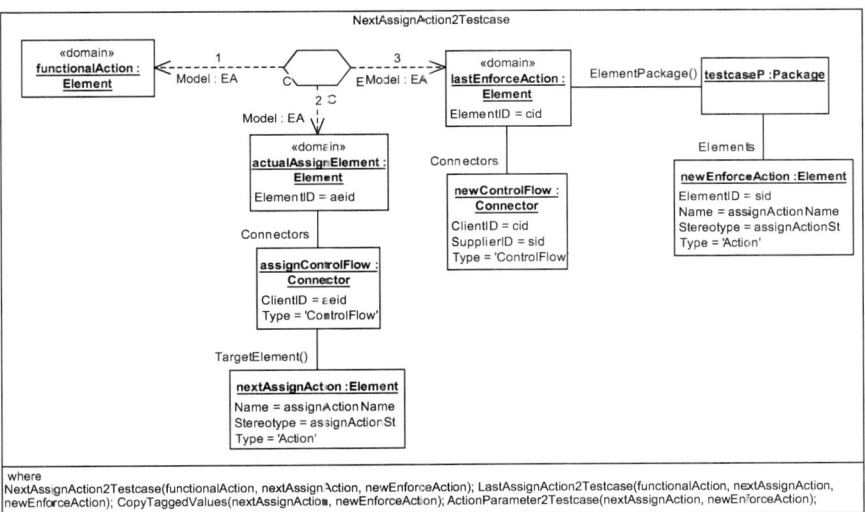

Abbildung 7.17: Die Relation `NextAssignAction2Testcase` kopiert die projektspezifischen Aktionen in den Testfall

LastAssignAction2Testcase

Durch die Relation `LastAssignAction2Testcase` (Abbildung 7.18) wird der Kopiervorgang der Verknüpfungsaktionen bei Auftreten eines Endknotens in der Verhaltensdefinition im produktspezifischen Teil beendet. Gleichzeitig werden das im funktionalen Testfall nachfolgende Element gesucht und die entsprechenden Relationen durch die `WHERE`-Bedingung mit den neuen Belegungen der Domainelemente neuerlich aufgerufen.

TerminateTestcase

Den Fall, dass im funktionalen Testfall keine weitere Aktion, sondern ein Endknoten folgt, behandelt die Relation `TerminateTestcase` (Abbildung 7.19). Sie sorgt dafür, dass der generierte Testfall gleichsam mit einem Endknoten versehen wird. Innerhalb der `WHERE`-Bedingung wird die Black-Box-Transformation zur Auflösung möglicher generischer Wertdefinitionen (Stereotyp-Templates) aufgerufen. Die dazu notwendigen Daten werden aus dem Systemstruktur-modell innerhalb der aufgerufenen Transformation gewonnen.

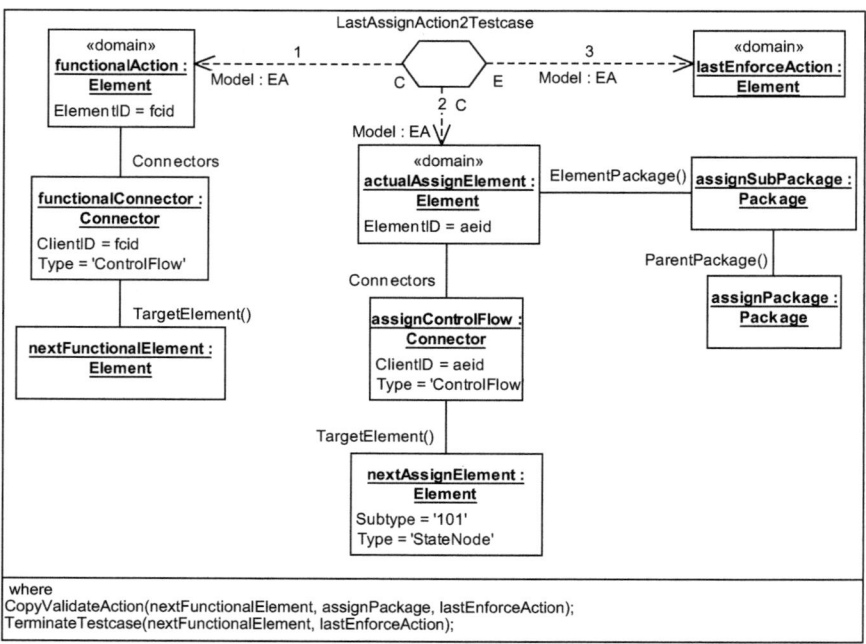

Abbildung 7.18: Die Relation `LastAssignAction2Testcase` schließt die Transformation einer Verknüpfung ab

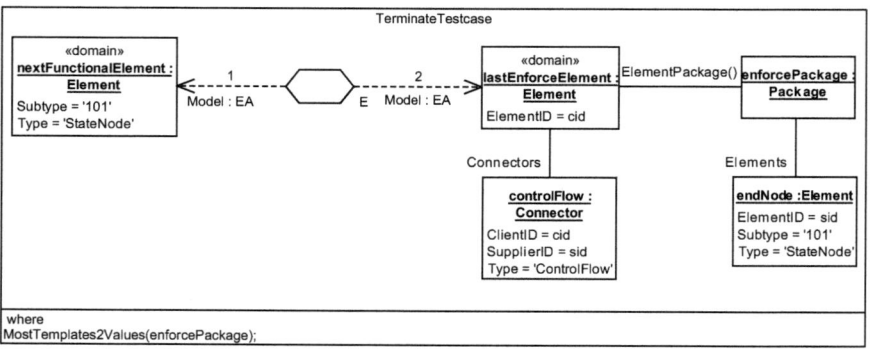

Abbildung 7.19: Die Relation `TerminateTestcase` schließt den generierten Testfall mit einem Endknoten ab

ActionParameter2Testcase

Die Parameter der produktspezifischen Aktionen kopiert die Relation `ActionParameter2-Testcase`. In der `WHEN`-Bedingung wird die Black-Box-Transformation zur Parameteranpassung eventuell vorhandener Parameter der funktionalen Testfallbeschreibung aufgerufen. Sie sorgt dafür, dass die Parameter als Objekt direkt an die ActionPins der jeweiligen Aktion angebunden sind und damit von der QVT-Relation richtig transformiert werden können.

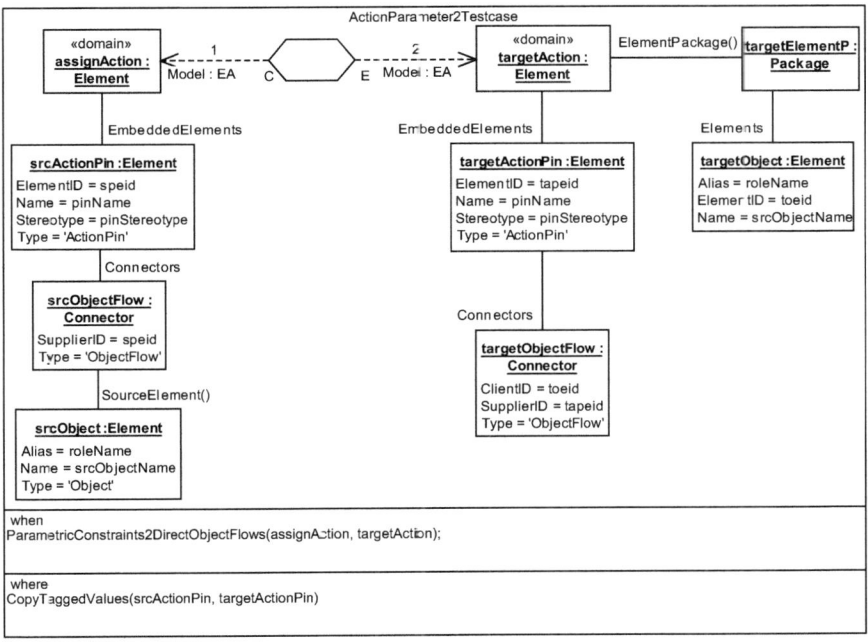

Abbildung 7.20: Die Relation `ActionParameter2Testcase` kopiert die Eingangsparameter der Aktionen

CopyTaggedValues

Viele der durch ein Profil definierten Stereotypen besitzen Attribute, um weitere domänenspezifische Werte aufnehmen zu können. Mit der Anwendung des Profils werden diese Werte durch Tagged Values des stereotypisierten Elements im Modell repräsentiert. Das definierte Profil zur produktspezifischen Modellierung des Systemverhaltens im Automobilbereich nutzt gleichfalls solche Attribute bzw. Tagged Values. Daher transformiert die Relation `CopyTaggedValues` diese Werte zwischen Quell- und Zielelement.

Im Rahmen der hier beschriebenen Transformationsregel wird davon mehrfach Gebrauch gemacht und diese Relation innerhalb der `WHERE`-Bedingung anderer Relationen aufgerufen.

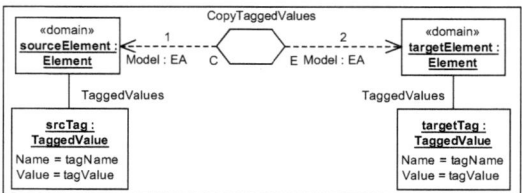

Abbildung 7.21: Die Relation `CopyTaggedValues` kopiert die Tagged Values von Elementen

CopyValidateAction

Für die Übernahme der mit dem Stereotyp `validate` gekennzeichneten Aktionen aus der funktionalen Testfallbeschreibung sorgt die Relation `CopyValidateAction`. Dabei werden der Name und der Stereotyp der Aktion eins zu eins übernommen und an den produktspezifischen Testfall angefügt.

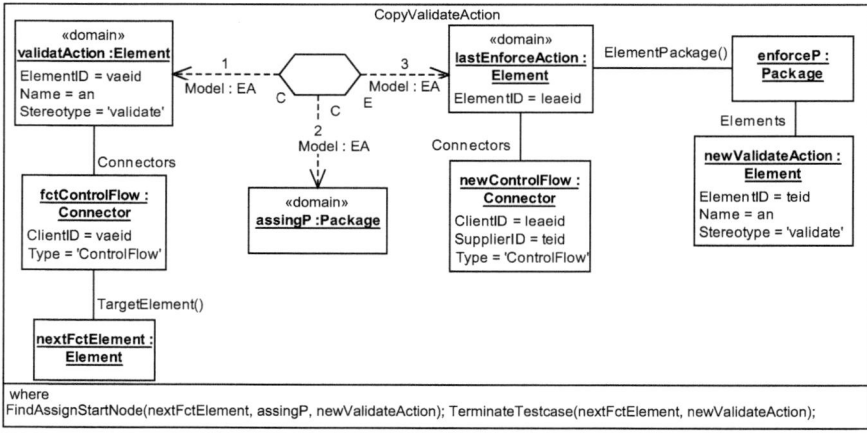

Abbildung 7.22: Die Relation `CopyValidateAction` kopiert die Validierungsaktionen

7.8 Erzeugung der CANoe.MOST XML-Testmodule

Um die Testfälle innerhalb der Testumgebung auszuführen, müssen sie als XML-Testmodul für Vector CANoe.MOST vorliegen, da dieses zur Testausführung verwendet wird. Daher müssen die generierten produktspezifischen Testfälle, die als SysML-Aktionssequenz vorliegen, in einem zweiten Transformationsschritt noch in das XML-Testmodul transformiert werden.

Die Abbildung der SysML-Aktionen auf XML-Testpattern von CANoe.MOST geschieht dabei wie folgt: Zum Triggern des Systems wird das *Initialize*-Testmuster verwendet. Damit lassen sich CAN- und MOST-Botschaften senden sowie Werte von Umgebungsvariablen setzen. Somit

werden die Aktionen vom Typ CANAction. MOSTAction und EnvVarAction in dieses
Testmuster transformiert.

Durch das *Initialize*-Testmuster findet keine Bewertung bzw. Beeinflussung des Testergebnisses
statt. Dies ist so auch erwünscht, da die Bewertung, wie bereits erläutert, auf manuellem Wege
durch den Tester stattfinden und ein halbautomatischer Testfall erzeugt werden soll.

Um die halbautomatische Validierung zu erreichen, müssen die Inhalte der Validate-Aktionen in
eine entsprechende Textausgabe mit Ja/Nein-Entscheidung transformiert werden. Diese Funktionalität bietet das Testmuster *TesterConfirmation* und wird daher verwendet.

Die im Profil noch verbleibende Aktion vom Typ Delay wird in das Testmuster *Wait* transformiert.

7.8.1 SysML zu XML-Transformation mit QVT

Um auch diese Transformation formal mit QVT-Relationen zu beschreiben, ist die Definition
eines Metamodells der Zieldomäne erforderlich. Die Transformation soll nämlich im Gegensatz
zu den bisher beschrieben Transformationen nicht von SysML nach SysML bzw. von Instanzen des EA-Metamodells zu Instanzen des EA-Metamodells transformieren, sondern zwischen
Instanzen zweier unterschiedlicher Metamodelle, EA und XML.

Dazu wird ein einfaches Metamodell erstellt, das die Struktur von XML-Daten abbildet.
Das komplette Metamodell zeigt Abbildung 7.23. Es besteht nur aus drei Klassen, einer
Aufzählungsdefinition (*Enumeration*) und einem primitiven Typ zur Definition von Zeichen-
ketten (XMLString).

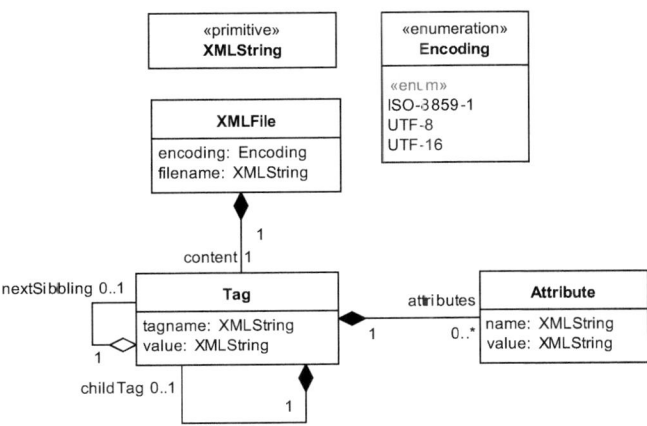

Abbildung 7.23: Verwendetes XML-Metamodell

Die Klasse XMLFile definiert die XML-Datei selbst, mit Kodierung und Dateiname. Von dieser Klasse geht eine 1-zu-1-Assoziation zu der Klasse Tag, welche ein XML-Tag spezifiziert.

Die Tag-Klasse besitzt zwei selbstbezügliche 1-zu-0..1-Assoziationen, childTag und next-
Sibbling. Diese Art der Verweise der Tags untereinander wurde deshalb gewählt, da im
Transformationsprozess die Reihenfolge der generierten Tags eine Rolle spielt. Wäre dies nicht

notwendig gewesen, hätten auch 1-zu-*-Assoziationen verwendet werden können, bei denen sich die Reihenfolge so ohne weiteres aber nicht deterministisch feststellen lässt. Mit der hier gewählten Form des Metamodells können Tags ausschließlich als binäre Bäume auftreten und die Reihenfolge ist damit klar festgelegt.

Ein XML-Tag kann beliebig viele Attribute haben. Diese Attribute werden im Metamodell durch die Klasse Attribute repräsentiert. Da die Reihenfolge der Attribute beliebig ist, wird hier eine 1-zu-*-Assoziation zwischen Tag und Attribute verwendet.

Das Metamodell modelliert nicht alle Aspekte, die XML bietet (z.B. DTD-Referenzen, Namensräume, etc.), reicht in dieser Form für den hier benötigten Anwendungsfall allerdings aus. Es wäre auch denkbar gewesen, die spezifischen Eigenschaften des Vector-XML-Dateiformates in einem Metamodell abzubilden. Diese Möglichkeit wurde jedoch zu Gunsten der Allgemeingültigkeit bewusst nicht genutzt. Die Transformationsregeln werden durch das allgemeingültige Metamodell zwar etwas ausführlicher, da für jedes Tag und Attribut ein entsprechendes Objekt angelegt werden muss. Der Vorteil liegt aber darin, dass bei einer Änderung am XML-Dateiformat nur die Transformationsregel und nicht das Metamodell angepasst werden muss.

7.8.2 Die QVT-Transformationsregel

Die QVT-Transformationsregel zur Transformation der produktspezifischen Testfälle in das XML-Testmodul umfasst insgesamt 13 QVT-Relationen. Viele davon ähneln sich, da sich jeweils nur der Stereotyp der Aktion, die transformiert wird entsprechend ändert und damit andere Signaltypen durch das XML-Testmodul gesendet und erzeugt werden müssen. Aufgrund dessen werden hier nur vier Relationen ausgewählt, um die Grundprinzipien der Transformation darzustellen. Die hier nicht dargestellten Relationen der Transformationsregel finden sich in Anhang A.

Abbildung 7.24: Einfaches Beispiel einer Testsequenz und zugehörigem XML-Testmodul

Um die Transformationsregeln zu illustrieren, gibt Abbildung 7.24 ein einfaches Beispiel einer Sequenz zweier CAN-Aktionen und das daraus resultierende XML-Testmodul wieder. Die im folgenden dargestellten QVT-Relationen sind für sich genommen in der Lage die Transformation dieses Beispiels durchzuführen.

Abbildung 7.25 zeigt die Top-Level-Relation der Transformationsregel. Wenn im Quellmodell ein mit dem Stereotyp testCase versehenes Element gefunden wird, wird eine entsprechen-

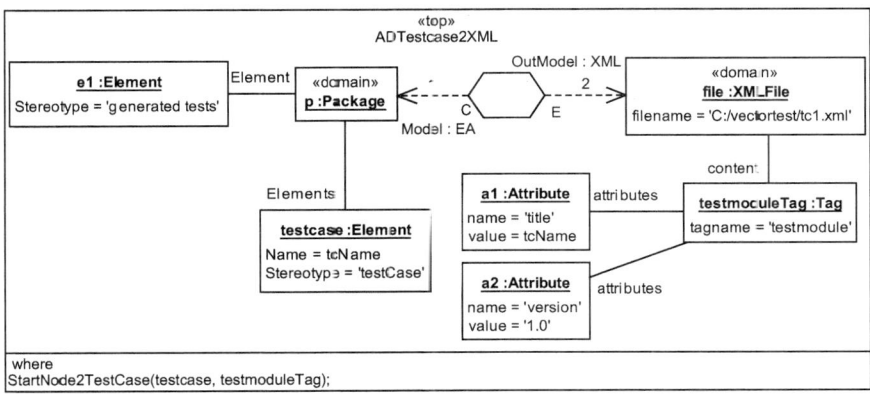

Abbildung 7.25: Top-Level-Relation der Transformation `AD2XMLTestmodule`

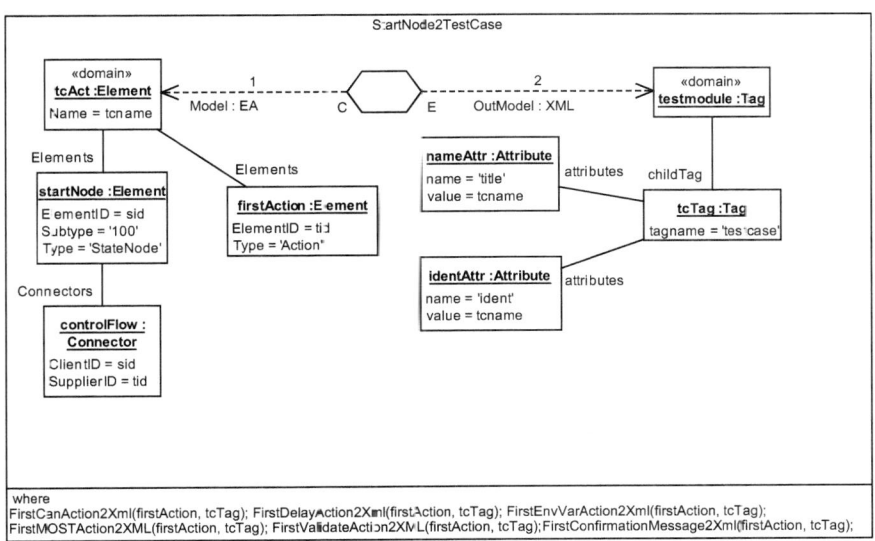

Abbildung 7.26: Anlegen des `testcase`-Tag bei Auffinden des Startknotens

de XML-Testmoduldatei erzeugt. Durch die WHERE-Bedingung wird dann die entsprechende Unterrelation StartNode2TestCase aufgerufen.

Diese Relation ist in Abbildung 7.26 dargestellt und sorgt dafür, dass bei Auffinden eines Startknotens der SysML-Testsequenz ein Testfall in der XML-Datei angelegt wird. Weiterhin wird das erste, durch einen Kontrollfluss verbundene Element gesucht und in der WHERE-Bedingung an die entsprechenden Relationen zur Transformation übergeben. Am Beispiel der mit dem Stereotyp CANAction gekennzeichneten Aktionen soll gezeigt werden, wie diese in XML umgewandelt werden.

Zu jeder der im Profil definierten Aktionen gibt es zwei fast identische Relationen, die diese Transformation vornehmen. Dies liegt daran, dass beim ersten Auftreten einer Aktion ein XML-Kindknoten des testcase-Tag erzeugt werden muss. Bei allen weiteren Aktionen, die nicht das erste Element in der Sequenz sind, muss ein nächster Nachbar des vorhergehenden Testmuster-Tags erzeugt werden. Daher unterscheiden sich die Relationen nur in einem Punkt, nämlich der Assoziation im Zielmodell, die von dem übergebenen Domänenelement zum anzulegenden Tag führt. Dies ist im Fall des ersten Elements die childTag-Assoziation und im anderen Fall die nextSibling-Assoziation. In den Abbildungen 7.27 und 7.28 ist dies für die Relationen zu sehen, die CAN-spezifische Aktionen umwandeln.

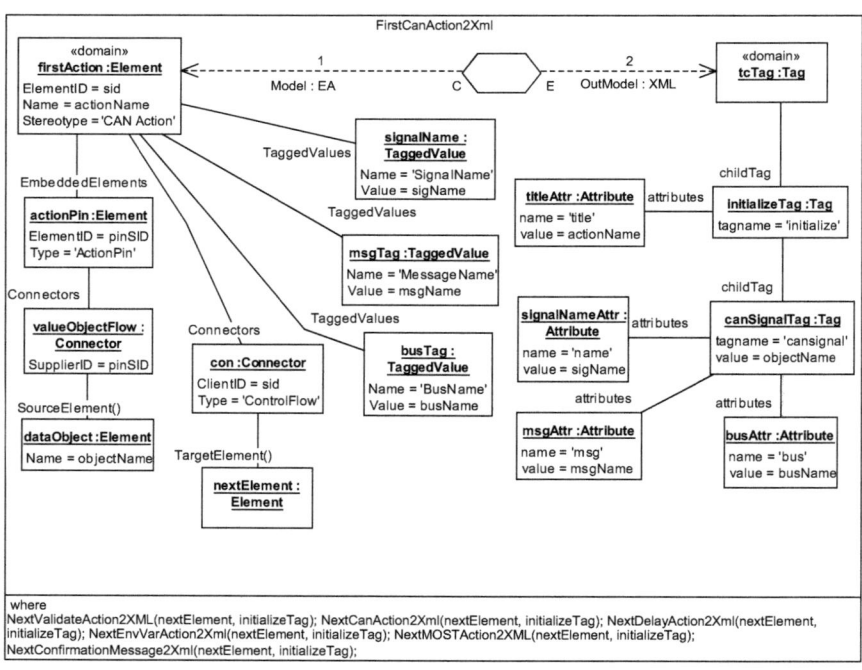

Abbildung 7.27: Relation zur Transformation einer CANAction direkt nach dem Startknoten

Die Daten werden aus den Tagged Values der Aktionen entsprechend ausgelesen und damit ein initialize-Testmuster in der XML-Datei erzeugt. Für die anderen Typen von Aktionen geschieht dies auf ähnliche Weise. Dem Testmuster werden jeweils die passenden Signaltypen und Parameter zugeordnet.

Durch diesen abschließenden Transformationsschritt ist nun eine vollständige Kette von Transformationen beschrieben, die nötig sind, um die auf funktionaler Ebene durch Benutzer- und Validierungsaktionen beschriebenen Testfälle zu ausführbaren, produktspezifischen Testfällen zu transformieren.

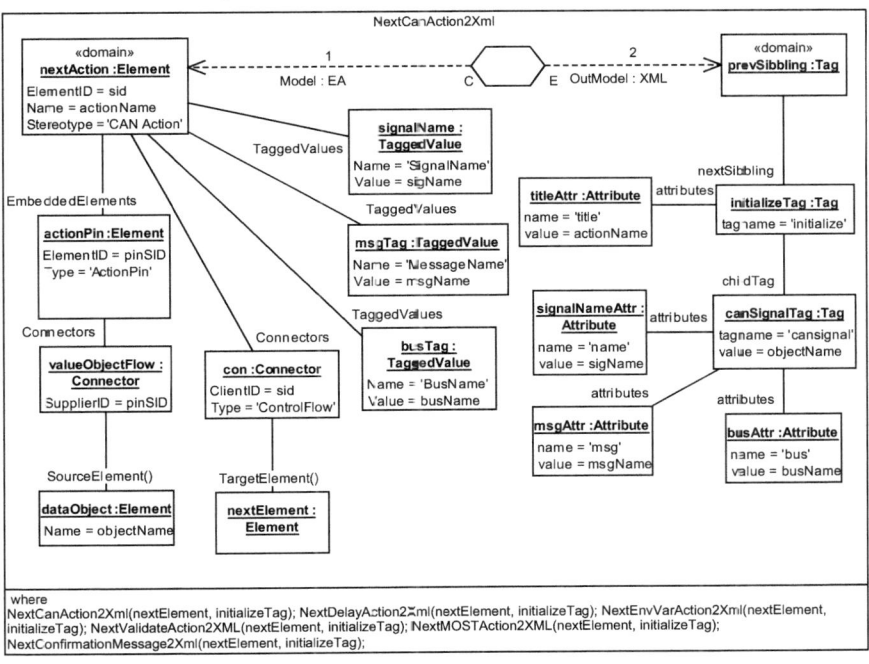

Abbildung 7.28: Relation zur Transformation einer `CANAction` *nicht* direkt nach dem Startknoten

7.9 Fazit

Durch den Einsatz von domänenspezifischer Modellierung in Form eines für den Test im automobilen Telematikbereich spezifischen SysML-Profils konnte eine kompakte Darstellung des produktspezifischen Systemverhaltens im Modell erreicht werden. Die Verwendung von Aktionen erlaubte es zudem, einen einfachen und intuitiven Weg zu finden, die funktionalen Systemaspekte mit den produktspezifischen durch Aktivitätsmodellierung zu verknüpfen, indem die Umsetzung der funktionalen Aspekte durch eine Sequenz von technischen Aktionen beschrieben wird. Eine Instanz der Benutzeraktivität auf produktspezifischer Ebene, in die diese Sequenz hineinmodelliert wird, verknüpft den funktionalen und den produktspezifischen Modellteil. Weitere Optimierungen zur spezifischen Verhaltensbeschreibung von MOST-Systemen konnte durch Einsatz eines speziellen SysML-Profils erreicht werden. Damit kann zum einen die Systemstruktur auf domänenspezifische Weise modelliert und zum anderen diese Informationen in einem Generierungsprozess für Verhaltensspezifikationen oder Testfälle verwendet werden.

Eine notwendige Parameteranpassung zwischen funktionaler und produktspezifischer Modellebene konnte mit Hilfe der neuen SysML-Zusicherungsdiagrammelemente (*parametric constraints*) erreicht werden. Weiterhin lassen sich vorliegende Funktionskataloge verwenden, um die Modellierung der produktspezifischen Systemaspekte zu vereinfachen und den Modellierer entsprechend bei der Modellerstellung zu unterstützen.

Mit den entwickelten Konzepten ist es nun möglich, Testfälle, die auf funktionaler und damit produktunabhängiger Ebene beschrieben sind, durch eine Reihe von Transformationen voll automatisch zu einem halbautomatisch ablauffähigen Testfall zu überführen. Die notwendigen Transformationen liegen in formaler Form als QVT-Regeln vor und können durch entsprechende Werkzeuge direkt angewandt werden.

8

Beispiel MOST Audio System

Das Kapitel illustriert anhand weiterer Beispiele aus dem erstellten Modell die Anwendung der Konzepte der Arbeit. Zunächst erfolgt eine Betrachtung der Modellierung im funktionalen und produktspezifischen Teil. Dabei wird noch einmal ausführlich erläutert, wie mit Hilfe der gefundenen Modellierungsmuster aus Anforderungen das funktionale Systemmodell erstellt werden kann. Abschließend zeigt ein Beispiel die Generierung eines ausführbaren produktspezifischen Testfalles, bis hin zu einem XML-Testskript.

Als Beispielsystem, um die in der Arbeit erarbeiteten Konzepte zu demonstrieren, dient ein Car Audio System, bestehend aus CD-Wechsler und Verstärker mit MOST-Schnittstelle. Die eingesetzte Hardware besteht aus serienreifen Geräten, die in den aktuellen Fahrzeugen der Marke BMW verbaut werden. Die Geräte stammen von verschiedenen Zulieferern und realisieren jeweils den standardisierten MOST-Funktionsblock `AudioDiskPlayer` [MOS03b] bzw. `AudioAmplifier` [MOS03a]. Als MOST-Mastergerät innerhalb des Testaufbaus kommt eine PC-MOST-Schnittstelle vom Typ Vector VN2600 zum Einsatz.

8.1 Systemmodellierung

Das Systemmodell des Beispielsystems besteht aus dem funktionalen Modell für CD-Player und Verstärker und einem produktspezifischen Teil, der die Spezifika der eingesetzten Hardware des Testaufbaus beschreibt. Das Modell wird mit Hilfe von Enterprise Architect (EA) erstellt und evaluiert.

Abbildung 8.1 zeigt einen Ausschnitt der erstellten Modellstruktur, wie sie durch EA dargestellt wird. Die Erstellung dieser Struktur wird durch im Rahmen dieser Arbeit entwickelte Addins für das Werkzeug erleichtert. Diese setzen die entwickelten Konzepte entsprechend um. Neben der vereinfachten Modellerstellung durch Automation von Aufgaben (z.B. Erstellung der Paketstruktur des Modells) implementieren diese Addins auch die Verfahren zur automatisierten Testfallgenerierung, wie sie in Kapitel 6 und 7 beschrieben werden.

8.1.1 Funktionaler Teil

Im funktionalen Modellteil werden alle funktionalen Struktur- und Verhaltensaspekte des Systems beschrieben. Gemäß des Lösungsansatzes sind diese funktionalen Beschreibungen für alle

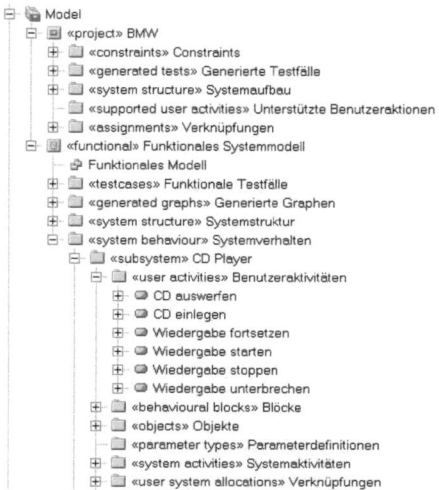

Abbildung 8.1: Modellstruktur in EA

gleichartigen Geräte der Anwendungsdomäne gültig. Für das gewählte Beispiel beschreibt daher das funktionale Modell gleichartige Eigenschaften, die für alle Audiosysteme, bestehend aus CD-Player und Verstärker, Gültigkeit haben.

Strukturelle Beschreibung

Die strukturelle Beschreibung im funktionalen Modellteil gestaltet sich sehr einfach. Hierbei werden SysML-Blöcke verwendet, um die Komponenten und die Zusammenhänge dazwischen zu definieren.

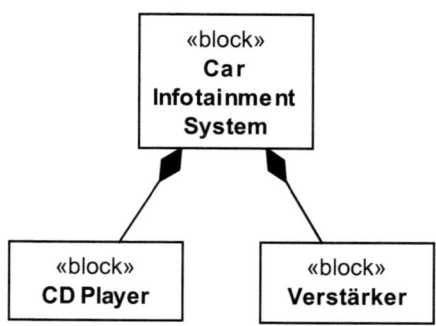

Abbildung 8.2: Systemstruktur auf funktionaler Ebene

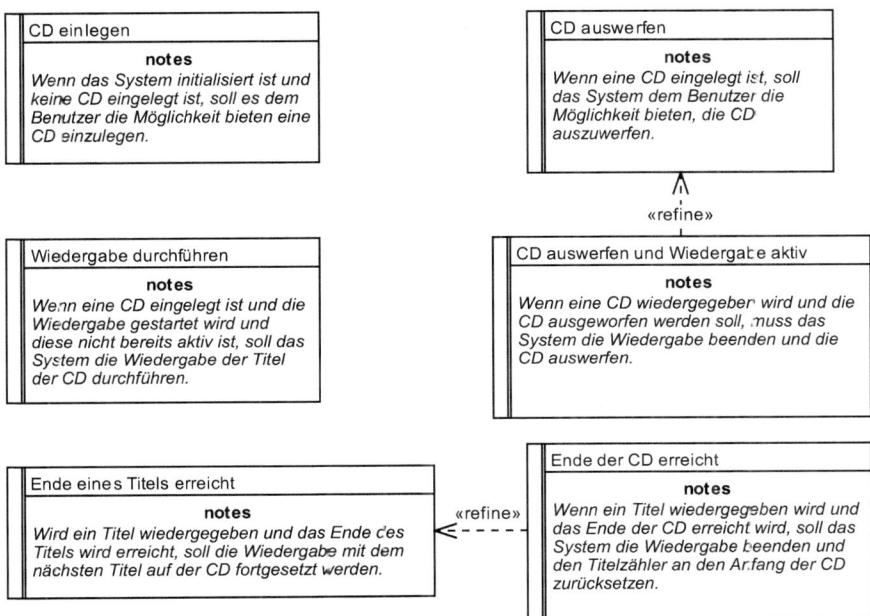

Abbildung 8.3: Anforderungen an einen CD-Player

Abbildung 8.2 zeigt die Blockdefinition des Beispielsystems. Der CD-Player und der Verstärker sind dabei mit Hilfe der *PartAssociation*-Beziehung als Teilkomponenten des das Gesamtsystem definierenden Blocks Car Infotainment System definiert.

Die mit Hilfe der Blöcke definierte Systemstruktur wird auch dazu verwendet, um die das Verhalten beschreibenden Modellteile zu strukturieren. Für jeden der Blöcke wird ein entsprechendes Paket mit gleichem Namen und entsprechende Unterpakete angelegt (vgl Abschnitt 5.4.1). Da es Verhaltensaspekte gibt, die nicht nur die Teilsysteme, wie CD-Player oder Verstärker, sondern das Gesamtsystem betreffen, muss demnach auch ein entsprechender Block, der das Gesamtsystem repräsentiert, angelegt werden.

Dynamische Beschreibung

Die dynamische Beschreibung auf der funktionalen Ebene geschieht mit Hilfe der Benutzer- und Systemaktivitäten und deren Beziehungen zueinander. Das Verhaltensmodell wird gemäß des in Kapitel 6 beschriebenen Ansatzes mit Hilfe von Aktivitätsdiagrammen unter Verwendung der beschriebenen Muster erstellt.

Um dies noch einmal am Beispiel zu zeigen, wird im Folgenden die Anwendung der Muster anhand der Überführung textueller Anforderungen in das formale Modell demonstriert (vgl. [Alt08]).

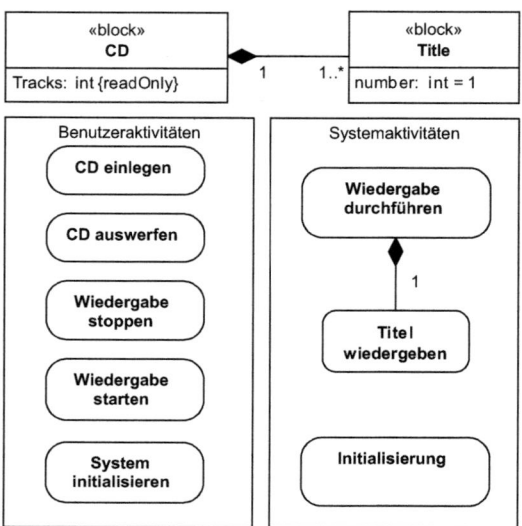

Abbildung 8.4: Elemente der Verhaltensbeschreibung

Eine kleine Auswahl von Anforderungen an einen CD-Player ist durch Abbildung 8.3 gegeben. Diese Anforderungen wurden aufgrund der MOST AudioDiskPlayer-Spezifikation [MOS05] sowie anhand von Gebrauchsanleitungen von CD-Playern aus dem Hifi-Bereich [Son01], [Son02] aufgestellt. Sie beschreiben das System nicht vollständig, sondern dienen nur zu Anschauungszwecken. Das Modell, das daraus gewonnen werden kann, beschreibt demzufolge auch nur einen Teilaspekt des Systems. Beispiele, die aus dem vollständigen Systemmodell entnommen wurden, finden sich in den vorangegangenen Kapiteln.

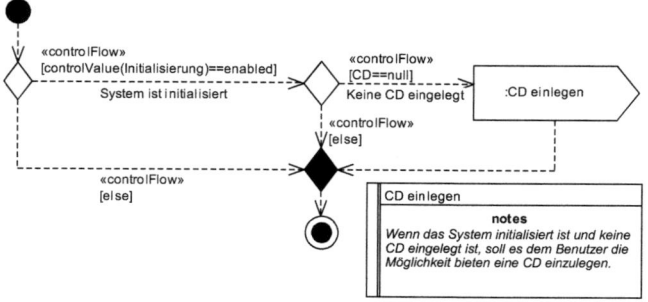

Abbildung 8.5: Vorbedingung der Benutzeraktivität CD einlegen

Aufgrund der Anforderungen aus Abbildung 8.3 wurden folgende Modellelemente angelegt, um das Verhalten des beschriebenen Systems abzubilden: Die Blöcke CD und Title repräsentieren die CD bzw. deren Titel und ihre Eigenschaften. Innerhalb der Aktivitätsdiagramme kommen dann Instanzen dieser Blöcke zum Einsatz, die den jeweiligen Systemzustand beschreiben.

Neben diesen Blöcken wurden die dargestellten Benutzer- und Systemaktivitäten angelegt, die Tätigkeiten des Benutzers mit dem System oder des Systems selbst repräsentieren. Da neben den Instanzen der Blöcke auch die Laufzeitzustände der Systemaktivitäten den Zustand des Systems mit beschreiben, muss jeweils entschieden werden, ob eine Anforderungsbedingung mit Hilfe einer Blockinstanz oder einer Systemaktivität modelliert werden soll.

Eine Hilfestellung dabei ist, dass Objekte beliebig komplexe Zustände repräsentieren können (z.B. Titelnummer einer CD), während die Ausdrucksstärke der Systemaktivitäten durch die Kontrollwerte begrenzt ist.

Hier im Beispiel wird die Systeminitialisierung durch eine Benutzer- und Systemaktivität abgebildet, da lediglich abgefragt werden soll, ob das System initialisiert ist oder nicht. Dies wird durch den Kontrollwert der Systemaktivität (enabled oder disabled) erfüllt.

Die Umsetzung der Anforderung *CD einlegen* zeigt Abbildung 8.5. Die Anforderung wird als Vorbedingung der Benutzeraktivität CD einlegen in das Modell überführt. Sind die in der Anforderung gegebenen Bedingungen erfüllt (Keine CD eingelegt und System initialisiert), wird die Benutzeraktivität ausgeführt.

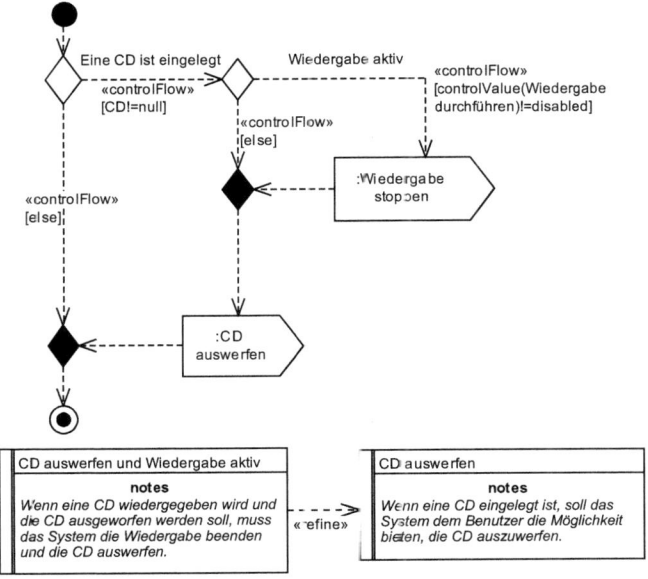

Abbildung 8.6: Vorbedingung der Benutzeraktivität CD auswerfen

Ein weiteres Beispiel der Umsetzung einer Anforderung in eine solche Vorbedingung zeigt Abbildung 8.6 für die Benutzeraktivität CD auswerfen. Dies ist analog zu CD einlegen, nur werden hier möglicherweise zwei Signale gesendet, da die Wiedergabe aufgrund der Anforderungen eventuell vorher beendet werden muss.

Die Anforderungen *Ende eines Titels erreicht* und *Ende der CD erreicht* haben einen anderen Charakter. Sie beschreiben Aspekte des internen Systemverhaltens und müssen somit durch die Benutzeraktivitäten bzw. -aktionen umgesetzt werden. Abbildung 8.7 zeigt die Umsetzung der Anforderungen durch die interne Struktur der Systemaktivität `Wiedergabe durchführen`. Diese Darstellung bildet einen Teilaspekt des bereits in Kapitel 6 dargestellten Beispiels. Die hier gegebene Umsetzung kann aufgrund von weiteren Anforderungen an das Systemverhalten, wie wiederholende Wiedergabe, Zufallswiedergabe etc. entsprechend sukzessive erweitert werden.

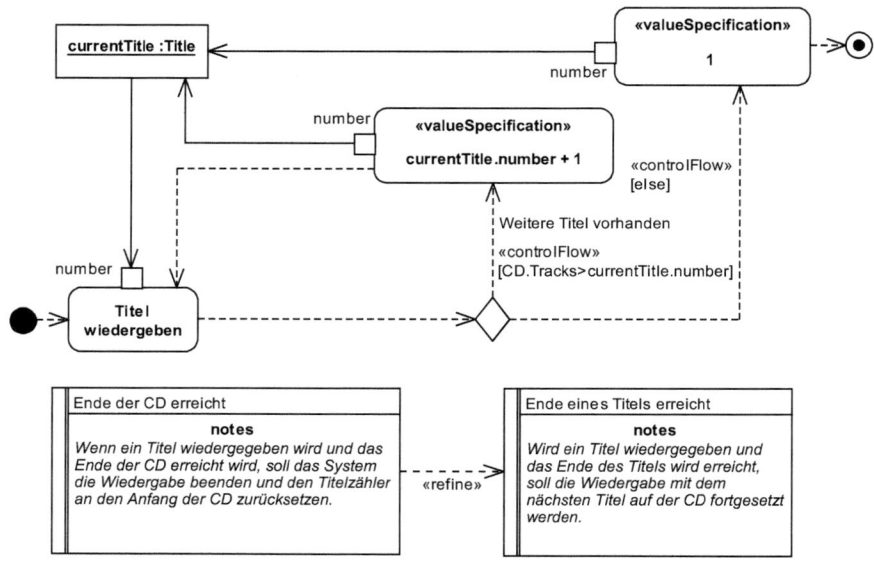

Abbildung 8.7: Verhaltensmodell der Systemaktivität `Wiedergabe durchführen`

Durch die gefundenen Modellierungsmuster lassen sich die Systemanforderungen schrittweise in ein formales SysML-Modell überführen und dann die dargestellten Verfahren zur funktionalen Testfallgenerierung darauf anwenden.

Als abschließendes Beispiel des funktionalen Modellteils soll noch gezeigt werden, wie die Verhaltensaspekte den strukturellen Aspekten zugeordnet werden können. Abbildung 8.8 stellt die Anwendung der Allokationsbeziehung am Beispiel der Zuordnung von Benutzeraktivitäten zu ihren strukturellen Blöcken dar. Damit lässt sich im Modell eine Zuordnung zwischen struktureller und dynamischer Systembeschreibung herstellen.

Dies erleichtert die Navigation im Modell und ermöglicht außerdem bei Bedarf auch eine Umstrukturierung des Modells, da die Modellelemente nicht nur über Paketstrukturen, sondern auch über Assoziationen für den Benutzer auffindbar sind. Ein Benutzer kann dabei ein Mensch oder ein Automat sein, der die Daten des Modells verwendet.

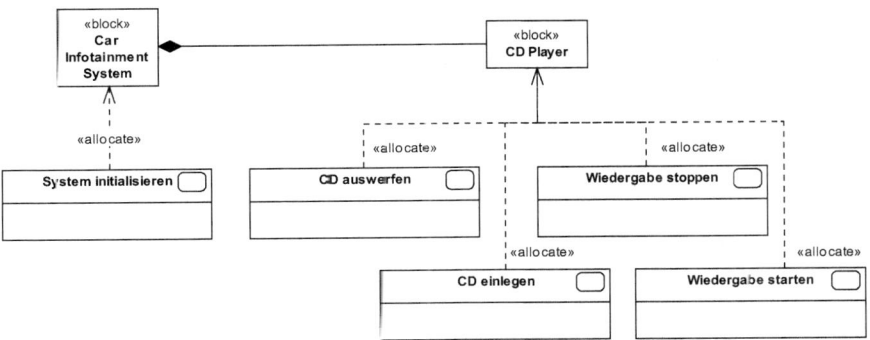

Abbildung 8.8: Zuordnung der Benutzeraktivitäten zur Systemstruktur durch Allokationen

8.1.2 Produktspezifischer Teil

Um zu produktspezifischen Testfällen zu gelangen, müssen im produktspezifischen Modellteil die strukturellen und dynamischen Informationen der konkreten Produkte abgelegt werden.

Strukturelle Beschreibung

Die strukturelle Beschreibung innerhalb des produktspezifischen Modells wird - da es sich bei dem Beispielsystem um ein MOST-System handelt - mit Hilfe des in Abschnitt 7.5 definierten MOST-Profils beschrieben. Den strukturellen Aufbau des Beispielsystems zeigt Abbildung 8.9. Man erkennt, dass das System aus drei MOST-Geräten besteht. Als MOST-Master fungiert eine PC-MOST-Schnittstelle der Fa. Vector vom Typ VN2600. Auffällig an dem Diagramm ist, dass dieser Block mit einer entsprechenden Grafik der Schnittstelle dargestellt wird. Durch den Einsatz solcher, domänenspezifischer Symbole kann die Akzeptanz und der Wiedererkennungswert der Modelle gesteigert werden. Ein Testingenieur kann mit Hilfe des gegebenen Diagramms den Testaufbau eins zu eins vom Modell in die Realität umsetzen.

Die beiden anderen MOST-Geräte sind in der SysML-Standarddarstellung wiedergegeben und enthalten jeweils einen Funktionsblock `AudioDiskPlayer` bzw. `AudioAmplifier`. Gemäß der Profildefinition sind die Tagged Values mit entsprechenden konkreten Werten versehen.

Eine Verknüpfung zwischen der produktspezifischen und der Systemstruktur im funktionalen Modellteil kann auch hier wieder mit Hilfe der SysML-Allokationsbeziehung, oder einer domänenspezifischen Assoziation hergestellt werden, um die Nachverfolgbarkeit zwischen den Modellteilen sicherzustellen.

Dynamische Beschreibung

Die Beschreibung der dynamischen Aspekte geschieht gemäß des in Kapitel 7 vorgestellten Ansatzes mit Hilfe der domänenspezifischen Aktionen für den Telematikbereich. Die konkrete Umsetzung der Benutzeraktivitäten innerhalb des Produktes wird durch Sequenzen dieser domänenspezifischen Aktionen beschrieben.

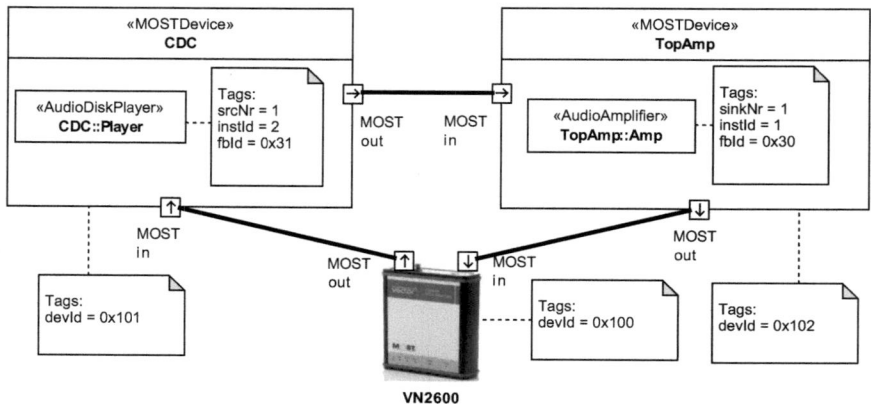

Abbildung 8.9: Systemstruktur des Beispielsystems

Abbildung 8.10 zeigt die Umsetzung der Benutzeraktivität System initialisieren für das gegebene Beispielsystem. Um das System zu initialisieren wird ein MOST-Kanal zwischen Quelle und Senke allokiert und die Quelle danach aktiviert (SourceActivity=On). Dies sorgt dafür, dass die Audiodaten von der Quelle (CD-Player) zur Senke (Verstärker) übertragen werden und dadurch hörbar sind.

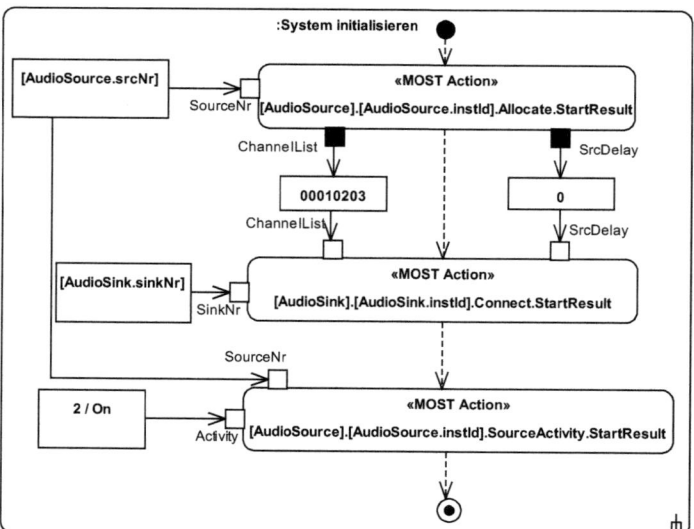

Abbildung 8.10: Verknüpfung der Benutzeraktivität System initialisieren

Das Beispiel in Abbildung 8.10 zeigt erstmals, dass mehrere Aktionen zur Realisation einer Benutzeraktivität ausgeführt werden müssen. In den vorangegangenen Beispielen wurde immer nur eine Aktion durchgeführt.

Weiterhin auffällig an diesem Diagramm ist, dass erstmals Daten zwischen den Aktionen ausgetauscht werden. Die Ausgangsparameter der MOST-Aktion zum Allokieren eines Kanals (Allocate) dienen als Eingangsparameter der nachfolgenden Botschaft (Connect).

Da die Vector XML-Testbeschreibung bislang leider nicht in der Lage ist, solche Parameter in Variablen zu speichern, um sie später an andere Botschaften zu übergeben, wurden hier feste Werte in Form von Objekten zwischen die Datenflüsse eingefügt. Diese Objektwerte beschreiben einen festgelegten Wert, für den der Testfall auf dem Testsystem lauffähig ist.

Da das MOST-System jedoch dynamisch Kanäle allokiert und vergibt, können sich diese Werte in einer anderen Systemkonfiguration natürlich auch ändern. Daher ist die gewählte Modellierung nur als Übergangslösung zu sehen und zukünftig entfallen die Objekte innerhalb der Kontrollflüsse. Der Anwendungsfall wurde auch bereits der Firma Vector Informatik gemeldet, jedoch wurde bis zur Fertigstellung dieser Arbeit noch keine neue Version von CANoe.MOST herausgegeben, die eine Zwischenspeicherung von Werten in den XML-Testmodulen erlaubt. Zukünftig könnte dies jedoch erfolgen.

8.2 Testfallgenerierung

Mit Hilfe der modellierten Zuordnungen von produktspezifischen Aktionssequenzen zu Benutzeraktionen lassen sich die funktionalen Testfälle zu produktspezifischen Aktionssequenzen transformieren und diese schließlich zu ausführbaren XML-Testmodulen.

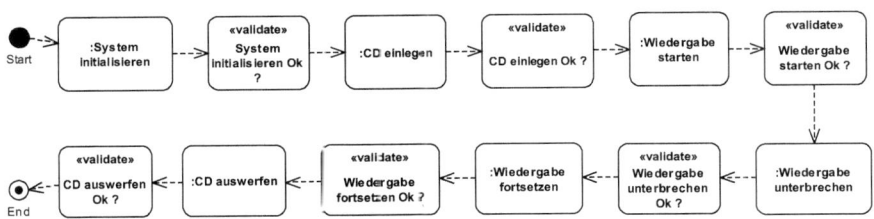

Abbildung 8.11: Generierter funktionaler Testfall

Abbildung 8.11 zeigt einen der funktionalen Testfälle, der mit Hilfe des in Kapitel 6 beschriebenen Verfahrens aus dem SysML-Systemmodell generiert wurde.

Die Ergebnisse der Transformationsschritte zu einer produktspezifischen Aktionssequenz und zu einem XML-Testmodul zeigen die Abbildungen 8.12 und 8.13. Alle Benutzeraktionen wurden durch die definierten spezifischen Aktionen ersetzt, alle generischen Parameter und Definitionen mit konkreten Werten belegt.

Das generierte Testmodul kann nun innerhalb von CANoe.MOST in der Testumgebung ausgeführt werden. CANoe.MOST erstellt auf Wunsch auch automatisch ein Testprotokoll im XML-Format, das durch eine entsprechende XSLT-Transformation in HTML oder PDF umgewandelt werden kann.

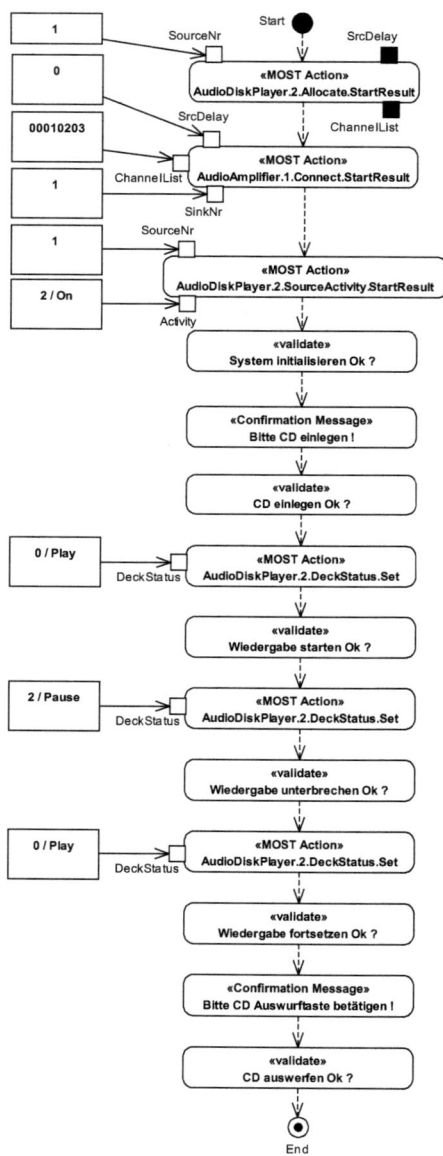

Abbildung 8.12: Generierter produktspezifischer Testfall

```xml
<?xml version="1.0" ?>
<testmodule title="TestCase4" version="1.0">
  <testcase title="TestCase4" ident="TestCase4">
    <initialize title="AudioDiskPlayer.2.Allocate.StartResult">
      <mostmsg name="AudioDiskPlayer.2.Allocate.StartResult"
               da="" dir="tx" ams="ams">
        <byte pos="0">1</byte>
      </mostmsg>
    </initialize>
    <initialize title="AudioAmplifier.1.Connect.StartResult">
      <mostmsg name="AudioAmplifier.1.Connect.StartResult"
               da="" dir="tx" ams="ams">
        <byte pos="2">00010203</byte>
        <byte pos="0">1</byte>
        <byte pos="1">0</byte>
      </mostmsg>
    </initialize>
    <initialize title="AudioDiskPlayer.2.SourceActivity.StartResult">
      <mostmsg name="AudioDiskPlayer.2.SourceActivity.StartResult"
               da="" dir="tx" ams="ams">
        <byte pos="0">1</byte>
        <byte pos="1">2</byte>
      </mostmsg>
    </initialize>
    <testerconfirmation title="System initialisieren Ok ?">
      System initialisieren Ok ?
    </testerconfirmation>
    <testerconfirmation title="Bitte CD einlegen !">Bitte CD einlegen !</testerconfirmation>
    <testerconfirmation title="CD einlegen Ok ?">CD einlegen Ok ?</testerconfirmation>
    <initialize title="AudioDiskPlayer.2.DeckStatus.Set">
      <mostmsg name="AudioDiskPlayer.2.DeckStatus.Set" da="" dir="tx" ams="ams">
        <byte pos="0">0</byte>
      </mostmsg>
    </initialize>
    <testerconfirmation title="Wiedergabe starten Ok ?">Wiedergabe starten Ok ?</testerconfirmation>
    <initialize title="AudioDiskPlayer.2.DeckStatus.Set">
      <mostmsg name="AudioDiskPlayer.2.DeckStatus.Set" da="" dir="tx" ams="ams">
        <byte pos="2">0</byte>
      </mostmsg>
    </initialize>
    <testerconfirmation title="Wiedergabe unterbrechen Ok ?">
      Wiedergabe unterbrechen Ok ?
    </testerconfirmation>
    <initialize title="AudioDiskPlayer.2.DeckStatus.Set">
      <mostmsg name="AudioDiskPlayer.2.DeckStatus.Set" da="" dir="tx" ams="ams">
        <byte pos="0">0</byte>
      </mostmsg>
    </initialize>
    <testerconfirmation title="Wiedergabe fortsetzen Ok ?">Wiedergabe fortsetzen Ok ?
    </testerconfirmation>
    <initialize title="AudioDiskPlayer.2.DeckStatus.Set">
      <mostmsg name="AudioDiskPlayer.2.DeckStatus.Set" da="" dir="tx" ams="ams">
        <byte pos="0">0</byte>
      </mostmsg>
    </initialize>
    <testerconfirmation title="Bitte CD Auswurftaste betätigen !">Bitte CD Auswurftaste betätigen !
    </testerconfirmation>
    <testerconfirmation title="CD auswerfen Ok ?">CD auswerfen Ok ?</testerconfirmation>
  </testcase>
</testmodule>
```

Abbildung 8.13: Generiertes XML-Testmodul

8.3 Fazit

In diesem Kapitel wurden die im Rahmen dieser Arbeit entwickelten Konzepte anhand von Beispielen aus dem verwendeten Modell illustriert. Dabei wurde gezeigt, welche Artefakte im Modell erstellt und welche durch Transformationen erzeugt wurden.

Exemplarisch dargestellt wurde die Transformation eines generierten funktionalen Testfalles bis hin zum ausführbaren XML-Testmodul.

9

Zusammenfassung und Ausblick

Dieses Kapitel fasst die Ergebnisse der Arbeit zusammen und bewertet diese. Weiterhin erfolgt ein Ausblick, wie die hier erarbeiteten Konzepte zukünftig erweitert werden können.

Im Rahmen der vorliegenden Arbeit wurden neue Erkenntnisse im Bereich des Modell-basierten Systemtests im industriellen Umfeld präsentiert. Als Anwendungsdomäne diente dabei das Infotainment- und Telematiksystem im Automobil. Zur Systemmodellierung wurde dabei die neue **Systems Modeling Language** (SysML) verwendet. Dabei zeigte sich, dass es mit SysML und weiteren, auf die Anwendungsdomäne zugeschnittenen Sprachkonstrukten, möglich ist, ein Systemmodell zu erstellen, das die Anforderungen der Arbeit im Hinblick auf automatische Testfallgenerierung und verbesserte Wiederverwendbarkeit der Testfälle erfüllt. Ein entsprechendes domänenspezifisches Modellierungskonzept für die Systembeschreibung im Telematikumfeld wurde im Rahmen der Arbeit entwickelt und evaluiert. Dabei wird durch das erstellte Modell das System(-verhalten) in der Art spezifiziert, dass daraus Testfälle automatisiert generiert werden können.

Durch eine **Trennung von funktionalen und technischen, produktspezifischen Aspekten** im Systemmodell wird es möglich, die Testfälle auf einer funktionalen Ebene und damit geräteunabhängig zu beschreiben oder zu generieren. Diese Testfälle lassen sich daher zum Test einer Vielzahl ähnlicher Geräte, die der gleichen Domäne angehören, einzusetzen.

Im Gegensatz zu anderen Ansätzen im Modell-basierten Testen wurden hier keine zustandsbasierten Modelle wie zum Beispiel Statecharts, sondern **durchgängig SysML-Aktivitätsdiagramme** verwendet. Dies erlaubt eine sukzessive Erstellung des Verhaltensmodells, ohne vorab alle Zustände des Systems explizit kennen zu müssen.

Durch Einsatz von UML/SysML-Profilen konnten die Aktivitätsdiagramme so angepasst werden, dass damit sowohl die technischen als auch die funktionalen Aspekte beschrieben werden konnten.

Ein entscheidender Punkt bei der Konzeption des Verhaltensmodells ist die Unterscheidung zwischen externer und interner Systemsicht. Die externe Sicht auf das System wird durch so genannte Benutzeraktionen beschrieben - internes Verhalten durch Systemaktionen. Die beiden Aktionsarten sind im Modell klar voneinander getrennt, so dass immer sichtbar wird, ob diese Aktion durch einen Systembenutzer oder durch das System selbst durchgeführt wird. Beide Aktivitäten beschrieben das Systemverhalten dabei auf funktionaler Ebene und damit geräteunabhängig.

Eine durchgängige Verwendung und Instanziierung der definierten Benutzer- und Systemaktivitäten erlauben eine nachvollziehbare und strukturierte Anwendung der Verhaltensaspekte des Systems in allen Teilen des Modells (Testfälle, Verhaltensmodell, Verknüpfung von funktionalem und technischen Modellteil).

Weiterhin wurden **Modellierungsmuster** entworfen, die angelehnt an informelle Verhaltensbeschreibungen wie Anforderungen und/oder Anwendungsfälle eine einfache Formalisierung des Systemverhaltens unter Verwendung der System- und Benutzeraktivitäten erlauben. Innerhalb dieser Muster kommt nur eine begrenzte Anzahl an Aktivitätsmodellelementen zum Einsatz, was die Erstellung des Verhaltensmodells weiter vereinfacht.

Mit Hilfe einer **Simulation des** erstellten **Aktivitätsmodells** und eines entsprechenden Algorithmus, der im Rahmen der Arbeit entwickelt wurde, kann der Zustandsraum bzw. der Ereignisgraph des Systems sukzessive automatisiert aus dem Aktivitätsmodell gewonnen werden. Auf die durch die Simulation entstandenen Graphen lassen sich dann bekannte Methodiken zur Testfallgenerierung und Überdeckungskriterien anwenden. Durch eine Implementierung des Ansatzes für das SysML-Werkzeug Enterprise Architect konnte die Machbarkeit des erarbeiteten Verfahrens gezeigt werden.

Mit einer klaren Festlegung der Modellstruktur und der **Einbindung der Konzepte in einen Modell-basierten Testprozess** ist der erarbeitete Ansatz nachvollziehbar und leicht in die Praxis des Systemtests zu übertragen. Durch die begrenzte Zahl von Modellierungsmustern ist klar definiert, welche Aspekte bzw. Teile des Systems wie und wo im Modell beschrieben werden müssen, um daraus automatisiert Testfälle abzuleiten.

Die notwendige **formale Beschreibung** der Modellstruktur und der Transformationsregeln zur Erzeugung ausführbarer Systemtestfälle erfolgte mit Hilfe der neuartigen **QVT-Relationssprache** auf grafische Weise. Um dies zu ermöglichen, wurde ein entsprechender Regeleditor für die QVT-Relationssprache, basierend auf Enterprise Architect realisiert. Dadurch konnten auch die Transformationen Modell-basiert beschrieben werden. Dies ergibt eine durchgängige Modell-basierte Darstellung auch innerhalb der Arbeit und vermeidet einen Bruch, der durch die Verwendung von textbasierten Beschreibungen entstehen würde.

Der vorgestellte Ansatz bietet Potenzial, um den Systemtestprozess im Telematikbereich weiter zu automatisieren und den Testern Arbeit im Hinblick auf die manuelle Erstellung von Testfällen abzunehmen oder zu erleichtern. Die dadurch eingesparte Zeit kann dazu genutzt werden, um weitere Testfälle zu erstellen und durchzuführen, die ansonsten in Folge der fehlenden zeitlichen und finanziellen Ressourcen im Projekt nicht, oder nur begrenzt durchgeführt worden wären. Dies führt zu einer höheren Testabdeckung und damit zu einer besseren Qualität der Systeme, da potenziell mehr Fehler der Software im Vorfeld durch den Test gefunden werden. Das beschriebene Konzept der Testfallbeschreibung auf funktionaler Ebene ist explizit als hybrides Verfahren bzw. Prozess konzipiert worden, um auch die manuelle Testfallerstellung neben der Testfallgenerierung weiterhin zu erlauben - mit allen Vorteilen der Wiederverwendbarkeit solcher Testfälle.

In Abbildung 9.1 sind die Anforderungen an die vorliegende Arbeit und deren Erfüllung durch die erarbeiteten Konzepte und ausgewählten Technologien noch einmal im Überblick mit Hilfe eines SysML-Anforderungsdiagrammes dargestellt. Die erarbeiteten Konzepte dieser Arbeit können direkt im Rahmen eines Modell-basierten Systemtestprozesses umgesetzt werden.

Einige Punkte konnten in dieser Arbeit jedoch nicht näher betrachtet werden und könnten Inhalt weiterer, nachfolgender Arbeiten auf diesem Gebiet sein.

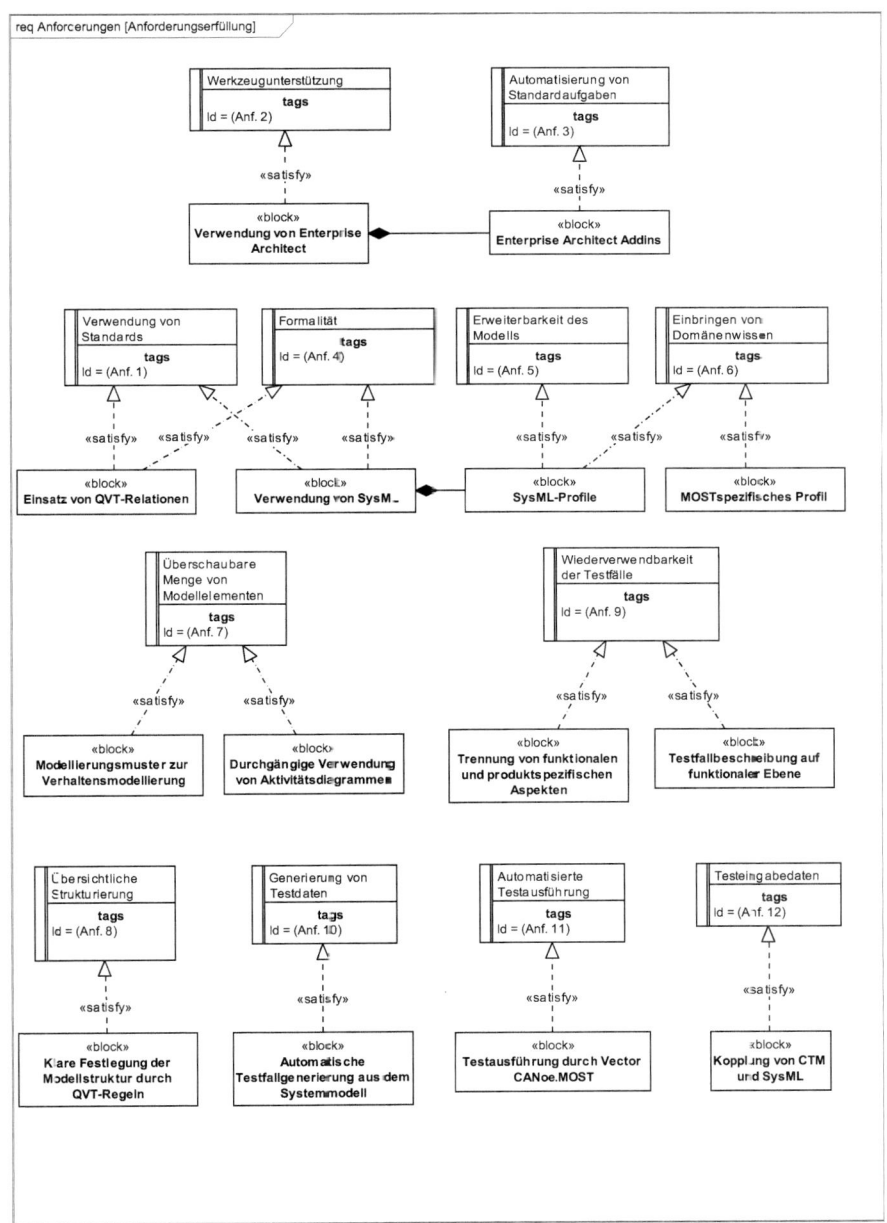

Abbildung 9.1: Anforderungen an und deren Erfüllung durch die Arbeit

9.1 Modellierung von zeitlichem Verhalten

Das konzipierte Modell beschreibt zeitliches Verhalten nicht explizit. Es gibt keine Aussagen über die Ausführungsdauer der einzelnen Aktivitäten im Modell. Im SysML-Standard gibt es dazu bislang auch keine definierten Modellelemente, die diesen Punkt abdecken würden. Zukünftig könnte das Modell um solche zeitlichen Attribute erweitert werden, die dann bei der Testfallgenerierung entsprechend berücksichtigt werden. Vorbild dabei könnte unter anderem das UML2 Testing Profile sein, bei dem schon Zeit und Dauer (*time and duration*) Teil der Profildefinition sind.

Mit der Integration von zeitlichen Aspekten könnten dann auch Testfälle generiert werden, die parallele Abläufe innerhalb des Systems explizit testen würden.

9.2 Nutzung weiterer SysML-Konzepte

Das vorgestellte Modellierungskonzept nutzt noch nicht alle Möglichkeiten der SysML aus. Die SysML bietet erstmals auch die Möglichkeit, Kontrollflüsse in Aktivitätsdiagrammen mit Wahrscheinlichkeiten zu versehen. Dies könnte dazu genutzt werden, empirisch gewonnene Informationen aus einem Benutzungsmodell (*usage model*) ins Systemmodell zu integrieren. Im Zuge der Testfallgenerierung können dann Testfälle mit unterschiedlichen Prioritäten generiert werden (z.B. Testen typischer oder untypischer Benutzung des Systems).

Mit den Anforderungsdiagrammen bietet die SysML außerdem die Möglichkeit, textuelle Anforderungen ins Modell zu integrieren. In einem Prozess, der nicht oder noch nicht auf textuelle Anforderungen verzichten will oder kann, könnten damit beide Spezifikationsformen kombiniert und durch entsprechende Verlinkung im Modell eine Nachverfolgbarkeit (engl. *Traceability*) zwischen Modell und textueller Systembeschreibung hergestellt werden.

9.3 Varianten

Das funktionale Systemmodell erhebt den Anspruch für alle Systeme der gleichen Domäne gültig zu sein. In der Praxis kommt es aber vor, dass es doch gewisse Varianten des Systems gibt. Beispielsweise starten die meisten CD-Player die Wiedergabe nach einem Stopp wieder neu von Titel eins. Eine Variante davon könnte sein, dass die Wiedergabe an der Stelle fortgesetzt wird, an der sie zuletzt unterbrochen wurde. Solche Varianten werden in der vorgestellten Umsetzung des Ansatzes nicht berücksichtigt. Auch die SysML bietet in der aktuellen Version keine expliziten Beschreibungsmittel für Varianten an. Durch Konzepte aus dem Produktlinien-Engineering könnten das Modell um die Möglichkeit, solche Varianten zu berücksichtigen, erweitert werden (vgl. [GS04], [RRKP03]). Vor der Testfallgenerierung wird dann die entsprechende Konfiguration des zu testenden Systems festgelegt und ein angepasster Testfall erzeugt.

9.4 Automatisierte Validierung

Die generierten, halbautomatischen Testfälle könnten durch den Einsatz weiterer Hard- und Software der Testumgebung zum Zwecke der Validierung weiter automatisiert werden. Sie sind dann ohne Zutun eines menschlichen Testers voll automatisch ablauffähig. Dies ermöglicht

Dauerläufe und Tests über Nacht und einen 100% zuverlässigen Regressionstest. Zu nennen sind hier Mustererkennung und der Einsatz von Kamerasystemen.

9.5 Linguistische Aspekte bei der Modellerstellung

In jüngerer Zeit gibt es Ansätze aus textuellen Anforderungsdokumenten, automatisiert Informationen über das System abzuleiten. Zu nennen sind hier unter anderem die Arbeiten von Sneed [Sne05], Friske [FP05], [FS07] und Mai und Gerber [MG06]. Dabei werden textuelle Anforderungen rechnergestützt in formale (UML-)Modelle überführt. Mit der Weiterentwicklung solcher Konzepte könnte ein Systemmodell, wie es im Rahmen dieser Arbeit Verwendung findet, auch automatisiert aus solchen Dokumenten generiert werden. Die Verwendung von Textmustern, wie sie z.B. in [Rup04] benutzt werden, könnte einen solchen Generierungsprozess weiter vereinfachen und damit langfristig eine Brücke zwischen Anforderungen und dem Systemmodell schlagen.

Auch der umgekehrte Weg der Generierung von textueller Dokumentation des Systems aus dem Modell ist denkbar und könnte die Kommunikation zwischen verschiedenen Projektbeteiligten (*Stakeholdern*) vereinfachen. Ein erster Schritt in diese Richtung wurde bereits dadurch getan, dass die Kontrollflusskanten der Aktivitätsdiagramme nicht nur mit einer formalen Bedingung, sondern auch mit einer textuellen Prosabeschreibung versehen wurden. Dies kann für die automatisierte Generierung von Dokumentation aus diesen Diagrammen genutzt werden, die dadurch auch für Projektbeteiligte ohne umfassenden technischen Hintergrund lesbar ist.

A

QVT-Regel der SysML-zu-XML Transformation

Im Folgenden finden sich die in Kapitel 7 nicht dargestellten Relationen der Transformations-regel zur Erzeugung der XML-Testmodule. Um ein XML-Testmodul zu erzeugen, müssen in der Transformationsregel für jede SysML-Aktion zwei Relationen vorhanden sein, je nachdem, ob sich diese Aktion direkt nach dem Startknoten (erste Aktion) oder dahinter innerhalb der Aktionssequenz befindet. Die beiden Relationen unterscheiden sich jeweils nur in einem Punkt, nämlich durch die Rolle der Assoziation vom Domänenobjekt zum initialize-Objekt auf der XML-Seite (vgl. Abschnitt 7.8.2).

Daher wird hier nur jeweils eine von beiden Relationen dargestellt. Um die andere Relation zu erhalten, braucht nur die Rolle childTag durch nextSibbling an der Assoziation ent-sprechend ersetzt zu werden. Zur Verdeutlichung, um welche Rolle es sich handelt, ist diese im Fettdruck dargestellt.

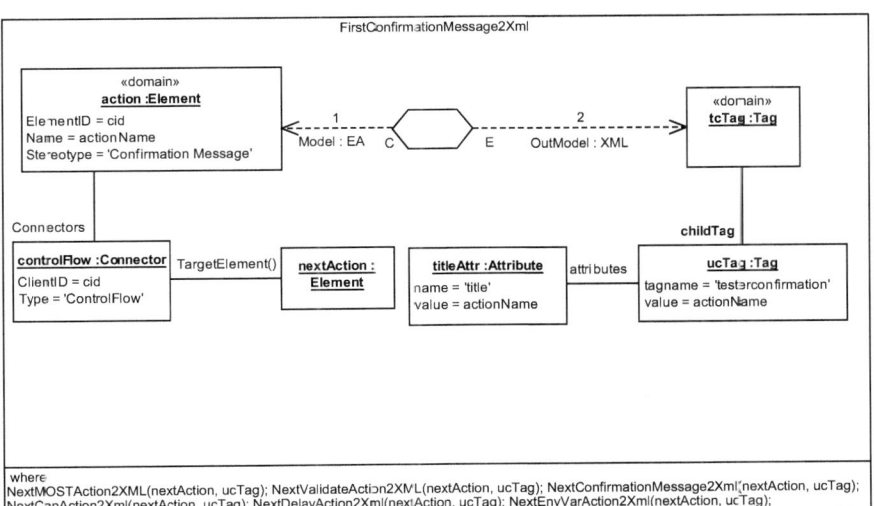

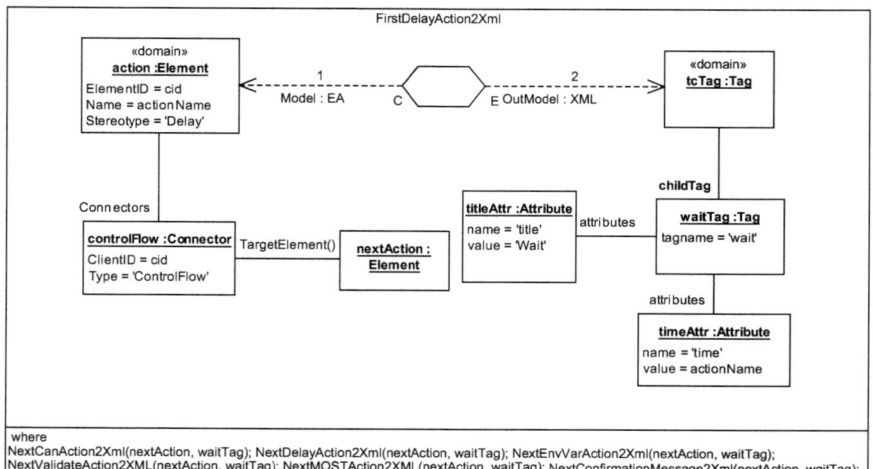

FirstDelayAction2Xml

where
NextCanAction2Xml(nextAction, waitTag); NextDelayAction2Xml(nextAction, waitTag); NextEnvVarAction2Xml(nextAction, waitTag);
NextValidateAction2XML(nextAction, waitTag); NextMOSTAction2XML(nextAction, waitTag); NextConfirmationMessage2Xml(nextAction, waitTag);

FirstEnvVarAction2Xml

where
NextValidateAction2XML(nextElement, initializeTag); NextDelayAction2Xml(nextElement, initializeTag);
NextEnvVarAction2Xml(nextElement, initializeTag); NextMOSTAction2XML(nextElement, initializeTag); NextCanAction2Xml(nextElement, initializeTag);NextConfirmationMessage2XML(nextElement, initializeTag)

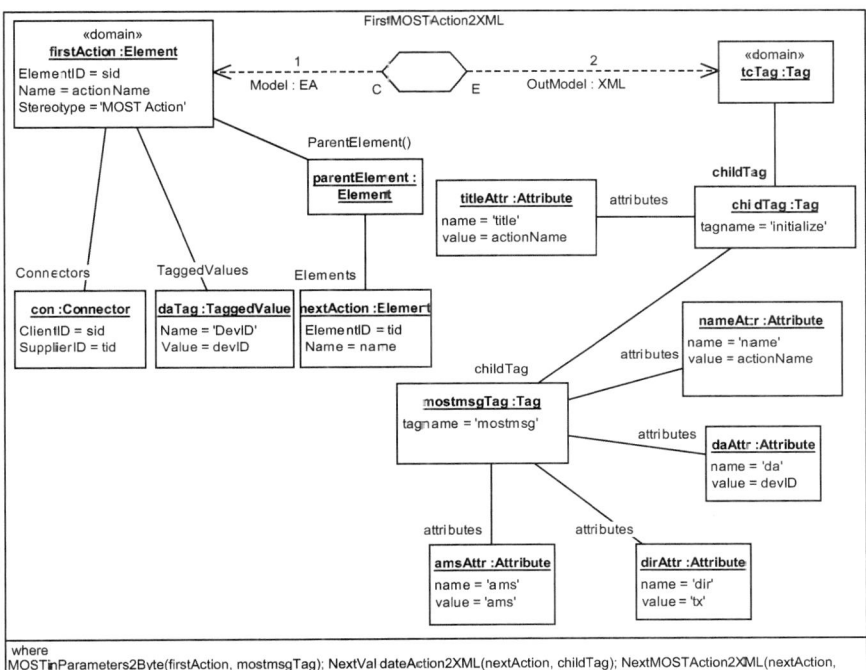

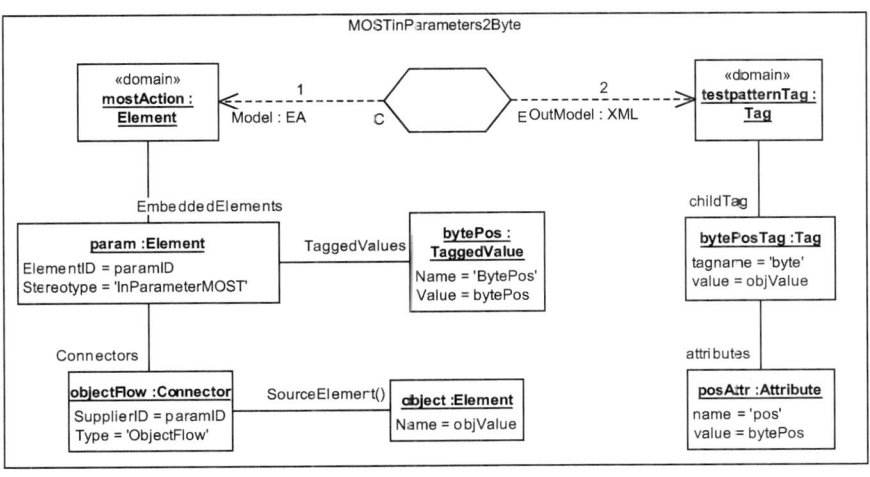

Literaturverzeichnis

[3SO04]   3SOFT. Komplexe HMIs generieren mit GUIDE, Oktober 2004. http://www.elektrobit.com, zuletzt besucht am 10.12.2007.

[Ack07]   R. R. Ackermann. Elektronik bestimmt Innovationen im Auto der Zukunft. *E&E Select Automotive*, 1:6–8, 4 2007.

[AKRS06]   C. Amelunxen, A. Königs, T. Rötschke und A. Schürr. MOFLON: A Standard-Compliant Metamodeling Framework with Graph Transformations. In A. Rensink und J. Warmer, Hrsg., *Model Driven Architecture - Foundations and Applications: Second EuropeanConference*, Seiten 361–375, Heidelberg, 7 2006. Springer Verlag.

[Alt06]   O. Alt. Generierung von Systemtestfällen für Car Multimedia Systeme aus domänenspezifischen UML Modellen. In C. Hochberger und R. Liskowsky, Hrsg., *INFORMATIK 2006 Informatik für Menschen Band 2*, Seiten 215–222. Lecture Notes in Informatics, 10 2006.

[Alt07a]   O. Alt. Deriving reusable system test cases from SysML models. In *Proceedings of the Software and Systems Quality Conference*, Düsseldorf, 2007. Online Conference Proceedings.

[Alt07b]   O. Alt. Model-based testing of car infotainment systems with SysML. In *Proceedings of the Embedded World Conference 2007*, Nürnberg, 2007.

[Alt07c]   O. Alt. Modelltransformation mit der QVT Relationssprache - Fallstudie einer werkzeugspezifischen Realisierung. In W.-G. Bleek, H. Schwetner und H. Züllighoven, Hrsg., *Software Engineering 2007 - Beiträge zu den Workshops*, Seiten 255–259, 3 2007.

[Alt08]   O. Alt. Integration textueller Anforderungen und Modell-basiertem Testen mit SysML. In GI e.V., Hrsg., *Softwaretechnik Trends*, Jgg. 28, Seiten 14–17. Gesellschaft für Informatik e.V., 8 2008.

[Art07]   Artisan Software. Homepage der Firma Artisan Software, 2007. http://www.artisansw.com, zuletzt besucht am 14.8.2007.

[AS06]   Oliver Alt und Markus Schmidt. Derivation of System Integration Tests from Design Models in UML. In Hajo Eichler und Tom Ritter, Hrsg., *Proceedings of the ECMDA Workshop on Integration of Model Driven Developmentand Model Driven Testing*, Seiten 1–10. IRB Verlag, 7 2006.

[ATZ01]   ATZ/MTZ Extra. Der neue Mercedes SL, Sonderausgabe, 10 2001.

[Axe01]   Jan Axelson. *USB, Handbuch für Entwickler*, Jgg. 1. MITP-Verlag, 2001.

[BBLS06]   F. Belli, C. J. Budnik, M. Linschulte und I. Schieferdecker. Testen Web-basierter Systeme
            mittels strukturierter, graphischer Modelle - Vergleich anhand einer Fallstudie. In C. Hoch-
            berger und R. Liskowsky, Hrsg., *INFORMATIK 2006 Informatik für Menschen Band 2*, Sei-
            ten 266–273. Lecture Notes in Informatics, 10 2006.

[BBr04]   Gerd Baumann, Michael Brost und Hans-Christian reuss. Einfach Testen - Eine offene
            Integrations- und Automatisierungsplattformfür Steuergeräte-Tests. *Elektronik Automotive*,
            5(5):72, Mai 2004.

[BBS04]   Simon Burton, Andre Baresel und Ina Schieferdecker, Hrsg. *Automated testing of auto-
            motive telematics systems using TTCN-3*. 3rd Workshop on system testing and validation,
            ICSSEA 2004, Paris, France, Fraunhofer IRB Verlag, 12 2004.

[Bec07]   Kent Beck. *Homepage des Java Unit-Testframework JUnit*, 2007. http://www.junit.org,
            zuletzt besucht am 14.8.2007.

[Bin00]   Robert V. Binder. *Testing Object-Oriented Systems: Models, Patterns, and Tools*. Object
            Technology Series. Addison-Wesley, 2000.

[BL02]   Lionel Briand und Yvan Labiche, Hrsg. *A UML-Based Approach to System Testing*. Soft-
            ware Quality Engineering Laboratory Carleton University, Carleton University, 6 2002.

[BLZH07]   F. Belli, M. Linschulte, R. Zirnsak und G. Hofmann. Negativ-Tests interaktiver Systeme und
            ihre Automatisierung. In W.-G. Bleek, H. Schwetner und H. Züllighoven, Hrsg., *Software
            Engineering 2007 - Beiträge zu den Workshops*, Seiten 35–44, 3 2007.

[BNBM05]   Fevzi Belli, Nimal Nissanke, Christof J. Budnik und Aditya Mathur. Test Generation Using
            Event Sequence Graphs. Technical reports and working papers, Universität Paderborn,
            http://adt.upb.de, 9 2005.

[Boe81]   B. Boehm. *Software Engineering Economics*. Prentice-Hall Inc., London, 1981.

[BOS91]   BOSCH. *CAN Specification Version 2.0*. Robert Bosch GmbH, Postfach 300240, D-70442
            Stuttgart, version 2.0. Auflage, 1991.

[Cho78]   T.S. Chow. Testing Software Design Modeled by Finite-State Machines. *IEEE Transactions
            on Software Engineering*, SE-4(3):178–187, May 1978.

[CK06]   Mirko Conrad und Alexander Krupp, Hrsg. *An Extension of the Classification-Tree Method
            for Embedded Systems forDescription of Events*. MBT 2006 Second Workshop on Model
            Based Testing, ETAPS, March 2006.

[CMM06]   CMMI Product Team. *CMMI® for Development, Version 1.2*. Carnegie Mellon Software
            Engineering Institute, cmmi-dev, v1.2. Auflage, 8 2006.

[Con04]   Mirko Conrad. *Modell-basierter Test eingebetteter Software im Automobil: Auswahl und
            Beschreibung von Testszenarien*, Jgg. 1. Auflage. Deutscher Universitäts-Verlag, Oktober
            2004.

[DKS00]   D. Dieterich, W. Kastner und T. Sauter. *EIB: Gebäudebussystem*. Hüthig, 2000.

[E+03]   Ericsson et al. *UML Testing Profile (final submission)*. OMG, März 2003.

[Ecl07]   Eclipse M2M Project.   Homepage der Atlas Transformation Language, 2007.
            http://www.eclipse.org/m2m/atl/, zuletzt besucht am 4.8.2007.

[EGS99]   Gregor Engels, Jens Gaulke und Stefan Sauer. Modelle für automobile Software: Objektori-
            entierte Modellierung von eingebetteten interaktiven Systemen im Automobil. *Forschuns-
            Forum Paderborn*, Seiten 24–29, 1999.

[ESG06]   ESG Elektroniksystem- und Logistik-GmbH. *MSC-Toolkette: MSC Editor, System
            Analyzer, Sequence Analyzer.* ESG Elektroniksystem- und Logistik-GmbH, 2006.
            http://www.esg.de/leistungen/automotive/bausteine/msc.html, zuletzt besucht 14.8.2007.

[ETA06]   ETAS GmbH. *Homepage zu ASCET SD.* ETAS GmbH, 2006.
            http://de.etasgroup.com/products/ascet/, zuletzt besucht am 14.8.2007.

[ETS03a]   ETSI. *The Testing and Test Control Notation version 3 Part 1: TTCN-3 Core Language.*
            ETSI, etsi es 201 873-1 v2.2.1. Auflage, Februar 2003.

[ETS03b]   ETSI. *The Testing and Test Control Notation version 3 Part 3: TTCN-3 Graphical presen-
            tation Format (GFT).* ETSI, etsi es 201 873-3 v2.2.2. Auflage, April 2003.

[ETS03c]   ETSI. *The Testing and Test Control Notation version 3 Part 5: TTCN-3 RuntimeInterface
            (TRI).* ETSI, etsi es 201 873-5. Auflage, 2 2003.

[ETS03d]   ETSI. *The Testing and Test Control Notation version 3 Part 6: TTCN-3 ControlInterface
            (TCI).* ETSI, etsi es 201 873-6. Auflage, 7 2003.

[ETS07]   ETSI. *Hompage zu TTCN-3.* ETSI, 2007. http://www.ttcn-3.org, zuletzt besucht am
            14.8.2007.

[Fis05]   Joachim Fischer. Codegenerierung, automatisch und fehlerfrei: OLIVANOVA - die Pro-
            grammiermaschinevalidiert und transformiert Modelle. *Objekt Spektrum*, 2(2):1–8, 2005.

[Fle07a]   Thomas Fleischmann. Modellbasierte HMI-Entwicklung. *AUTOMOBIL-Elektronik*,
            Dezember:46–47, 2007.

[Fle07b]   FlexRay-Konsortium. *Homepage des FlexRay-Konsortium*, 2007. http://www.flexray.com,
            zuletzt besucht am 16.3.2007.

[FP05]   Mario Friske und Holger Pirk. Werkzeuggestützte interaktive Formalisierung textueller An-
            wendungsfallbeschreibungen für den Systemtest. In *Beiträge der 35. Jahrestagung der Ge-
            sellschaft für Informatik (Band 2)*, Seiten 516–520. A. B. Cremers and R. Manthey and P.
            Martini and V. Steinhage, 9 2005.

[Fri04]   Mario Friske. Testfallerzeugung aus Use-Case-Beschreibungen. In *Softwaretechnik-Trends*,
            Band 24, 3 2004.

[FS05]   Mario Friske und Holger Schlingloff. Von Use Cases zu Test Cases: Eine systematische
            Vorgehensweise. In T. Klein, B. Rumpe und B. Schätz, Hrsg., *MBEES - Model-Based Engi-
            neering of Embedded Systems*. Dagstuhl-Workshop, TU Braunschweig Report TUBS-SSE
            2005-01, 1 2005.

[FS07]   M. Friske und H. Schlingloff. Generierung von UML-Modellen aus formalisierten Anwen-
            dungsfallbeschreibungen. In M. Conrad, H. Giese, B. Rumpe und B. Schätz, Hrsg., *MBEES -
            Model Based Engineering of Embedded Systems III*. Dagstuhl-Workshop, TU Braunschweig
            Report TUBS-SSE 2007-01, 1 2007.

[GBB04]   Patrick Grässle, Henriette Baumann und Philippe Baumann. *UML 2.0 projektorientiert -
            Geschäftsprozessmodellierung, IT-System-Spezifikationund Systemintegration*, Jgg. 3., ak-
            tualisierte Auflage 2004. Galileo Computing, 2004.

[GG93] M. Grochtmann und K. Grimm. Classification Trees for Partition Testing. Software testing, Verification and Reliability, 3 1993.

[GH+95] Erich Gamma, Richard Helm et al. *Design Patterns, Elements of Reusable Object-Oriented Software*. Addison-Wesley, 1995.

[Gra94] Jens Grabowski. *Test Case Generation and Test case Specification with Message SequenceCharts*. Dissertation, Universität Bern, Februar 1994.

[GS02] Jens Grabowski und Michael Schmitt. TTCN-3 - Eine Sprache für die Spezifikation und Implementierung von Testfällen. *at Theorie für den Anwender*, 3:A5–A8, 2002.

[GS04] Jack Greenfield und Keith Short. *Software Factories: Assembling Applications with Patterns, Models, Frameworks,and Tools*, Jgg. 1. Willey, 2004.

[GS05] D. Gurovic und R. Stücka. Testen im Kontext der Model-Driven Architecture der OMG. In C. Grote und R. Ester, Hrsg., *Begleittexte zum Entwicklerforum Softwareentwicklung*, Seiten 59–68. Design und Elektronik, 10 2005.

[Har87] David Harel. Statecharts: A visual Formalism for Complex Systems. *Science of Computer Programing*, 8:231–274, 6 1987.

[HB07] T. Heup und T. Berlage. Aufbau einer Software Factory zur Erstellung spezialisierter Bildverarbeitungslösungen. In W.-G. Bleek, H. Schwetner und H. Züllighoven, Hrsg., *Software Engineering 2007 - Beiträge zu den Workshops*, Seiten 325–328, 3 2007.

[Hen00] Fanny Hensel. *Abendlich schon rauscht der Wald, Op. 3, Nr. 5*. Choral Public Domain Library, 2000.

[HN04] A. Hartman und K. Nagin, Hrsg. *The AGEDIS Tools for Model Based Testing*. IBM, Dagstuhl Seminar, 2004.

[HR02] Peter Hruschka und Chris Rupp. *Agile Softwareentwicklung für embedded real time systems mit der UML*. Hanser, 2002.

[HVFR03] Jean Hartmann, Marlon Vieira, Herb Foster und Axel Ruder, Hrsg. *UML-based Test Generation and Execution*. Siemens Corporate Research, Inc., 2003.

[i-L06] i-Logix. *Statemate*. i-Logix, 2006. http://www.i-logix.de/, zuletzt besuch am 16.3.2007.

[IAV06] IAV. Infotainment Markup Language: Definitionssprache für die vollständige Spezifikation von Human Machine Interfaces (HMI) für Infotainmentsysteme. *IAV*, 2006. http://www.iav.com/de, zuletzt besucht am 30.11.2006.

[ITU99] ITU. Message Sequence Chart ITU-T Z..120. Bericht ITU-T Recommendation Z. 120, International Telecommunication Union, November 1999.

[Jec04] Mario Jeckle. *Übersicht über Eigenschaften von UML Werkzeugen*. www.jeckle.de, 2004. http://www.jeckle.de/umltools.html, zuletzt besucht 30.11.2006.

[JRH+04] Mario Jeckle, Chris Rupp, Jürgen Hahn, Barbara Zengler und StefandQueins. *UML 2 glasklar*. Hanser, 2004.

[K+05] S. Kuhler et al., Hrsg. *Automatische Generierung von Abnahmetests für eingebettete Systeme im Automobilbereich*. ASIM Fachtagung Simulations und Testmethoden für Software in Fahrzeugsystemen, TU Berlin, März 2005.

[K2L07]   K2L. K2L MOST Studio Datasheet, 2007. http://www.k2l.de, zuletzt besucht am 26.3.2007.

[Kel05]   Steven Kelly. Software-Modellierung ohne Kunstgriffe: Mit domönenspezifischer Model-
             lierung zu hundertprozentiger Code-Generierung. *Elektronik*, 1:64–69, Januar 2005.

[KGHS98]   B. Koch, J. Grabowski, D. Hogrefe und M. Schmitt. Autolink - A Tool for Automatic Test
             Generation from SDL Specifications. Bericht, Uni Lübeck, 1998.

[Kne03]   Ralf Kneuper. *CMMI - Verbesseung von Softwareprozessen mit Capability Maturity Mo-
             dellIntegration*, Jgg. 1. dpunkt.verlag, 2003.

[L+06]   T. Levendovszky et al. *Realizing QVT with VMTS (Graph Transfor-
             mation Based Model Transformation)*, 2006. http://avalon.aut.bme.hu/
             ~tihamer/research/vmts/qvt/vmts_qvt.html, zuletzt besucht am 22.2.07.

[Lig02]   Peter Liggesmeyer. *Software-Qualität: Testen Analysieren und Verifizieren von Software*.
             Spektrum, Akad. Verlag, 2002.

[LIN06]   LIN Consortium. *LIN Specification Package, Revision 2.1*. LIN Consortium, 2.1. Auflage,
             11 2006.

[LS06]   Friedemann Ludwig und Frank Salger. Werkzeuge zur domänenspezifischen Modellierung.
             OBJEKTspektrum, 3(3):16–20, Mai/Juni 2006.

[May07]   Eugen Mayer. Serielle Bussysteme im Automobil - Teil 4: FlexRay für den Datenaustau-
             sch in sicherheitskritischen Anwendungen. *Elektronik automotive*, 2:42–45, 3 2007.

[Met07]   MetaCase. Homepage der Firma MetaCase/MetaEdit+, 2007. http://www.metacase.com,
             zuletzt besucht am 14.8.2007.

[MG06]   A. Mai und S. Gerber. Model Extraction: Transformation von Benutzeranforderungen in
             UML-Modelle mit Hilfe statistisch-linguistischer Methoden und Heuristiken. In C. Hoch-
             berger und R. Liskowsky, Hrsg., *INFORMATIK 2006 Informatik für Menschen Band 2*, Sei-
             ten 162–169. Lecture Notes in Informatics, 10 2006.

[MM03]   Joaquin Miller und Jishnu Mukerji. MDA Guide Version 1.0.1. Bericht omg/2003-06-01,
             OMG, Juni 2003.

[MOS03a]   MOST Cooperation. *MOST FunctionBlock Audioamplifier*. MOST Cooperation, September
             2003.

[MOS03b]   MOST Cooperation. *MOST FunctionBlock AudioDiskPlayer*. MOST Cooperation, rev.
             2.4. Auflage, 9 2003.

[MOS04]   MOST Cooperation. *MOST Specification Rev. 2.3 08/2004*. MOST Cooperation, rev.
             2.3. Auflage, August 2004.

[MOS05]   MOST Cooperation. *MOST Dynamic Specification*. MOST Cooperation, 2.1. Auflage,
             Januar 2005.

[OAS02]   OASIS Silicon Systems AG. *User Manual For OptoLyzer4MOST Interface Box Rev. 5*.
             OASIS Silicon Systems AG, 5.0-01. Auflage, 3 2002.

[OMG04a]   OMG. *Meta Object Facility (MOF) 2.0 Core Specification*. Object Management Group,
             ptc/04-10-15. Auflage, 10 2004.

[OMG04b]   OMG. *Unified Modeling Language: Superstructure version 2.0*. OMG, 10 2004.

[OMG05]   OMG. *MOF QVT Final Adopted Specification*. OMG, ptc/05-11-01. Auflage, 11 2005.

[OMG06a]   OMG. Object Constraint Language OMG Available Specification Version 2.0. formal/06-05-01, OMG, 5 2006.

[OMG06b]   OMG. OMG Systems Modeling Language (OMG SysML^{TM}) - Final Adopted Specification. ptc/06-05-04, Object Management Group, 5 2006.

[Pet62]   Carl Adam Petri. *Kommunikation mit Automaten*. Dissertation, Universität Bonn, 1962.

[Pie03]   Andrej Pietschker, Hrsg. *Testen mit TTCN-3 in der Praxis*. Siemens AG, 2003.

[Por07]   Porsche   AG.   *Kombiinstrument   des   Porsche   Cayenne   Turbo*,   3   2007. http://www.porsche.com/filestore.aspx/normal.jpg?pool=germany&type=image&id=cayen necflt-detail-comfortinstrumentsxle&lang=none&filetype=normal,   zuletzt   besucht   am 8.3.2007.

[Pra03]   R. Prasad. *WLANs and WPANSs towards 4G wireless*. Artech House universal personal communications library, 2003.

[PRI06]   PRINCESS INTERACTIVE Software Technologie. INSIDES - Human Machine Interface Design and Simulation Plattform, 2006.

[Pro05]   Stacy J. Prowell. Using Markov Chain Usage Models to Test Complex Systems. In *Proceedings of the 38th Annual Hawaii International Conference on System Sciences (HICCS)*, 2005.

[Rob02]   Robert-Bosch GmbH (Hrsg.). *Autoelektrik, Autoelektronik: Systeme und Komponenten*, Jgg. 4. Auflage. Vieweg Verlag, September 2002.

[Rob06]   Robert Bosch GmbH. *Neues Anzeigesystem von Bosch - Innovatives Informationszentrum für die Mercedes S-Klasse - Modernes Kombiinstrument im klassischen Design*. Robert Bosch GmbH, 2 2006.   Pressetext, http://www.bosch-presse.de/TBWebDB/de-DE/PressText.cfm?&Search=1&id=2619, zuletzt besucht am 7.3.2007.

[RQ03]   Chris Rupp und Stefan Queins, Hrsg. *Testen mit Use-Cases*. TAV 20, Oktober 2003.

[RRKP03]   A. Reuys, S. Reis, E. Kamsties und K. Pohl. Derivation of Domain Test Scenarios from Activity Diagrams. In K. Schmidt und B. Geppert, Hrsg., *Proceedings of the PLEES'03*, number 139.03/E in IESE-Report, Seiten 35–41. Fraunhofer IESE, 2003.

[Rup04]   Chris Rupp. *Requirements-Engineering und -Management: Professionelle, iterative Anforderungsanalyse für die Praxis*, Jgg. 3. Auflage. Hanser, Nürnberg, 2004.

[SA07]   S. Schlecht und O. Alt. Strategien zur Testfallgenerierung aus SysML Modellen. In W.-G. Bleek, H. Schwetner und H. Züllighoven, Hrsg., *Software Engineering 2007 - Beiträge zu den Workshops*, Seiten 101–106, 3 2007.

[SAF06]   SAFIRE Team. *SAFIRE SDL Tool Chain*. SAFIRE Team, 2006. http://www.safire-team.com/products/index.htm, zuletzt besucht 23.10.2006.

[Sch03a]   Hermann Schmid. *Konzeption einer pragmatischen Testmethodik für den Test von eingebetteten Systemen*. Dissertation, Universität Ulm, 2003.

[Sch03b]   Michael Schmitt. *Automatic Test Generation Based on Formal Specifications - Practical Procedures for Efficient State Space Exploration and Improved Representation of TestCases*. Dissertation, Georg-August-Universität Göttingen, April 2003.

[Sch07]   S. Schlecht. Strategien zur Testfallgenerierung aus SysML Modellen. Bachelorthesis Fach-
           gebiet Echtzeitsysteme Technische Universität Darmstadt, 5 2007. ES-B-0027.

[SHB05]   Michael Schmidt, Jens Herrmann und André Baresel, Hrsg. *Domain Specific Test Systems
           Automotive Case Study Description, 3rd release*. TT-MEDAL Consortium, TT-MEDAL
           Consortium, Mai 2005.

[SL04]   Andreas Spillner und Tilo Linz. *Basiswissen Softwaretest: Aus- und Weiterbildung zum
           Certified Tester*, Jgg. 2. überarbeitete Auflage. dpunkt Verlag, 2004.

[Sne05]   Harry M. Sneed. Reverse Engineering deutschsprachiger Fachkopnzepte. *Softwaretechnik-
           Trends*, 25(2):45, Mai 2005.

[Soc07]   SDL Forum Society. *Hompage zu SDL*. ETSI, 2007. http://www.sdl-forum.org/, zuletzt
           besucht am 14.11.2007.

[Son01]   Sony Corporation.   Compact Disc Player - Bedienungsanleitung - CDP-XE570.
           http://www.sony.de, 2001. 4-233-601-21 (1).

[Son02]   Sony Corporation. Compact Disc Changer System - Bedienungsanleitung - CDX454RF.
           http://www.sony.de, 2002. 4-233-601-21 (1).

[Spa06a]   Sparx Systems Pty Ltd. *Enterprise Architect 6.x*, 2006. http://www.sparxsystems.com,
           zuletzt besucht 22.2.07.

[Spa06b]   Sparx Systems Pty Ltd. *Entreprise Architect Version 6.5 User Guide - The Automation
           Interface*, 2006. http://www.sparxsystems.com/EAUserGuide/automationinterface.htm, zu-
           letztbesucht am 22.2.07.

[Spi01]   Andreas Spillner, Hrsg. *Das W-Modell: Testen als paralleler Prozeß zum Software-
           Entwicklungsprozeß*. Hochschule Bremen, Hochschule Bremen, Februar 2001.

[SS05]   G. Sandmann und R. Sanders. UML-basiertes Testen mit Rhapsody TestConductor und
           RhapsodyATG. In C. Grote und R. Ester, Hrsg., *Begleittexte zum Entwicklerforum Softwa-
           reentwicklung*, Seiten 79–89. Design und Elektronik, 10 2005.

[Stu03]   Renate Stuecka, Hrsg. *Automatisierter Test von verteilten Systemen basierend auf CAN oder
           MOST*. Telelogic, Telelogic, 2003.

[SVE07]   Thomas Stahl, Markus Völter und Sven Efftinge. *Modellgetriebene Softwareentwicklung.
           Techniken, Engineering, Management*, Jgg. 2. d.punkt Verlag, 2007.

[Tan98]   Andrew S. Tanenbaum. *Computernetzwerke*. Prentice Hall, 1998.

[Tec07]   Testing Technologies.   *Homepage der TTCN-3 Umgebung TT-Workbench*, 2007.
           http://www.testingtech.de, zuletzt besucht am 14.3.2007.

[Tel06]   Telelogic AB. *Datenblatt zu Telelogic TAU*. Telelogic AB, 2006. http://www.telelogic.de,
           zuletzt besucht 23.10.2006.

[The06a]   The MathWorks Inc. *Homepage zu Matlab/Simulink*.   The MathWorks Inc., 2006.
           http://www.mathworks.com/products/, zuletzt besucht am 14.8.2007.

[The06b]   The MathWorks, Inc. *Stateflow® 6.5*.   Homepage MathWorks, 2006.
           http://www.mathworks.com/products/stateflow/, zuletzt besucht 16.8.2007.

[Tje06]   S. Tjell. Model-based Testing of a Reactive System with Coloured Petri Nets. In C. Hochberger und R. Liskowsky, Hrsg., *INFORMATIK 2006 Informatik für Menschen Band 2*, Seiten 274–281. Lecture Notes in Informatics, 10 2006.

[UL07]   M. Utting und B. Legeard. *Practical Model-Based Testing. A Tools Appoach*. Morgan Kaufmann, 2007.

[Vec05]   Vector Informatik. CANoe.MOST Version 5.2 - Simulation- and testtool for CAN and MOST systems, 2005. http://www.vector-informatik.de, zuletzt besucht am 25.8.2007.

[Wei06]   Tim Weilkiens. *Systems Engineering mit SysML/UML : Modellierung, Analyse, Design*, Jgg. 1. Aufl. dpunkt-Verlag, Heidelberg, 2006.

[WM07]   B. S. Wuest und A. P. Mathur. On the Equivalence of Two Model Based Test Generation Methods for Graphical User Interfaces. Bericht, Software Engineering Research Center, 2007.

[WP93]   James A. Whittaker und J.H. Poore. Markov Analysis of Software Specifications. *ACM Transactions on Software Engineering and Methodology*, 2(1):93–106, 1993.

[WPT95]   Gwendolyn H. Walton, J.H. Poore und Carmen J. Trammell. Statistical Testing of Software Based on a Usage Model. *Software - Practice and Experience*, 25(1):97–108, 1995.

[WT94]   James A. Whittaker und Michael G. Thomason. A Markov Chain Model for Statistical Software Testing. *IEEE Transactions on Software Engineering*, 20(10), 1994.

Index